皇道大本の研究

友清歓真

大日本修齋會長　淺野和三郎先生序
天行道人　友清九吾　著

皇道大本の研究

皇道大本
大日本修齋會發行

序

昨今は皇道大本の研究の爲めに綾部に參集する人士が中々多く、修業場は常に一百人位を上下して居るが、たつた一年以前を回顧すると、ポツリ〳〵二三の人が出たり入つたりする位のもの、日本人の長夜の夢は容易に醒むる模様もなく、天下の新聞雜誌は我が『神靈界』誌の叫びに對して馬耳東風、まるきり相手にして呉れなかつた。それが誤解ながらも皇道大本が天下の問題の種になり罵詈でも讒謗でも並べるやうに成つたのは確かに一階段一進境と言はねばならぬ。自分は大正五年の暮に綾部に轉住してから、今日に至る迄二年三ヶ月、その間皇道大本の推移變遷を實地に經驗し、傍ら世界思潮の大勢の赴く所を視察して、つく〴〵御神諭の貴きを感じ、神の御經綸の偉大深遠なるを思ひ、今より一年後二年後の形勢の變化を想像して滿腔の血汐の湧くのを禁じ難きものがある。友清さんは今から丁度一年前、ポツリ〳〵參集さるゝ人々の中に混り、忽然として和知川畔の弊居を叩かれたる研究者の一人であつた。打ち見る所年輩は三十前後、優さしいやうで鋭い所があり、小柄で瘦ぎすで、自分は一見直ちに卷繪の鞘に收めたる九寸五分といふやうな感を禁じ得なかつた。その閱歷は當時殆んど聽きもせず、たゞ眞言密敎の事相研究の爲めに今迄大和山中に籠つて居たこと、嘗て關門海峽で新聞の主筆をして居たこと位を二三度座談の際に承つたに過ぎなかつた。例によりて自分は說明に續いて鎭魂、鎭魂に續いて說明を繰り返すこと數日、最初は多少ヒヤカシの氣味であつたらしい同君の態度がめつきり變つて來て次第々々に熱烈の度を加へ、十日餘りで神の綱が確實堅固に掛つて仕舞つた。それから友淸さんは其寓居地たる日向と丹波との間を一二度往復して居る中に、一種の靈覺をも得られ、とう〳〵昨年の八月には綾部に引越して『神靈界』誌の編輯に當らるゝ事に成つた。爾來陸續としてその鋭い、深みある研究は誌上に發表せられて後の研究者に多大の利益を與へ、又雜誌の編輯振りが大變引き緊つて來たことは讀者の熟知する通りである。皇道大本の研究は例へば大海の水を汲むが如く、何時まで行つても際限は無く、又汲む人の器量《うつは》次第で水の清濁多少は千種萬樣だが、友淸さんの汲み方は餘程上手である。本書は勿論同君が汲み上げた水桶の一個で、今後何杯汲み上げらるゝか知れぬが、兎に角皇道大本の研究に對する世人の渴望がそろ〳〵猛烈な現狀であるから、本書が世間に提供さるゝのは寔に結構な事だと思ふ。聊か所感を記して序に代ふ。

大正八年三月六日

淺野和三郎識

本書の出版に就て

一、本書におさむる處のものは、大正七年の初秋より大正八年の初春にかけて皇道大本の機關雜誌「神靈界」及び「綾部新聞」に執筆せる舊稿の大半を整理したるもの也。

一、執筆に際しては大本敎主及び淺野先生よりヒントを與ゐられて思想の方針を決定したるものもあれど、多くは一信者としての私見に出でたるものなるを以て、書中の所說は決して大本の代表的意見に非ず。其の誤謬を指摘して累を大本に及ぼす無からむことを望む。

一、皇道大本の提唱するところは固より一貫不動なれども、大本神の活ける經綸の進展は日に月に刻々遷移されて已まず。故に書中說くところ時に昨日と明日と其の見地を異にするものあるべきは勢ひ之を拒む能はず。是れ大本の思想が「死せる哲學」に非ざるを以て也。

一、本書の出版に際し、多忙なる淺野先生が特に序文を與へられたるは著者の最も光榮とする所に屬す。

大正八年三月啓蟄の日、本宮山東麓の假寓に於て

天　行　道　人

目次

後に來る人々の爲めに……一七一

皇道大本の研究

友清九吾著

皇道大本の出現及び其の使命

鐵道で行けば京都から二時間半、丹波國綾部町字本宮に皇道大本の信者と云ふ不思議な團體が在る。一寸見ると神道に屬する敎會か何かのやうであるが、それは宗敎團體でも無ければ政治的機關でもない。內部には世界の造り主たる國常立尊を首め正神界に屬する神々が奉齋してあつて、澤山の長髮の人々が日夜一心不亂に色々の仕事をやつて居る。そして遠方から知名の學者や名流紳士其他有らゆる階級の人々が間斷なく往復して甚だ忙しげである。それは皇道大本が宣言して居る處の世界立替（改造）の具體的大事件の勃發すべき重大なる時期が、日に〳〵非常な速力で切迫して來たからであります。實は此の世界は神界も現界も未成品であつて今度本當の、眞正の天の岩戸開きがあるので。それは此世の成立ちの時からの大約束で、愈々其の時節が到來し、明治二十五年から三十年計劃で現世界大立替の幕が開き、昨大正七年で二十七年間の準備時代を經過し、本年からアト三年間が愈々實行の正念場となつたのであります。就ては愈々本年から種々の内憂外患○○○○が激しくなつて來るので、皇道大本は惟神《かんながら》に樹立されたる眞の敬神尊皇愛國の大義の爲めに今や神人協力の大活動舞臺に入らんとして居るのであります。

這は空前絶後の大經綸が行はるゝに就ては神界に於て二柱《ふたはしら》の中心たるべき神人が此世に降下されてあります大體の御資格御使命を申しますと、

變性男神（教祖の因縁）　憑神國常立尊（艮の金神嚴《いつ》の御魂《みたま》）

變性女神（教主の因縁）　憑神豐雲野尊（坤の金神瑞《みづ》の御魂《みたま》）

この二柱の御方が經《たて》と緯《よこ》との仕組《しぐみ》の中心で、出口直子大教祖は一切の準備を完成されて昨大正七年舊十月三日、歐洲戰爭の終熄時と同時に歸幽御上天に相成り、同時に世界立替立直しの實行係りとも申上ぐべき出口王仁三郎大教主の愈々御活動時代となりました。何も彼も神策神約の發現で、これは人間の力を以て一毫も動かす事の出來ぬ神律の進展であります。

神界に於ては三千年來水も洩らさぬ經綸《おしぐみ》でありますが、皇道大本の現界に出現したのは明治二十五年正月、國祖（國常立尊）が大教祖（出口直子刀自）に神憑《かむか》りせられた時で、それ以來昨年まで二十七年間、神勅は『お筆先』と稱する神文に顯はれて、大教祖の御手を通じて九千何百冊の多きに達して居ります。大教祖の御上天と同時にお筆先は出口王仁三郎大教主の御手を通じて啓示される事になりましたが、皇道大本の機關雜誌『神靈界』には毎號この天下無二の神文を謹載して居ります。

そのお筆先には何が示してあるかと申しますと、神界の組織から此世の成立ちの眞相、神と人との關係、善（靈主體從）と惡（體主靈從）の葛藤《いきさつ》、日本人と外國人との使命の相違、現代の文明は體主靈從の惡の文明である事や、其他種々の神界の秘事や、世の立替立直しの時機手續方法等が細々と噛《か》んで啣《ふく》める樣に示してありますが、要するに皇道大本の使命の大眼目は、祭政一致、神政復古、日本の世界統一世界大家族制度、私有財産制度及び金銀爲本經濟の撤廢等に歸するのであります。贊成でも不贊成でも不可抗力（神力）によつて左《さ》うなつて行くのであります。又た左《さ》うなる事に依て始めて眞の文明が樹立せられ、眞の平和が來り、眞の人類其他萬有の幸福が得られ、人生の眞の意義が成立つので有ります。佛敎で說く極樂淨土や基督敎で言ふ天國や、從來の俗神道で唱へる高天原が此の地上に現前するのでありますます。罪の濁りの一滴も殘らぬ處のお筆先にある『水晶の世』『彌仁至愛《みろく》の世』となるのであります。世界は茲に至つて始めて夜が明けるのであります。

國常立尊を艮《うしとら》の金神と申上げ、豐雲野尊を坤《ひつじさる》の金神と申上るのは、遠き昔の神界の消息を御研究にならねば本當の秘義は分りませぬけれど、簡單に通俗的に申しまするならば、體主靈從の吾儘な荒ぶる神達の爲めに退《やら》はれて、我が國常立尊は丹後の沖の無人嶋小島《かしま》へ豐雲野尊は播州高砂沖の神嶋へ落ちて居られたからであります（地の神界の中央政府の在つた丹波の綾部から小嶋は艮に當り神嶋は坤の方角に當ります）斯う申しますと世界の造り主ともある大神が其れでは無力では無いかと思はれるでせうが、これは遠大なる神策の存する處であります。又た一と口《くち》に神と申しましても神界は縱《たて》に大隱世中隱世小隱世に大別され、横に正神界邪神界百八十一の階級のある事なぞを實地に御研究になると判つて來ます。尚ほ神の實在、神の種類と云ふ樣なことは大本へお越しになつて數日間鎭魂歸神の神法を修せられますと實地に證見することが誰れにでも出來ます。

お筆先は教祖にしても教主にしても人間として頭腦の產物でも何でもないので、神が憑《かゝ》られて筆を執らせられるので、尚ほ此れに就ても始めて聞くと誰れでも幾分の疑ひを起しますが、それは大本へ來て御研究になれば必ず解決が出來ます。歸神《かんかり》の實際を見聞し且つ自ら實修し、自感法他感法神感法の種類と憑《か》つて來られる神の性質と階級とが判つて來れば從來の一切の神秘的問題が釋然として明快に解決されます。

現代の地上には十七億ばかりの人間が生存して居るのに、世界の造り主たる大神は、何が故に教祖教主の肉體を選んで憑《か》られたか、この問題に就ても所謂常識のある人の誰れもが一度は必ず疑念を生ずる點でありますが、それは遠き昔からの神界の消息と身魂《みたま》の因緣が判るに連れて自然と解決が出來ます。又た皇道大本に於ては日本國丹波綾部が地の高天原であつて、此處が今回の世界大立替に就て神と人との策源地であると說きますが、何故に其れが現在丹波の片田舍に限られるのか、此れも先づ最初は當然疑問の種となる筈であるが、これも御研究を進められる事によつて能く諒解が出來て參ります。實は大日本神國は大宇宙であつて此の地球が中日本であり、日本國が小日本であるので、一面から謂へば宇宙の中心が地球であり、地球の中心が日本であり、日本の中心が丹波の綾部であるのです（宇宙の中心が日本であるなぞと申しますと、現代の天體學の智識のある人は一寸變《へん》に思ひますが、カプタインの二大星流説もエヂングトンやハームの三大星流説も結局大本の惟神《かんながら》の所説中の宇宙觀に歸服して來なければ解決が可能《でき》ませぬ）又た綾部が日本の地形上の中心であると云ふばかりでなく、靈的因緣に於て將《は》た眞の歴史的傳統に於て然る所以が闡明《せんめい》されますから、ロク〳〵研究もせずに否定する人は、自《みづか》ら其の近視眼流の獨斷的迷蒙を告白するのであります。

現代の體主靈從《あくぜん》の文明を靈主體從の文明にする爲めに、神が此世を精神的にも物質的にも具體的に立替られるに就ては、此舊世界を新世界との間に大峠が有ります。それは日本對世界の大〇〇、及び種々の動亂や天〇地〇疫病等に依て行はれます。そして神人兩界に罪の濁りの一滴も殘らぬ水晶の世とせられる必然の結果として、地上の人類も其の數が大變に減ります。これは外國ばかりではなく、日本に於ても此の神律に照らされる事は絶對に免れませぬ。故にお筆先によつて頻りに神々人々一切の根本的改心を迫つて居られます。自分は改心するほど惡い事は爲《し》て居らぬと思つても今日の地上に於ては改心せずに濟む人、罪の要素を有せざる人は神の眼から見られると一人も有りませぬ。滅《ほろ》びれば滅びても十人並みだとヤケクソを言つても、死んだからとて幽體は無に歸するのではない、幽界に於て永久無限の刑罰を與へられるので、幽界の事情なども大本へお越しになれば明白に判ります。而して其の空前絶後の神の審判の日世界の大峠は、いよ〱眼《め》の前に迫りました。今年より實はポツ〱と着手せられ、明年となればいよ〱激しく明後年即ち大正十年の末か、大正十一年の春迄には驚天動地の大活劇が終りを告げます。神諭には『いよ〱の時の改心は間に合はぬ』とありますから、世界の人類は今日に於て滅ぶか救はるゝかの岐《わか》れ路《みち》に到着したのであります。うつかり行き過ごしたら其れこそ取返しがつきませぬ『待つた無し』の驚くべき時機が今や全人類の頭上に見舞ひました。神界から今や極めて短時日の熟考期を與へられました。

此の體主靈從の文明、罪惡文明の現世界が閉鎖されて、靈主體從の水晶の世、罪の濁りの一滴も殘らぬ新らしき理想世界の打開される時節が、愈々眼前に切迫して參りました。明治二十五年から三十年計劃で、世界の立替立直しをせられる國祖國常立尊の御經綸はかねての番組通りに日清戰爭、日露戰爭、歐洲戰爭を經て各國社會百般の事情の行詰りに歷々として現はれて來ました。昨年の春の神歌に『三十年の世の立替も迫りけりあと三年に心ゆるすな』と示されてありますが、彌々其の拔き差しならぬ眞劍時代が切迫したのではない到來を致しました。本年の節分を峠として、神界では三千年來待ちに待たれた一刻千金の、後にも前にも無い至重至大の結構な恐ろしい時代に移つたのであります。大正七年十二月二十二日のお筆先（神諭）の一節を拜しますと、

(前略)暑さ凌いで秋吹く風を待てば世界は淋しくなるぞよと、今迄出口直の筆先に知らして置いたが、今が其の時節であるぞよ。未だ〳〵世界は安神な處へは行かぬぞよ。是れから彦火々出見《ひこほゝでみ》の始まりであるぞよ。目無堅間《めなしかたま》の神船《みふね》はこれから出て來《く》るぞよ。水火地《しほつち》の大名《おほな》は何處《どこ》に現はれて居るか、これを知りた人民今に一人も無いが、燈臺下暗しのたとへの通りの世であるぞよ。(下略)

始めて神諭を拜せられますと頗ぶる不可解な文字が多いで有りませうが、何となく一大暗示に觸れる位ゐな心持ちは致しませう。更らに同じ日のお筆先の一節に、

暑さ凌いで秋吹く風を待てば、世界は淋しくなるぞよと申して、毎度警告《しら》して置いたが、世界の大戰ひが一寸片付いて、是れから世界の人民は安心に暮せると思ふて居れど、是から先きは段々と約《つま》りて來て世界は淋しく、一旦は火の消ゑたやうになるとの神言《こと》であるぞよ。戰爭は是で濟みたのでは無いぞよ。戰爭と申しても殺し合ひの喧嘩斗りでないぞよ四足の餌《ゑ》の奪《と》り合ひが始まりて來《く》るぞよ。未《ひつじ》と

申《さる》さが腹を減《へ》らして慘《むご》たらしい酉《とり》あいが始まるぞよ。今迄世界の人民の苦しむ大戰爭を喜んで・結構な事になりて金銀を積んで高振つて居りた人民は氣の毒なから眞《ま》つ逆樣に地獄のドン底に落ちて苦しむぞよ。我慾《われよし》本意の行方《やりかた》では永うは續かんと知らしてありた事の實地を神から爲《し》て見せてやるぞよ。是を見て世界の人民は一時も早く改心されよ。我の所有《もの》は天地の間に木の葉一枚も無いぞよ、頭の毛一筋でも下駄の裏に着いた砂一つでも、神が造りたものであるぞよ、今の人民は餘り結構過ぎて冥加《めうが》と云ふ事を知らぬから、世の立替の折には天地からの戒めに逢ふて驚愕《びつくり》いたして、頭を下に致して歩行《ある》かねばならぬやうに今に成りて來《く》るから、艮《うしとら》の金神は夫れを見る眼が辛《つら》いから、明治二十五年から大出口直の體内を借りて色々と苦勞をさして、世界の守護神と人民とに氣をつけたのでありたぞよ。

（下略）

今度の世の大立替は、日本對世界の大戰爭となつて、日本は世界の歷史あつて以來曾て無き慘狀の極點に達し、又た日本と言はず外國と言はず地震雷火の雨等によつて根本的の大洗濯が行はれるのであるが、其の最後の大詰の幕となる迄の間に於ても決して無事太平では無い。實は今日迄の世界にも惡疫、暴風雨、地震、饑饉、火山爆發、暴動、戰爭其他色々の方法によつて神界からは或ひは御氣付《おきつ》けなり刑罰なり修齋なりが見本的に行はれてあるのであるが、世人は徒らに之を自然現象とか何とか謂つて依然として長夜の迷夢より醒めないのであります。斯く〱の如き事變は世の迫り行くと共に益々激しく最近四五年間の世界なり日本なりの出來事を冷靜に顧みるならば、相當思慮ある人達は必ず思ひ當る筈であるが、それが今年からは愈々本舞臺となるのでありますから、何時《いつ》何處《どこ》に何んな變事が勃發するか判りませぬ（實は判り切つた神界のプログラムの進行に過ぎませぬけれど）

右のお筆先の中に守護神云々と云ふ事がありますが、各人には生れながらにして守護神と云ふものが神界から付けられてあつて、守護神は各人の腹底に鎭まつて居られます。斯う申しますと、ソレは臍下丹田の靈氣だと早呑込みをする人もありませうが、固より靈體ではありますが、其れ〴〵各個特異の資格もあれば意思もあれば名もあります。守護神の種類も澤山ですけれど一口に約言すれば其人の靈統上の或る先祖の神格あるものです。（靈統と血統とを混同されては不可《いけ》ませぬ。從來は神界も現界も未成品時代で靈統と血統とが必ずしも一致して居りませぬ。世の立替後始めて完全に其れが一致するに至るので有ります）そして皇道大本へ參拜される人々の守護神は古來の歴史上に名のある立派なのが尠なくありませぬ。守護神と云ふものゝ實在する事及び守護神に關する諸種の智識を與ふる處は此の地球上に皇道大本の外には斷じて有りませぬ。どんな人でも大本へお越しになつて數日間滯在せらるれば自分自身に守護神の實在を明確に證見するに至ります。國常立尊が明治二十五年に出現せられて世の立替立直しをせられるに就ては、先づ第一に各地の神々を召集せられて、産土の神の手を經て其の管下の人々の守護神に通告がしてあります。

（産土の神は神界に於ては市町村長と警察署長の樣な事務を執つて居られます）であります から、國常立尊が無警告で大洗濯を起されると云ふのは不都合だと云ふやうな泣言を言うても、各人の守護神には洩れなく警告がしてあつて、正神界の中央政府では一分一厘の落度《おちど》も有りませぬ。

皇道大本が天上天下に呼號して居ります處の眼目は、祭政一致、神政復古、大日本神國天皇陛下の世界統一、世界大家族制度の實行と云ふ事に要約されるのでありますが、これは國祖國常立尊の惟神の御經綸なので、決して人間の智惠や工夫で編み出した事ではありませぬ。そして以上の諸問題を統一的に說いてありますのが即ち大本のお筆先でありますが、其れは皇典古事記に書いてある事とピッタリ合致して寸毫の衝突も有りませぬ。古事記も從來の學者の讀み方では、何でもない一種の神話でありますが、大本の言靈學で此度始めて其の驚く可き至深至遠の眞義が闡明されて來たのであります。（大本の言靈學と云ふのは之も天運循環して天地の大神樣から訓へられて出來上つた神憑《かんが》りの産物です。皇典古事記なるものは畏多くも天照大御神樣の御神勅でありまして、神代より言ひつぎ語りつがれたものを文書にしたもので有りまして、その文字面には意味はないので、眞義は其の音韻に秘藏されて居たのであります）

祭政一致、神政復古と云ふことは說けば非常に六かしくなりますが、天地の根本法則と人間の政治とが眞釣《まつ》り合されて行かねばならぬのが、本來の惟神《かんながら》の大道で、マツリとマツリゴトとが本當に一致しなければ、本當の經綸は布くことは可能《でき》ませぬ。祭政一致と云ふ事は隨分昔から言ひ古《ふる》した事ですけれども、愈々の其の徹底的意義が今日まで判つて居りませぬ。それから我が天津日嗣天皇の世界統一と云ふ事も單《ひと》り大本で說くばかりでなく、色々の方面から提唱せられ、殊に日蓮主義なぞでも盛んに吹聽《ふいてう》して居る處でありますけれども、何れも所謂机上の理想論で主義は誠に結構ですけれども、日本の世界統一と云ふ事は、何時、何處で、誰れが、如何にして、如何なる順序方法で實現されるのか此れが判つて居ませぬ。之れが判る處は其の計劃者、實行者たる處の國常立尊の活ける御經綸機關たる皇道大本以外には、世界の何處にも斷じて有るべき筈が有りませぬ。

又た世界大家族制度の實行と云ふことは、天地の神々の根本の御意思でありまして、從來の未成品の世界が今度始めて愈々其の理想通りになる時節が到來したので有ります。世界は十二ヶ國になつて其れを大日本神國天津日嗣天皇が統御せられる時節が、いよ〳〵數年後に迫つて來ました。それに就ては金銀爲本の經濟が根本的に打破せられ、貨幣制度も撤廢せられ、各人の私有財産は一旦全部日本天皇陛下へ奉還せられ、それから靈的因緣によつてそれ〴〵下附せられるので有ります。職業は神勅によつて身魂《みたま》の因緣相當に定められる事になります。(みたまの因緣と云ふ樣なことは佛敎の因果說の如き出鱈目の事ではなく、惟神《かんながら》に儼存せるもので、其れが如實にハツキリと判る處は皇道大本以外には有りませぬ)而《そ》して各人各家庭の生活上の必需品衣食住等は其れ〴〵適當の方法によつて配給せられます。たとへ贊成でも反對でも皇道大本を知るも知らざるも信ずるも信ぜざるも、近き將來に於て世界は右の通りに成つて行くのです。神の力は不可抗力で有ります。二月三月となると世界が次第に春めき來つて、土地の底から草の新芽が萠え出で、水が温《ぬる》んで網《あみ》の目にたまる樣に風もふんわりと暖かくなつて、山々の蔭の殘雪も消えて、鶯が谷の扉《と》を出て來《く》るやうに、春は野からも山からも森からも湖水からも湧き出で押し寄せて來《く》るが如くに、神の御經綸の發展は人間の力で喰ひ止《と》める事も手加減を加へる事も出來ませぬ。何時迄も冬の世界が宜しい、春の世界は嫌だと言つても、時節の力には何うすることも可能《でき》ませぬ。御神諭に『三千世界一同に開く梅の花』と云ふ語句が繰返し〴〵示されてあります。

　世界立替立直しの條項中右の經濟組織の根本的大革正と云ふ事に就ては幾多の疑問が起るでせうが、日本の皇室の御先祖の神樣の根本法則ですから、詮方《しかた》がありませぬ。今日迄は和光同塵の神策で、何も彼も神界からは見て見ぬふりでありましたけれど、今や天運循環して、現人神《あらひとかみ》にまします日本天皇陛下の御神歌に實は折にふれては示されて居るのでありますが、御神諭《おふでさき》に『めくらとつんぼのよのなか』とある今の世界の人民が覺醒せずに居るだけのものであります。

明治天皇の御製

四方の海みなはらからと思ふ世になぞ浪風の立ちさわぐらむ

神つ代のことを詳《つば》らに記したる文をしるべに世を治めまし　（古事記）

神つよの御代のおきてを違《たが》へじと思ふはおのが願ひなりけり

目に見ねぬ神の心に通ふこそ人の心の誠なりけれ

人民の私有財産全部を天津日嗣天皇陛下へ奉還すると云ふことは、明治維新の時に諸大名が其領有せる土地、人民を陛下に奉還したのと同一轍を履《ふ》むだけのことで、それが今度は神力によつて自然に解決されますから、今日人民が考へてるやうに實行困難では有りませぬ。元來此の社會が今日の如く腐敗墮落し且つ行詰つて來た其の罪の根源に就て考へますと、まことの神の知らぬこと、まことの神の御經綸を知らぬことに存するので、今日の經濟學なるものは『誤れる慾望』の上に築き上げられたのであります。(此れに就ては拙著『神と人との世界改造運動』の御一讀を薦《すゝ》む)

從來の佛教や基督教や諸種の俗神道の如きは、そんなら何等の價値のない徹頭徹尾誤つて居るものかと言ふと、決して左うではないので、それ等のものは皆皇道大本に朝宗歸一して始めて眞の理解が出來、眞の意義が明瞭になつて來るのです。佛教にしても基督教にしても、從來の二千年ばかりの間の世界には必要であつたので、神界から化《はか》して出してあつたのであります。併し其れは和光同塵時代の、一時的方便として部分的價値を有するものに過ぎませぬ、天運循環して、本家本元の親神様が表面に現はれられる時節となつては自然に其の必要がなくなりました三千年間の夜が明けて、茲に提灯の必要が無くなつたのであります。又た天理教なぞで世界の立替を說き、金光教なぞで國祖の御經綸の一部分が、現はしてあるのも何れも皆、大本の御神諭《おふでさき》にある如く『先走り《さきはし》』として出してあつたので、佛敎にしても基督敎にしても色々の俗神道にしても、又た道儒の敎に於ても西洋の哲學に於ても科學に於ても、其の所說中の純正の部分は何れも神界の御都合で、先走りに出してあつたのでそれらの敎の中の純正な部分の理想目的は皇道大本に於て始めて達成されるので有ります。皇道大本は宗敎ではないので、政治でも敎育でも皆然りでありま す。故に皇道大本は宗敎の異同信仰の如何に拘らず、苟くも眞の日本人として生きんとする者は誰れも彼れも研究しなければならぬ性質のものです。皇道大本を神道の中の一派か何かの樣に考へられると飛んだ間違ひであります。序でに申して置きますが、皇道大本で提唱して居る處の項目の中で、立替後の世界の經濟組織に就て、共產主義ではないかと云ふやうなことを書いて大本を攻擊した新聞が有りましたが共產主義どころか極めて嚴格なる階級制度で有ることは今更ら申す迄もありませぬシカモ其れが人間の智恵で考へ出したことではなく天地惟神の大道であつて、皇祖天照大御神の御神勅たる皇典古事記に示されてある以上全く批評の限りでは有りませぬ。

—（大正八年二月稿）—

皇道大本の側面的研究

皇道大本は宗教でない。強いて言うて宗教的色彩を帯びたるものとしても、人爲の編輯教ではない。天地《てんち》惟神《かんながら》の大道である。天衣無縫の根本法則である。故に有らゆる宗教、政治、哲學、科學等の純正なる部分の朝宗歸一すべき無始無終、至大無外、至小無内の天法地儀人道の大根本である。之を説くものは大本神諭であり、皇典古事記である。然れども其の片言隻語の間に雄大壯嚴を極めたる天地の大經綸を藏《おさ》められたる爲め、之を拜讀解釋せむには尙ほ甚だしき努力工風を要し、容易に學人輩をして戸牖を窺ふ事を許されず、況んや晨聞夕死の妙諦を批判して歡喜雀躍せむこと決して輕々談笑裡に得らる可きものでない。成るほど慧可が雪中腕を斬つたも道樂ではあるまい。私が今稿を起さむとする這の『皇道大本の側面的研究』は我が同感の求道者の爲めに、主として傍系の見地より皇典の一端に向つて解剖を試みむとする螳螂の勇を發揮したものである。獨斷偏見の責は固より私の甘受しなければならぬ處である。

宇宙の生成及び生命の起原

宇宙の生成及び生命の起源に就ては、近代科學の諸體系に屬する學說と皇典の天啓による解釋との關係異同より說いて、聊か方今の學壘に向つて一矢を見舞はむとする希望を有するも其れは後日に期して玆には簡單に一言して次章の『大本神諭によりて始めて闡明されたる易の秘義』の前提を形成するだけに止めて置く。

『天地初發之時、高天原成神名《になるかみのみなは》天御中主神、次高御産巣日神、次神産巣日神、此三柱神者、並《みな》、獨神《すに》成坐《なゝまして》而隱身也《すみきりなり》』と古事記にある。高天原とは全大宇宙であつて全大宇宙は即ち天御中主神である。此の天御中主神の次ぎに高御産巣日神と神産巣日

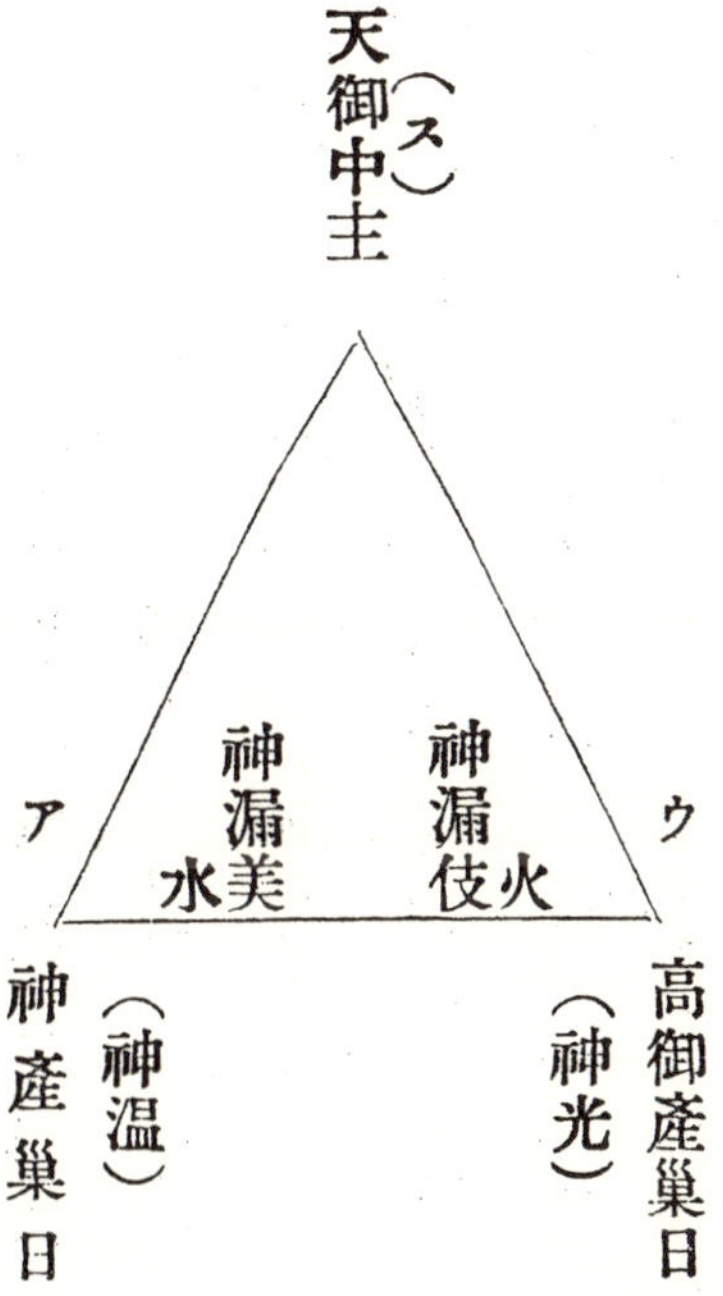

神が別に枝のやうに出現せられたと思ふと間違ひで、此の三柱の神は本來三神一體である。而して此の全大宇宙の高御産巣日神を御祖神とする神漏伎命（靈系の神々）と神産巣日神を御祖神とする神漏美命（體系の神々）とが遍滿して居られる譯である。丸いとか角《かく》いとか三角とか云ふ様な形容に囚《とら》はれてはならぬけれど説明の便宜上圖解すれば上圖の如くである。兎に角先づ學人諸氏は此の別々不別の三神一體の面目と靈體二系の神

々の活機臨々として遍滿して居られる大體觀念を腹に入れて置かれねば研究上の根本土臺が固らない。そして之を言靈《ことたま》の方から說けば無始無終至小無內至大無外の◉《す》からウ(伊邪那伎)ア(伊邪那美)が生《な》り出でたので、此のウとアが萬類萬物の大本源である。易では此の關係を太極(ス)より兩儀(陰陽)を生ずと謂つて居る。眞言秘密敎は印度の言靈で組み立てたものであるが、やはり一切萬有の根元を阿《あ》(ア)吽《うん》(ウ)の二字に歸して殊に密敎では阿を尊んで盛んに阿字觀などの行法をやらせたものであるけれども、阿《あ》と吽《うん》との奧に◉《す》があることが判つて居ないのは密敎の缺陷である。大日如來を以て之を說明しても意義の不徹底な嫌ひは如何に强辯しても免かれない。尙ほ密敎では神漏伎命と神漏美命とを金胎兩部の曼陀羅に織り込んで莊嚴な看板を揭げて居るが、一種の神懸《かんがゝ》りの產物として見れば頗ぶる面白い研究材料ではあるが、其れを其儘神界組織の寫眞であると惚れ込むと、忽然失脚して邪道に陷入することと千萬里である、(密敎に就ても何れ稿を改めて管見の一端を陳べる積りである）又た西洋の文字でも⊙《す》から⋃（ウ）とA（ア）とが生れて來たものと私は考へる。木村鷹太郎氏の太古史は相當の敬意を表すべき貴重なる研究で殊に氏の意見を逆顛して日本を大本源として讀めば或る程度まで承認される點もあるが、氏がアルハベットを日本の形假名《かたかな》と比較してる箇所なぞは私は感心し難い様に思ふ。

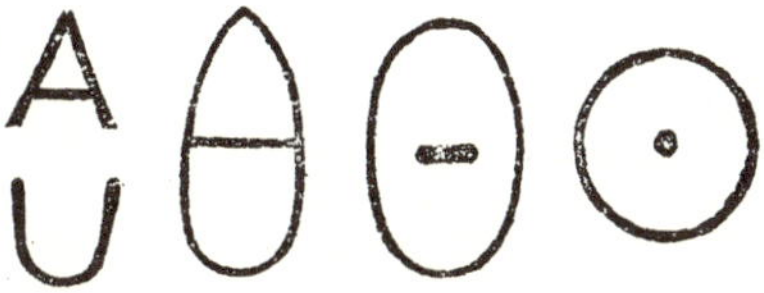

皇道では宇宙萬有一切は極微點《こごこ》の連珠絲《さぬき》なす神靈元子《こえのこ》で組織運行されて居ると爲すのである。此の神靈元子《こえのこ》なるものは科學の用語で言ふとエーテルの如きが稍《や》近い觀念を與へるものである。兎に角聖眼之を視る可らず賢口之を語る可らざる玄の又玄なるものである。此の神《に》靈元子《えのこ》が即ち魂線《たましひ》を成すので、『心の數のある限りは言語《ことは》あり言語の變化あるだけは心識ある也。』と釋義に示してある。タカアマハラは全大宇宙の生《な》り出づる形象を現はしたる言靈であるが、此のタカアマハラの「ラ」の聲が宇内に三倍輪の螺旋順行を

生じて地底より天底へ向ふ氣と天底より地底へ向ふ氣の摩擦作用によつて神靈元子に波動を生じ、此の波動の遲速の關係より四魂四大が分別自生するのである。つまり魂線《たましひ》を其の活機《はたらき》によつて分類して四魂四大とするのであるが、其等は何れも愈々の根源の本體を指して言ふので、天火水地の火水と云ふが如き場合に於ても、今吾々の眼前に燃ゐて居る火や眼前に流れて居る水を云ふのでは無くして其の因て起り來る現象の本體たる玄々微妙のものを指して類別してるので、此の觀念が明かに無いと見當がつかなくなるのである。

天（奇）
天（奇）　火（荒）　水（和）　地（幸）

火（荒）
天（奇）　火（荒）　水（和）　地（幸）

水（和）
天（奇）　火（荒）　水（和）　地（幸）

地（幸）
天（奇）　火（荒）　水（和）　地（幸）

易では之を兩儀より四象を生ずると言つて居る。萬有一切は大體に於て此の四元に要約されるのである。四大說は世界の古代思想として各地に行はれたもので必ずしも珍らしいものではないが、近視眼的科學の勃興と共に葬り去られて、今日では多少の所謂科學的敎育を受けたハイカラ者流は殆ど見向きもせぬ樣になつて居る。エムペドクレスの四元說、支那の五行說、印度の四大說、又は六大說等既に世間周知の事であるが、佛敎の四大說の觀念の大樣として、私は玆に圓覺經の一節を拔いて置こう。

我今此身、四大和合、所謂髮毛爪齒、皮肉筋骨、髓腦垢色、皆歸於地、唾涕濃血、津液涎沫、痰涙精氣、大小便利、皆歸於水、煖氣歸火、動轉歸風、四大各離、離者妄身、當在何處、即知此身、畢竟無體、和合爲相、實無幻化、四緣(即四大)假合、妄有六根(眼耳鼻舌身意)六根四大、中外合成、妄有緣氣、於中積聚、似有緣相、假名爲心。云々。

これは佛敎の四大觀の一方面で、此處では特に人身に就て說いてゐるのであるが、其の後半の所説は皇道に似て實は甚だ非なる點を看取されねばならぬ。又た密敎の六大説、地水火風空識は風空を天に配當し識を結《むすび》に配當すべきものであると思はれるが、此等の詳論は之も亦後日に期して可なりで有らう。

大本神諭によりて始めて闡明されたる易の秘義

私一個の見解を以てすれば、皇易(周易)は皇典古事記の化現せるものと認むるのである。

昔時に於て出口延佳(講古と號す、伊勢外宮祠官にして陰陽五行を神道に配して說き、又た神道五部書によりて新說を立て、當時の我が思想界に獅子吼せる學者なり)の所說面白い處も有らうが思想體系の分明を缺くもの多きが如く、一方面の學說として多少の珍重に値するだけのものである。それから山崎闇齋は宋學より出發して後に神道に改宗し、出口講古の門に入つて神道の一新機軸を出し、神々を五行に配當して大いに國粹的學風を樹立した意氣は壯とすべしであるが、其の言ふ處牽强附會の嫌ひを帶び、垢拔けのせざること尠なからずである。又た朝鮮の京城に儒敎にも、佛敎にも、道敎にも神道にも屬せざる一種特異の侍天敎と云ふものがある。(敎祖は崔濟愚、現代の敎主は金演局)その思想は易と老子の道とを合せて其れに多少の神道的色彩を加へた樣なものであるが、此れは殆んど論ずるに足らぬほど內容の貧弱なものである。

尙ほ此外にも似寄りの思想は隨分と世の中に行はれて居るやうであるが、古來未だ皇易の秘義を眞解したものがない。單に易學者と云ふ方面から見ても、支那には幾百家を出だし、日本に於ても程朱派、古學派、陽明派、闇齋派、水戶派と別けて考へても相當に顏が揃ふけれども、何れも皇易の蘊旨に透入したものが無いのは遺憾千萬である。私は易が伏羲や神農や文王や周公や孔子を煩はしたと云ふ世間並の傳統說が眞であるか非であるか、其んな議論は全く超越して、易は皇典の化現せるものなることを信じて疑はない。私の見る處を以てすれば、

一、易は天津日嗣天皇の萬世一系を主張し

二、易は今度の世界の立替を豫言し其の順序を明說し

三、易は天理人道經綸の大綱を說く

ものであると爲すのである。然るに皇典古事記（及び大本神諭）の啓示するところは右の三大綱目を說けることと旣に諸君の知らるゝが如くである。古來の易學者に於て第三の『易は天理人道經綸の大綱を說く』ものであることを講釋した人は隨分ある。又た明治の日本に現はれたる大儒根本博士によりて第一の『易は天津日嗣天皇の萬世一系を主張する』ものであることは明らかにされたが肝心の第二の『易は今度の立替を豫言し其の順序を明說する』ものであることを闡明したるものは未だ曾て一人も無い。易は支那に傳統されたるも、易は日本の爲めに生れ、綾部の大本の

爲めに現はれて居たものと私は考へる。幸ひなる哉、今や大本教諭に基きて漸く其の雲間の片鱗を披見し得るに至つたのである、易は實に國常立尊と豊雲野尊を中心として今度の世界の立替を詳説して殆んど餘す處無からむとするのである。先づ本問題を説明するに當り、全く易と云ふものを知られざる讀者の爲めに説明の便宜上一言して置くが、

易は、

乾（天）　兌（澤）　離（火）　震（雷）

巽（風）　坎（水）　艮（山）　坤（地）

から成立して居る。此の八卦は前章に於て言うた四象から生れて來たので、此の八卦が交互に組み合つて八八六十四卦を組織するのである。そこで之を皇道の天火水地に配當すると左の如くなるのである。（色刷にすると氣に入つた圖表が出來るけれど、簡略にして説明を後段に加へやう）

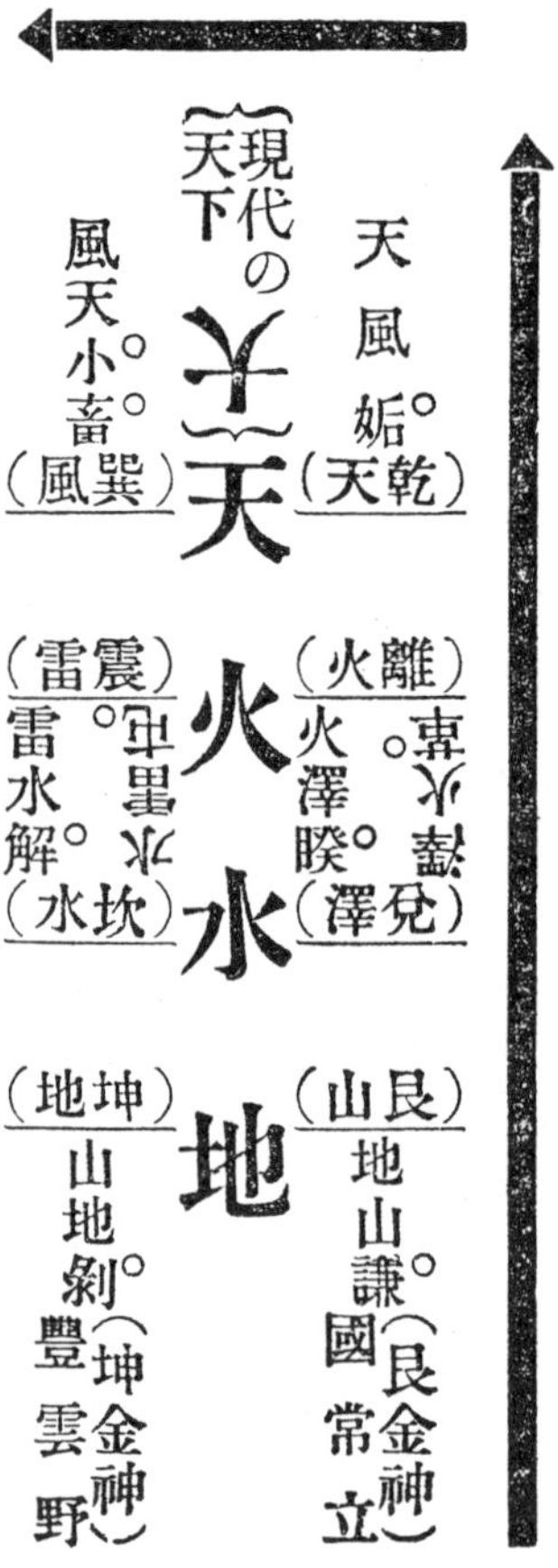

先づ國常立命の謙から説けば、謙は「ヘリクダル」で、此れは三千年來今日に至る迄の國祖の態度でお筆先に拜するも明白、今更ら一言を附加する要もあるまい。又た謙は小也とあるが、此れは此の世界の造り主でありながら地上艮の小島に神退《やら》ひに退《やら》はれて、隱蟄以て所謂「悔しい殘念をこばりつめて」居られるを意味する。又た謙は兼也で兼ねる。合せると云ふ義があるが此れは世界統一のことである。謙の象傳に「物ヲ稱《はかり》テ施ヲ平カニス」とあるは、お筆先にある通り、今日の不公平の

世の中を平《たひら》げてうんぷの無い世界にせられること、謙の六四に「撝謙《ぎけん》」とある。撝はサシマネクで、此れは因縁の身魂を綾部へ引寄せられて經綸を進められること、同上六に「師ヲ行フ用フルニ利シ、邑國ヲ征ス」とあるは、準備成つて神劍の出動となり、體主靈從の天下を征服統一されることである。

姤は右の圖表では天君の居らるべき處に居るが、元來這奴《こいつ》ニセモノである。僻には「姤、女壯ナリ」とある。これは申す迄もなく體主靈從である。今日の罪惡文明の狀態である。お筆先にある大の字逆樣《さかさま》である。茶臼である。後の九三「臀ニ膚無シ」女の臀の小さいのは何う云ふものか石龍子にでも聞いて見るがよい。モウ何うすることも出來ぬ子を姙むことも出來ぬ石女《うまづめ》である。物質文明、茶臼文明の行き詰りである。同九五には「天ヨリ隕《を》ツル有リ」とある。茲に至つては最早暗示に非ずして明示である。神策發現の時節到來……嗚呼畏るべき哉。シカモ更らに畏る可きは、謙から數へて姤に至るに丁度三十卦である。是れ國祖が大本教祖に神憑りせられた明治二十五年から三十年計劃で世の立替を行はれる御經綸の天啓に非ずして何ぞや。

然るに謙より姤に至らむとするには右の圖に示されてある通り途中に澤火革がある。これがお筆先に所謂「世界の大峠」である。世界の大革命である。この大峠を經なければ何うしても神界の經綸を成就せられる事が出來ない。澤は水、火は即ち火で、此の世界立替の大事變は火と水とで行はれるのである。即ち言靈の靈威によつて行はれるのである。革の九五に「大人虎變」とある。斯うなつてくると易の天啓の餘りに皮肉にして徹底的なるに却つて説明を憚らねばならぬ樣になる。（銀碗裏に白雪を盛る、這間の消息解する者果して幾人）易の順序で見れば此の革の次ぎに火風鼎がある。鼎は三種の神器である。（此事に就ては『大本より觀たる國際心理』に一言して置いたから參照されたい）

ところが姤から謙を逆に見ると間に火澤睽がある。睽《けい》は即ちソムクである。八尾八頭の悪の首魁《かしら》及び其の一味徒黨の邪神界の神々が艮の金神に背《そむ》いて居る象である。

以上で國常立神の方の柱の説明の大要を終つたから、次ぎに豊雲野神の方の柱に就て觀察すると、先づ小畜であるが、辭に「小畜ハ亨ル、密雲雨フラズ、我レ西南ヨリス」密雲雨ふらずとは虎視眈々たる雌伏の狀態で、三千年鳴かず飛ばず大いに隱忍して滿を持して未だ放たれざる有樣、「西南よりす」は西南《ひつじさる》の金神であること自明のことである。小畜の九二「夫妻目ヲ反《そは》ム」は須佐之男命の變性女神として變性男神に對する不服時代を意味する隱語である。元來小畜の卦の二三四爻は兌澤であつて、「兌ハ水也孚也半月也」とある即ちミロクの神の未成品時代を意味するので、半月はやがて必ず滿月となるべきものである。故に同上九に「月望ニ近シ」とある。

解に就て言へば辭に「解、西南ニ利シ、往テ衆ヲ得ル也」とある坤金神の御活動を描いたので説明する迄もあるまい。尚ほ其の象傳には「天地解テ雷雨作ル、雷雨作テ百果草木皆甲拆ス、解ノ時大ナル哉」とある。これは今度の世界の大峠たる立替の濟んだ時で、一切のもつれの解けたこと、解は元來舊二月の卦で春風春雨一時に到り、草や木も甲拆《かうたく》して芽を萠え出す時、三千世界梅花一時に發すの盛觀を說いたものである。解の上六「公用ヒテ隼《はやぶさ》ヲ高庸ノ上ニ射ル」とある。高庸とは宮城の石垣の上を云ふので、つまり日本國を狙《ねら》つて居た惡の首魁《かしら》の往生降服を言ふのである。（本當はモスコシ說明が足らぬけれど此れ位ゐにして置く）

此の雷水解を逆しまに讀むと水雷屯であるが、屯は易の方では乾から坤、それから屯で、第三番目の卦で陰陽分れて始めて新天地を創造するの卦で、象傳には「屯、君子以テ經綸ス」とある。即ち變生女子坤の金神が世界立直しの大業に當らるゝを言ふので、屯の初九に「貴ヲ以テ賤ニ下ル大ニ民ヲ得ル也」とあるは即ち瑞《みづ》の御魂の御性格御使命を遺憾なく喝破したものと思ふ。又た同六二「十年乃チ字ス」とあるは大正十年の大機を示したものか、或ひは立直し後十年にして豐雲野命の御經綸完成を云ふのかで有らう。

剝は普通の易學者の解釋では、天下悉く小人で道が行はれないから君子遁れて身を全うすると云ふ卦であるが。これは坤の金神が高砂沖の神島に隱栖せられた事を言ふのである。剝は易では舊の九月の卦で、その一爻が變ずれば十月となつて坤の卦となる。これは敎祖の御上天の時の說明であるに相違ない。敎祖は十一月六日（舊の十月三日）に上天せられたけれども、舊の十月の節に入るのは新の十一月八日であつて、即ち敎祖御上天は舊の九月の節の末である。そして十月から坤の卦となるのは即ち其時から愈々坤の金神の檜舞臺となることを言ふたものである。序でに言つて置くが、易の順序では艮の金神の謙から數へて二十七で山澤損の卦となるが、山澤損は責任轉嫁の象である。即ち國祖が敎祖に神憑りせられて二十七年目に御上天になり、一切の責任を敎主の双肩に擔はせられる惟神の大神策の暗示である。

尚ほ仔細に研究を進めるならば、皇易の六十四卦全體で大本神諭（及び皇典古事記）を驚異感嘆を以て拜讀する事が出來るのであるが、私は自分ながら驚きつゝ取

敢ず此の發見の一端を記して同學の諸家に呈する次第である。（大正八年一月稿）

天體と人體

引續いて大本神諭（及び皇典古事記）と易の秘義との共鳴點を寫して見たいと思つたが、之を進めて行くと神界御經綸の天機に觸る虞れある事を發見したので、今日は時機尚早なりと認め、謹んで發表を控へる事とし、方面を換へて天體と人體との關係に就て一考せむとするのである。

『人は小宇宙なり』とは、隨分古くから人類社會に考へられた問題であるが、大本信者としては特に此の觀念に徹底する處が無ければ、總ての見解の上に生命が乏しくなるのである。言を換へて謂へば只漠然と『人は小宇宙なり』と言ふだけでなく、法爾自然の大神靈界天地惟神の大自然と人間との交渉關係が、腹の底からシミ〴〵と痛感されて來なければ『神は人なり人は神なり』と云ふ大信念に安住卓立する事も或ひは實際に於て困難となりはせぬかと思ふ。それは御神諭の心讀に依ても鎭魂の修行に依ても、言靈の蘊義に透入する事に依つて得られない事はないが、非常の英靈漢に非ざる限り、言ふべくして其の實境を味了し難い遺憾が有りはせぬかと杞憂せらるゝのである。玆に於てか也《ま》た側面からの俗諦的研究も必ずしも徒事ではあるまい。

這の至大天球《たかあまはら》（大宇宙）は極微點《こここ》の連珠絲《さぬき》なす言靈元子《こえのこ》が充ち滿ちて、超時間超空間に神靈活機臨々として活動して居るので、大は太陽太陰星の運行より、小は顯微鏡下の微虫の蠢動に至るまで、風雨雷霆山川草木森羅萬象一切が壯嚴極まるリズム的活動の大連續體である。故に一葉一石悉く小天御中主神《せうあめのみなかねしのかみ》であつて、一疋の昆虫を摘んで觀察しても、或ひは一陣の風聲を聽いても、以て大宇宙間の經綸を知るに足り、以て天數の連旋を窺ふに足るわけであるが、之も實際に於て今日のお互ひ仲間としては、言ふべくして甚だ實驗し難い難題に屬するやうである。併し人間となると流石に神の珍《うつ》の御子《みこ》であるから、人間の心身に就て深省を試みるならば、餘程の頑物に非ざる限り、どうやら幾分の見當はつく筈であつて『もろこしの山の彼方に立つ雲は、此處にたく火の烟なりけり』なぞよりも更らに頗る明瞭なる觀念を得ることが出來るのである。試みに左に兩部神道の一派で用ゐてゐる祈禱虎の卷と稱する卷物の中の一節を紹介する。牽强附會と思はるゝ點もあり隨分變挺《へんてこ》なもので、こんなものに囚はれては駄目であるが、宇宙と人との關係を考へる一面の參考にはなるであらう。實は此れに類似の思想は佛敎にも支那古代にも可なりに行はれてゐたものである。

（前略）我身は我身に非ず、地水火風空を以て靑黄赤白黑長短方圓五大成る、頭の圓なるは天也。足の方なるは地也。此體大骨十二あり、之を以て一年十二ヶ月となる。小骨三百六十四あり之を以て日となす。齒牙は金石とし、眼を開けば晝となり、眼を閉れば夜となる。口より氣を出せば風雲となる。聲を出せば雷電となる。凡そ眼より青き氣出れば春の蒼天肝に通ぜる也。舌より赤き氣出れば夏の炎天心に通ずる也。鼻より白き氣の出れば秋の旻天肺に通ずる也。耳より黒き氣の出れば冬の玄天腎に通ずる也。口より黄氣の出れば四季四節圓形體と爲り、戊己を以て眼と爲すされば木火土金水を以て身體と爲す。故に我が左の上には八萬億の玄武神ましまし、右の肩の上には五萬億の青龍神護り給ふ。右の脇の下には百萬億の玉女神ましまし、左の脇の下には百萬億の白虎神立ち添ひ、前に朱雀の河水流れて三萬億の大海となり、後ろには玄武の山、千里の劍林億萬里の間に立ち重なり、頭には五色蓋を頂き、足の下には萬刧の白龜を踏み、左の手には八萬四千の劔を執り、右の手には八萬億の鐵金剛の鎚（下略）

現代生理學の所說に契合を求めるならば、人間の身體には三百六十六の小關節と十二大節とがあつて、自然に一年の月と日を象り、五臟は天火水地結《てんくわすゐちむすび》に象り、血液の循還は潮の干滿上落と軌を一にし一分時の脈搏七十二動は年の七十二候と何等かの交渉有りと考へ得られ、椎骨の二十四枚は年の二十四氣、又は一日二十四時と全くの消息無しとは斷言出來ない。又た女子の月經と男子の鬚毛とは地球に於ける潮汐の關係と同樣の意義を有するものと思ふ。齒の如きに就て觀ても、人間か生れて八ヶ月にして齒を生じ、八年にして脫《ぬ》け替るのは、生理學の認むる處であるが、今度の世の立替、即ち眞の意義に於ける大正維新も、人體細胞組織の變換期たる滿七ヶ年を經て、準備を完成し、大正八年から愈々の實行期に入るので、此等は天數の自然法則の顯現であると信ず可き理由がある。一年十二ヶ月の十二支は世界が十二ヶ國となつて一王に治められ、月の大神樣の御守護となる惟神の大約束である。今回大本へ天下の至寶十二の鶴石の來たのは其の時節の到來である。尙ほ專門家をして研究せしむるならば種々の發見を續出するであらうと思はれるが、併し現今の體主靈從文明即ち科學偏重文明の濁つた眼孔のみから見ては、却て幾多の不可解とヂレンマに陷る虞が尠くあるまいと思ふ。たとへば人體の自然療能と云ふ如き問題に就ても空しく解決禁止の門外に低徊するだけのもので、所詮得る處のものは亡羊の嘆の外には無いではない乎。人間の神經と云つたところで、腦が支配する動物性神經の作用は假りに說明が出來るとしても、支配人不明の植物性神經の作用に就ては、現今の生理學も解剖學も細胞組織學も手足の加へやうが無いでは無い乎。隨意筋の運動は說明が出來ても不隨意筋の運動に就ては發言權を有して居らぬ。哲學者等が『それは自然の力だ』と言つてもソレは『わからぬ』と言ふのと同じ事である。科學がエーテル說を擔ぎ出してもエーテルの本質なるものが不可解であつては、依然として『わからぬ』である。釋義に於て瀨織津姫《せおりつひめ》の神號を以て口や齒や舌の作用を說かれ、速開津姫《はやあきつひめ》を以て食道より胃袋を、氣吹戶主《いぶきどぬし》で腸や肺臟を、速佐須良姫《はやさすらひめ》で心臟や血管の作用を說明してあるのは一見コジツケの如くにして實に法爾自然の大深義の存する所なのである。現今の學者と稱する輩が自己の不可解を以て皇道の啓示を笑はむとするは寧ろ愛嬌に近き頑迷である。釋義に『故に人體を究めて天運を知り、地上の靈動に鑑みて人身の修治を識る事を得る也』とあるは千古の鐵案、眞に是れ至大の達見である。大宇宙は水火の神靈元子から組織されて居るので、天地の大法は正と直とである。故に人は頭が天球であつて胴が地球である。（女は胴が天球で頭が地球）手が正であつて足が直である。立てば直であつて臥すれば正である。坐すれば直と正との結びである。鼻は直であつて口は正である。耳は直であつて眼は正である。男は龜頭が天球であつて莖《さを》が地球である。女は膣《まら》が天球であつて子宮が地球である。男は父《ち》、照師《てて》、嚴父《つつ》、敏人《こ》、仁人《たた》の五つの大仁德を惟神に具有し、女は母《は》、温慈《ほ》、思慈《ふ》、忍慈《へ》、義慈《ひ》の五つの大慈德を惟神に享有して居るのである。人間が語默動靜ひとへに直と正とを經緯としなければならぬものである事は法爾自然に明かなる處で、此惟神の經綸を紊ることが罪の根源であると信ずる。換言すれば心を直正にし

直は天中の形也火の燃る形を以て知るべし

赤（火）直

正は地中の質也水の質を見て知るべし

青（水）正

言葉を直正にし行ひを直正にする事がカムナガラの道である。密教で意密語密身密の三密を立教の大旨とするところは弘法が神懸りの産物で、密教が案外スミに置けない點で有らう。密教は地水火風空識の六大を説くけれど、其の五色線の秘事は皇道の天火水地結に解決を求めたものである。此の心と言靈と行ひとを直正にすると云ふことは平々凡々極めて見易き道理であるが、ソレが實際に理解されても體得され難いと云ふのは吾々求道者の滿腔の遺憾とするところである。けれども本當に素《す》直《なほ》な心、ウブな心となれば、一物を求めず一塵を加へずして忽ち此の大自在底の大歡喜地に安住し得る筈である。（大本神歌云、むつかしき道と思ふな大もとはすべての人のさほる大道）

直正の心、直正の言靈は姑らく預りとして、直正の行ひを破る事に就て天地經綸を紊して居る事も數へ立つれば際限がないが、先づお互樣に多くの人々が平氣で大違犯をやつてる一例を擧げるならば食慾と色慾の四人《とりこ》となつてるのも明かに其の一つであらう。さればと言つて食前方丈蓄妾三千的の離れ業《わざ》のみを指して言ふのではない。食慾は大概違犯事實も承認されて居るから玆では言はぬが、普通の夫婦間の色慾に就て觀察しても分る。天衣無縫の皇道に於ては省耻悔畏覺の神髓《かんながら》の五戒律が法爾自然に日月と共に存するばかりで、別に細々と『何々すべからず』の禁條は並べ立てゝはないが、併し一年に四季二十四節の興象あり、人に壯老の消長あるが如く、自《おのづ》からなる天數の法則がある。夫婦間に行はるゝミトノマクバヒの如きに就ても大體に於て古人が經驗上打算してる處が先づ中《あた》らずと雖も遠からずの標準らしく思はれる抱朴子に『古人恒に節度あり、一回の交接に由て腎水の常態に復すること二十歳前には二日、二十歳以後は三日、三十歳以後は五日、四十歳以後は十日に復し、六十歳以後は五ヶ月を要し、六十四歳にして精閉づ』とあり千金方には『二十歳は四日に一泄し、三十歳は八日に一泄し、四十歳のものは十六日に一泄し、五十歳の者は二十日に一泄し、六十歳に至れば精を閉ぢて泄す勿れ』とある。人の體質に依て多少の手加減はあるだらうが右に云ふ處は殆んど近世生理學に於ても承認する處であるし眞理に近いもので有らうと思はれる。私は各家庭の見張りをした事がないから斷言は出來ぬが、友人や知人やの話を綜合して考へると多くの人々は大低皆な禁を犯して景氣の好い輸出超過をやつて居る樣である。即ち人間が知らず識らず、天地の御經綸を紊して來た事は何彼につけて容易ならざるもので、神諭に『魔法の世』と言はれても現代の人類は顔を擡《あ》げることも出來ますまい。

人は小宇宙である。更らに縮寫されたるものは人の顔であり、又た掌《て》である。私は敢て人相や手相の講釋をせむとするものではないが、實際の達人となれば人相や手相でも其人の運命を知り、之を演《の》べて大千三千世界の氣運の周行を觀測し得べき筈である。密敎などの行者が結ぶ印契は金剛界、胎臟界、十八道次第等で數百種あるが何れも手掌を以て結ぶ印契を小宇宙なりと觀ずるのである。皇道大本の鎭魂の際に結ぶ印契(?)は密敎で言へば不動根本印と水天印に近いものであるが、十指にそれ〳〵特異の靈質と作用とを有して居る處を説く點に於ては密教の事相と消息相通ずる趣きがあるのである。

左

	皇道		密教	（又）
大指	ヒト	（靈交）	智	（慧）
人指	フタ	（活力）	力	（定）
中指	ミ	（體）	願	（念）
無名指	ヨ	（因）	方	（進）
小指	イツ	（出）	慧	（信）

右

	皇道		密教	（又）
六指	ムユ	（燃）	禪	（慧）
人指	ナヽ	（地成）	進	（定）
中指	ヤ	（彌）	忍	（念）
無名指	ココノ	（凝）	戒	（進）
小指	タリヤ	（足）	壇	（信）

又た密教で十二合掌、四種拳を特説するのは、四季十二ヶ月と氣脈聯關無しとは言はれない。私は今皇道の靈學を説くのが目的でないから、靈指運用の秘説等は預りとするが、要するに人は小宇宙にして更らに大宇宙を一指頭にも象徴し得らるゝ事を呑込んで頂けば其れで滿足である。實は至上至尊の吾々人體に就てのみ言はむ

とするのではない。一拳の石にも一莖の草にも以て直ちに六合の大經綸を窺ふに不足はないのである。けれども天地の靈元體元を直正に享けたる者が人間であるから人は即ち天地經綸の主宰者であり、神は即ち人、人は即ち神なのである。故に幾千年來の身魂の曇りを磨き取りさへすれば、人が神を使ひ得るにさへ至るのである。大河を逆流せしめ、雷霆を左右する位ゐは靈氣丹田より起り來つて舌頭に及ぶもの一回にして澤山なのである。故に人正しからざれば世界も正しからず、人濁れば世界も濁るのである。佐久間象山か誰れかゞ『吾れ三十にして一藩に繫るを知り、四十にして一國に繫るを知り、五十にして世界に繫るを知る』と云ふ樣な意味のことを謂つたが、苟くも大本信者たるものは老幼男女の別ち無く一身以て大千三千世界の安危興廢に繫るの覺悟がなくてはなるまいと思ふ。私が茲に天體と人體とに就て一言せんとする目標の此處に存することを凝視して貰ひたいのである。指の先きに小さな腫物《はれもの》が出來た位ゐで其の一身が終日苦惱を感ずる事實を擴大して、人と宇宙との關係を考へても分る事と思ふ。此の至大《たか》天球《あまはら》は極微點《こごこ》の連珠絲《さねき》なす神靈元子《こえのこ》が遍滿して神靈活機臨々たる大御精靈體である事を茲で重ねて思ひ合はせて頂きたいのである。斯くしてこそ『渧涙の濺《そゝ》ぐ處、松草《せうそう》色を變ず』と云ふ古人の名句の眞味もうなづかれるのである。水火《かみ》と言靈との交渉に就ても悟りの第一歩に踏み込み得られるのである。天津橋上に杜鵑の聲を聽いて時勢の南遷を知る術も笑はれなくなるのである。

一指頭にも大宇宙の輿象を見、一瞥の顔色にも百年の運命を語る。村には村の運氣を藏し、山河には山河の天數を妊む。故に時代には時代の運象歷然たるものがあり、一國には一國の使命の動かす可からざるものがある。

皇運發展の神歌　（建速須佐之男命御製）

やくも立つ出雲やへかきつまこみにやへかきつくるそのやへかきを

天運循環の神歌　（明治天皇御製）

四方の海みなはらからと思ふ世になぞ浪風の立ちさわぐらむ

後醍醐天皇御製

時しあらば(時節を待ち給ふ)たに(丹波《たには》)よりいつる(出)鶯に(一度に開く梅の花)

　　世を助くべき人(救世主)を問は婆や。(門口は婆や)

明治天皇御製

神つ代の事をつばらに記したる書《ふみ》をしるべに世を治めまし　(古事記)

かみつよの御代のおきてをたがへじと思ふはおのが願なりけり　(神政復古)

御筆先に『つんぼとめくらのよのなか』とあるが、實際今日の日本人は、日本の神様の聲も聞ねない様になつて了つた。眞の日本人果して何れに在る乎。實に恐懼至極の事ごもである。

——(大正八年一月稿)——

大本靈學より觀たる古來の神通現象

前章に於て私は天體と人體との靈的交涉に就て一考した積りである。そこで進んで古來の靈的現象に思ひ及ぼして見るのも滿更ら無駄事ではあるまい。併し其れを具體的に、一々並べ立てるとなれば大變な手數で、一大冊を成すも尙は盡せないのは勿論、讀者としても其の樣な煩はしき手數を厭はるゝで有らうから、玆にはホンの一二の例を擧げて、私見を加へて置くだけに致しませう。

日本でも支那でも印度でも西洋でも其の古代の傳說は多く神秘的現象を以て彩られて居る。而して其の傳說に對して今日の多くの學者は何れも單に一種の神話として取扱ひ一切の神秘的現象の事實を否認して、此れは或る寓意の物語りに過ぎないとか何とか決定して了つて居るが、吾々から見れば殆んど皆な何れも其の事實が可能性を有する現象であると認めるのである。が餘り遠い昔の事で無く近い處で考へ合した方が便利であらうから近い處で二三の例を見ても、空中飛行の元祖とも言ふ可き役小角《えんのせうかく》の如きも可《か》なりの腕利《うでき》きであつたやうである。彼が自ら空中を飛行し又は鬼神を使役した事跡は決して架空の説とは思はれざるのみならず、彼れが行へる法術の如きは大本で少し修行した人で或る程度まで平氣でやつてる人は澤山にある。龍神や天狗や靈狐を役使してる人の如きが即ち其れである。又た小角が鬼神を呪縛した事等も傳へられて居るが、これも時折大本の審神者が平氣でやつてる尋常茶飯事で、大本では其んな問題は實は不思議の中には入らない。マダ綾部へ來た事の無い人は『人を馬鹿にした事を書くな』と思はれるかも知れぬが、何と思はれても此れ位ゐな問題は綾部へ來て數日間滯在研究されば誰れでも實見し得られるのであるから文句は無いのである。私は先年眞言密敎の研究をやつてる頃、空海等が支那から密敎を輸入したよりも以前に於て、小角が雜部密敎の孔雀明王咒や不動明王咒を何うして知つて居たかゞ不思議に思はれてならなかつたが、大本の靈學を知り、教主が靈力によつて鎭魂秘歌等を覺知された狀態なぞを聞くに及んで其等の問題も解決したのである（役小角時代よりも以前繼體天皇の頃に密敎の一部が輸入されたと云ふ說は信ずべき材料に乏しく、又た敏達天皇の朝に此の綾部の附近に帝釋天を祀つた者があつて百濟から來朝した日羅が種々の神變不思議の法を行ひ、國家の爲めに地藏菩薩の大法を修したと云ふ說もあるが果して何うであつたか疑問である。併し空海以前に密敎所依の經典が傳へられて居た事だけは承認が出來る。）小角に少し後《おく》れて越前に泰澄が現はれた。白鳳十一年六月十一日の出生だと云ふが、少年時代から山中生活をして十一面觀世音の陀羅尼を感得し、種々の法驗を示して居る。然るに當時此の泰澄に師事したる或行者が、山中より遠く民家に鉢を飛ばして米を乞ふたと云ふやうな事が傳へられてあるが、此れは其の行者が鬼神か天狗かを使つたもので、實は鐵鉢が獨りで飛んでるのでは無く、或る靈が鐵鉢を持つて飛んでるのである。此れも私は大本へ來て始めて解決したのである。それまでは或る靈法の神秘力は認めても其れが何う云ふ手續きで鐵鉢と云ふ物質が獨りで、飛ぶのか其の科學的説明を得ることが出來なかつたのであるが、如何なる問題も大本へ來て如實に明快に解決した時の嬉しさは、誠に晨聞夕死の感に堪へなかつた。さて其の泰澄が晩年白山《はくさん》に詣じて妙理大菩薩（伊邪册尊？）の示顯を蒙むり、宮殿を造營して之を祀つたと云ふ樣な事があるが、當時は旣に神界も蔭の守護時代であつたので、それが何う云ふ神の化現であつたか、其の神の系統等に就ては今妄りに言ふ事は可能《でき》ない。

坊主だからと言つても佛道だからと言つても頭からケナしては研究にも何にもならぬ。參考とすべき點は飽く迄も參考にして採《と》るのが皇道の偉大なる所以、天地惟神の大道たる所以であらう。眞宗の開山にしても日蓮にしても、白隱にしても黑住宗忠にしても乃至は天理敎の敎祖でも之を人間として觀ても一代の傑物であるが、わけても空海の如きは又た頗ぶるスミに置けないエラ物であつた樣である。蓋し空海の特に傑出せる如くに見ゆる點は、彼れが靈力の非凡絶倫なりしに存するので、今試みに彼の一生より靈的色彩を剝《は》ぎ取つて了つたならば彼れの歴史は只だの學識ある一僧侶としての歴史たるに過ぎないので、後世彼れを記傳する者は興味の大半を失ふワケである。そこで靈的方面より彼れの歴史を觀察することは甚だ面白い材料を得るのであるが、貴重なる本誌として斯かる紙面の餘裕を有せないのは已むを得ぬとして、茲に其の一二を記すならば、空海の未だ出家せざる少年時代、阿波の大瀧の峰に於て修念中、虚空藏菩薩の寶劍が飛び來つたと云ふが、寶劍の靈體であつたやうで、こんな事も無論可能性を有するものたるは勿論、明治二十五年八月十五日の夜、大本教祖の御前に降下されたる天照大御神の御神劍の如きは靈體でなくして實物の御神劍であつた。科學萬能の迷信者が斯様《こんな》ことを聞いたら、一笑に附し去つて了ふであらうが、少しく大本靈學の門戸を窺つた人々には容易に諒解の出來るべき筈である。又た空海が十九歳の時、伊豆國桂國山寺に於て大般若魔《き》心《じ》品《はん》を虚空中に書寫したと云ふ樣な事があるが、斯う云ふ例は古來澤山にあるので、現に大本敎主が神勅によつてお筆先を書かれる時には、机前に示現し行く靈字を書寫されるだけのもので、世人が眼を丸くして語る多くの話題は、大抵《たいてい》皆な平坦尋常の出來事として取扱はれて居るのである。又た空海の入唐せる頃、或る時神童が現はれて彼れを導き彼れは印度へ神遊したと傳へて居るが、これは大本敎主が穴太《あなを》に居られる頃松岡天狗に連れられて高熊山へ參籠せられ、富士山等へ神遊せられたのと同工異曲である。又た敎祖第二女福島久子刀自が一ヶ月間の猛烈な神憑《かんか》りで、根の國底の國等へ落行かれたのも同じ事である。敎主が昨年七十五日間の御修行中には殆んど大宇宙間を神遊せられたさうであるが、此等の事實も靈の作用を證見した人々には何の不思議も無い問題なのである。空海が非凡の靈力を發揮したのは彼れが唐より歸朝後であるが、それは神道の研究に負ふ處が多い樣である。私を以て言はしむれば、彼れの靈力は密敎の畵龍に神道の點睛を加へたものである。彼れは弘仁二年二月一日、大中臣智治麿から神道灌頂を受けて居る（卜部知比良麿か十種の凝滯と言へる神道の秘密を空海に傳へたと言ふ説もある）兎に角空海の著述にも天地麗氣十七卷、兩宮形文深釋二卷、中臣祓訓解一卷、十種神寶圖一卷、丹生太神儀軌一卷、其他若干の神道に關するものがある。彼れは密敎の正統第八祖を以て居り、支那に入つて惠果より金胎兩部の大法を完全に相承して歸朝してよりひそかに神道の研究に沒頭し眼睛換却、大いに啓發するところがあつたけれども、牛後たらむよりも雞口たれの野心にて、却て密敎を以て道を高遠に欺き、當時の支那輸入のハイカラ的智識を以て一世を烟に卷き、以て千年の敎壘を築き得たる人物であると私は觀察するのである。換言すれば神道より見て空海は盜法の賊であるとも謂へるかも知れない。果して然りとすれば空海以後の末輩、皆な盜泉の流れを汲むものとせねばならぬ。空海が堅慧に秘授した深秘中の深秘の一軸は、空海が入定して葬儀の時、三十二人の神人が現はれて堅慧の手から奪ひ取つて飛び行く處を知らずゝ傳へられて居るが、此れは這間の消息を語るものであらう。

併し密教の畑に於て空海以後幾多の事相の手腕家を産出して居る。先づ道興、眞雅、天狗になつた眞濟、女流の法傑如意尼、眞然、堅慧、廣澤流の始祖益信、寛朝、小野流の開拓者聖寶、仁海、成尊、鳥羽僧正として知られたる範俊、勸進寺流の元祖嚴覺、其他野澤十二流三十六派の大天狗小天狗相當傑出せるものにて百に餘るであらう。中にも興教大師の如きは教相事相兩全の達人で、その神通力も特に異彩を放つて居る。又た高尾山の文覺上人の如きも失戀が動機で發奮したにしては上出來の部類に屬するものである。尚ほ序でに附記して置くが、眞言律の開祖興正の三輪大神に詣でた時、神官が出迎へて『神勅あり、今、肉神の釋迦この社に臨み給ふ、汝等出で迎へて之を敬へよと、果して大徳を拜する事を得たり』と言ふて其れから大騒動をした事なぞが傳へられてあるが、思ふに此れは興正が參拜する事を知つて野狐か天狗かが神官に憑《か》つて弄んだのか、或ひは興正が靈力によつて眷族を使つて藝當を試みたかで有らう。何れにしても其の神官が盃槍《ぼんやり》で、審神《さにわ》の力量が無かつたが爲めの騷動であつたらうと思ふ。世には此れに類似した現象が澤山あつて種々の談柄が傳へられて居るが、此等の問題は少しく大本に滯在して研究さるれば誰れでも直ちに解決し得る寧ろクダラない事件である。大本金龍殿では此種の審神《さには》材料は殆んど毎日の如く取扱つて居る。密敎に於ても世の下るに連れて、事相の英才次第に廢頽し、德川時代には尙ほ多少の起伏を見たが、明治になつて以來愈々駄目になつた。明治年代に入つても雲照だの旭雅だのと言ふ眞面目な坊さんも居たが、殆んど法驗の見る可きものが無い。出鱈目の雨乞ひや病氣直しなら碌々たる山伏あがりの乞食坊主でも誰れでもやるが、其れでは本尊の大日如來の估劵《こけん》にかゝる譯《わけ》である。雲照律師の如きも事相には隨分骨を折つて八千枚大事の如き苦行も數回修し、其他古來の傑物が修行したよりも寧ろより以上の苦修を積んで居るが、其れで以て何等目醒しき法驗が得られぬと云ふのは、大本神諭にある通り佛の世の終りと成つて佛の靈の利《き》かぬ時節が近づいたからである。印度瑜迦行者なぞは現に今日に於ても随分神變不思議の法驗を現はして居るが、正神界の神律は特に日本人に對して嚴格なので、日本人が飛行機乘りの成績不良なると同一理由に基くものであると思ふ。日本内地に於ても今日佛道等に關する靈威力が絶無とは言はぬ。多少の特例も幾らか殘存してる樣だが、殆どモハヤ論ずるに足らない。安藝の宮島には今日でも求聞持法《くもんぢ》の修行場がある筈で、私も一度密敎界の元老某氏から紹介された事もあつたけれども行かなかつた。其れは其の成績の格別敬服するに足る程のものが無い事を知つたからである。尙ほ古來の日本の靈的現象を月旦するに當つては第一に看過す可らざるものとして例の金毛九尾の狐の一件があるが此れは少しく差支へがあるから玆に言ふ事は可能《でき》ぬ。

今日の世界が現界は亂雜極まるが如く、神界幽界も未成品時代で混亂不統一殆ど無茶苦茶である。それを今度大本神が整理統一される天運が循環したのであるが、尙ほ此處しばらくの間は群居散亂せる諸種千萬の勢力の自由行動の生命が心細いながらも持續されて行くので、愈々神界の總決算期までは鞍馬山には鞍馬山中心の神界があり、御嶽には御嶽中心の神界があり、霧島には霧島、英彥山には英彥山、大和の金峰山は金峰山、伏見は伏見と云ふ風に元龜天正時代の現界の如くに夫れ〳〵小威張りに威張つて居る。而して其等の多くは邪神界に屬するが、併し改心歸順すれば正神界に轉籍し得る素質を有する團體が尠くない。いや實際を言ふと正神とも邪神とも今日に於て色を着けて云ふわけに行かぬ程ブラ〳〵靈團が多いので、必ずしも惡い事をするのを道樂としてるものばかりでは無い。隨分眞面目にやつてる積りの神靈團體も散在して居るが、槪して神界中央政府の規律經綸を知らぬ爲め若しくは無視せる爲め、無意味なる努力をやつてる團體が多いのである。殊に一般體主靈從となつてるのが通有的のキツである。尤も大江山を中心とせる連中の如きは、極惡神の眷族共の集團で到底濟度すべからざるものゝ由である。何れ艮の金神樣の威力に

依て灰にせられる族類であらう。（大江山の連中は元來露國系統の邪神である）

神界は正神界邪神界とも各百八十一階級に大別せられ、更らに細別すれば幾多の種類を見るのであるが、神と謂つても高級なものと低級なものとは其の靈質にも靈力にも靈體にも一口《ひとくち》に神とは云へぬ程の差があつて、小隱世の神々が中隱世の神々に對する觀念智識は吾々人間が一般靈界に對する觀念智識の如くに距離がある。又た狐や狸の靈の特に低級なものになると、其の靈も殆と物質に類するので、之を捕獲して瓶詰にして藥物試驗を行ふ事さへも出來る。玆に至つては靈魂の有無なぞ云ふ問題は、既に問題とすべき價値を有せないものとなるわけである。

私が皇道大本を知る以前に於て、直接見聞せるものゝ中から一二の例を擧げて見ても山口縣の私の鄕里から數里の處に泰雲寺と云ふ寺があるが、其の寺の前住道逸と云ふのは天狗になつて今尙その裏山に住んで居る。私は少年時代劍術が上達するやうにと思つて、其の寺の裏山の瀧を浴びに行つたりした事があつた。その道逸と云ふ天狗はマダ住職として寺に居る時から靈力があつて、一日の間に宮嶋（三十里位ゐある）へ行つて遊んで來たり、一寸の間に萩（十數里ある）へ豆腐を買ひに行つて來たりしたと云ふ事を村の者が話して居た。私は其の後山口の圖書館に於て平田篤胤翁の『古今妖魅考』と云ふものを讀んで日本全國何處の國にでも二十や三十の天狗の居る山は澤山にあると云ふ事を見て驚いたものであつた。それから單身豐前の英彥山に登つた時、案內に雇うた阿爺は英彥山の山伏であつた男であるが、その案內者の說明によつて豐前坊と云ふ天狗の親方が宮本無三四や毛谷村六助に劍法の極意を傳へた跡なぞを知り更らに其の案內者が數年前『天狗おどし』に會つた實驗談なぞをして吳れたので、稍や天狗に對する知識が明瞭になつたが、大本へ來てスツカリ見當がついて來たのである。

又た先年私は友人の照會で熊本縣人堀某と云青年に會つた。此の男は一種の靈感によつて澤山の經文や曼陀羅を書いて居るが、本來無學な男で、六かしい經文や曼陀羅の書ける様な人物では無いのである。それが靈感によつて書き上げたものは皆な獨斷的な面白いもので、私は其の男から靈感に觸れる狀態などを審《つぶ》さに聞いて妙なことをやるわいと感心して居たが、これも大本へ來て研究すると、或る坊主の靈か何かゞ惡戲《いたづら》してる他愛も無いものである事が判つた。

又た私は密敎の研究中大和の奧の龍門寺に居つた事もあるものである。玆で一寸龍門寺の緣起のやうなものを書かねばならぬが弘法大師が將さに支那より歸朝せむとするに當り獨鈷《こ》杵と三鈷《こ》杵と五鈷《こ》杵とを東方に向つて投げて密敎弘通相應の地を求めた。そして歸朝して見ると獨鈷《こ》は京都の東寺の所在地に落ちて居り三鈷《こ》は高野山に五鈷《こ》は此の龍門寺に落ちて居つた。そこで彼れは先づ此の龍門寺を開いたのである。元來この龍門寺の在る雲管山と云ふのはその昔役小角が居たこともあると云ふ山であるがこの寺の大師堂にある弘法の木像は弘法自作のものと傳へられ今日でも其の木像は機嫌が惡いと眼の色を變へるのである。それから數年前冬の或る日の夕景に弘法の壯年時代の風采の旅僧がヒョックリと此寺の庫裡《くり》へ入つて來て、寺の裏の方の掃除の行屆かぬ事を細々と氣をつけて『今日は土産に筍を持つて來た』と言ひ棄てゝ出て行つた。其時庫裡《くり》には小僧や寺男が三四人居合はせたが、變《へん》だと思つて直ぐに出て見たが誰れも居らぬ。旅僧の影も見ゐない。そして其翌日から毎日一本宛大きな筍が裏の藪へ七日間續けて七本出た。時は冬の極寒の時期で筍なぞの出るべき幕では無かつた。此の事は當時の大阪の新聞にも載せられたのである。これは狐や狸の惡戯《いたづら》ではなく、弘法の靈の作用だと信じても可《よ》いが、此等の問題も大本の見地から解釋すれば麗々しく新聞なぞに書き立てる程の珍事でも何でもない。大本の教主が言靈の神法によつて龍神に土米《つちこめ》の繁殖を命ぜらるれば天下絶類の土米が其處に繁殖するし、此種の靈的現象は大本靈學の鍵を以て解けば寧ろ當然尋常の結果であつて何等怪しむべき性質のもので無いのである。

――(大正八年一月稿)――

古來靈術の原理と大本の鎭魂法

化《は》け物の正體見たり枯尾花、と云ふ句が最も常識的な考への代表の如く取扱はれて居る世の中に於て、皇道大本の說く處は餘りに神異靈怪の量に富み過ぎて居る感が有るであらうが、事實に於て一面より觀察すれば、現代の人類生活の狀態は一大化《は》け物屋敷の展開である。百鬼晝行の世の中である。たゞ多くの人々が其の眞相原理を氣付かぬ丈けのことで、病氣も喧嘩も殺人も火事も成功も失敗も米騷動もストライキも、決して單純なる人事現象では無い。切言すれば今日の社會現象の殆んど全部は野天狗や狐狸の芝居に過ぎないのである。色々な低級な靈が人々に憑依して蠢動してるだけのもので事實に於て大本の審神者が一たび神勅を仰いで審判の手を下せば如何なる者でも即座に尻尾《しつぽ》を出して了ふのだから、如何に辯護したくても理屈のつけやうが無いのである。先づ此等の問題を諒解する便宜上幽冥界の略圖を示さう。圖表にして示すことは性質上甚だ無理な困難な問題であるが、要するに一種の見地より手がかりを與ふるに過ぎないので、一に此の圖表にのみ拘泥せられると却つて明瞭なる觀念が得られなくなるから其れは充分に注意せられねばならぬ。

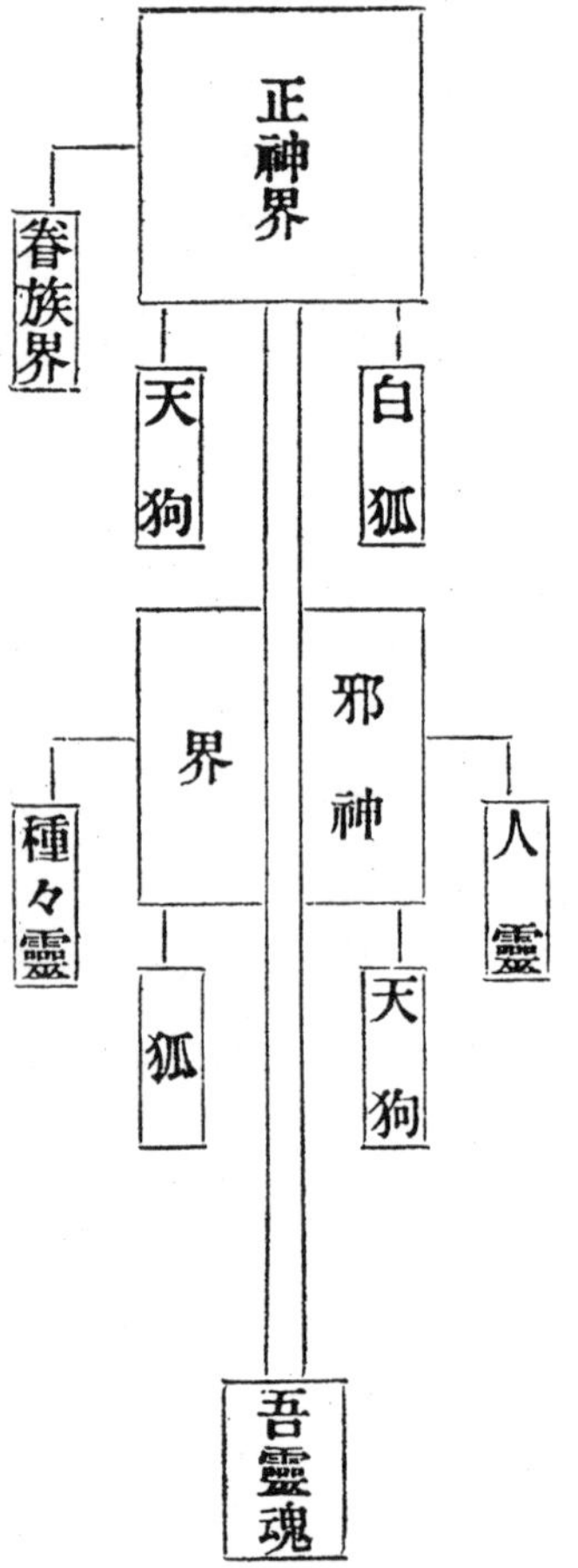

人霊
野天狗
狸
野狐
其他
種々

しば〳〵本誌上に於ても說明されてある如く、一と口に神界と云つても正神界と邪神界と各百八十一階級に大別され、更らに其れが性質に依て縱にも横にも別けられて居るので、神の品位の高下も非常な差等のあることを知らねばならぬが、人は要するに神の容器《いれもの》で精神正しき時は正しき神に感合して正しき働きを爲し、精神邪なる時は正しからざる神に感合して不正なる言行を爲すに至るのである。併しただ此れだけの說明では神と人との關係交渉が甚だ單純な樣であるが、實は神と人とを介して行はるゝ幾多の現象は殆んど端睨す可らざる變化無盡複雜不究のもので、茲に於てか古來各種の靈術なるものが行はれたり、或ひは何とも彼とも人間の智恵では解決の出來ぬ摩可不思議の事象が突發したりするのである。

過去の千有餘年間の日本に於て、靈術の本家顔をして居たものは何と云つても眞言秘密の法である。元來密敎所依の經典たる大日經や金剛頂經は大國主神系の所說であつて、那伽於賴那菩《なかおらなほ》提薩垂《だいさつた》（龍猛《りうもう》菩薩）が龍宮に行つて大龍菩薩から經典を授かつたとあるが、大龍菩薩とは即ち龍宮の音比賣を指せるもので有らう。つまり龍猛菩薩が一種の神通力によつて龍宮に神遊し、大國主神系の秘典を授つたと云ふだけのことで、今日の密敎の學者等は此間の消息を解するに非常に迷惑して居るが、大本の靈學から見れば何でも無い尋常の出來事で、何等怪むを要しないのである。（龍猛菩薩の出世は摩可摩耶經、涅般經、佛祖統記には釋迦滅後七百年と說き、中論には五百三十年或ひは九百年と言ひ、法苑珠林及び玄弉三藏の傳には三百年後にして七百歲の壽を保つたとして居る）此の眞言密敎の事相の行法は、胎藏界立、金剛界立、十八道立等があり、隨分八釜しいものであるが、歸するところ其の原理は一種の感念法であると見做されて居る。眞言や印契や作壇や祈禱に骨を折つても、如何にして其の法驗が成就するかと云ふ其の本當の原理及び手續きが分つて居らぬやうである。玆に於てか福來博士などが瑜迦《ゆか》の行法を研究して觀念生物說と云ふやうなものを唱へ、觀念其のものが生物であると云ふ見地から觀念の力によつて神通力が得られると言ふ風に說く。併しながら之れは明かに誤れるウスッペラな研究であつて、觀念其ものは生物では無い。觀念によつて一種の神通現象を起すことは出來るが、それは多くの場合觀念其者の作用ではなくして、その觀念によつて或る神に感合し、其の神の力によつて或る現象が起されて來るのである。故に幽冥界の事情に通じなければ一切の神通現象を語るの資格がない。幽冥界の事情が分らず神の種類が分らずに種々の神通現象を説明しやうとするから、各方面の學者の意見が悉く不徹底で無責任極まる斷案を下して居るのである。私を以て言はしむるならば、弘法大師まで位ゐは或ひは密教事相の原理が變則ながらも會得されて居たかも知れぬが、それより以後に於ては其の原理は全く湮滅して了つたものと思ふ。固より弘法以後に於ても幾多事相家を出して居るけれども、彼等は何れも先師の足跡を辿り、その作法を守りて苦修して悉地《しつち》を成就したので、それが如何なる原理によつて如何なる手續きによつて法驗を得るかゞ判つて居らぬ。判つて居るとすれば、其れは尚且《やはり》福來博士の觀念生物論位ゐのものでたゞ觀念の力によつて法が成就したと云ふ位ゐなボンヤリした考へで要するに誤解たるを免れぬ。狐や狸や野天狗の類でも行者の希望する處を知つて觀音や妙見の姿を現はし行者の求むる利益《りやく》を與ふれば、その行者は狐や狸に弄ばれたとは知らずに、觀念の行力によつて此の法驗を得たと自惚《うぬぼ》れて濟《す》んで行くだけのことで、實にお目出たい性質のものである。密敎でやる處の阿字觀や色々の字輪觀なぞが、徹頭徹尾觀念法である處から、益々此の觀念生物說流の謬見に陷り易いやうになつたのである。

密敎以外の色々の行者輩が如何なる修行を爲し又た如何なる手段で法驗を現はすかと言ふと、それは實に多種多樣で、中には此れを筆にし口にするとの出來ない程の陋劣極まるものもあるが、彼等の法驗と信ぜる現象の中には、殊に滑稽なものが多い。併し原理から見て滑稽であつても、兎に角一種の作用を起して、時には怨敵を殺害したりするから、結果から言へば只だ滑稽として輕々に看過する事の出來ない場合がある。狐や狸の靈でも人靈でも、事の理非を辨ずる事の出來ぬ奴は、或る方法によつて人間から賴まれゝば、人を病氣にしたり殺しに行く位ゐは何とも思つて居らぬのであるから物騷千萬な世の中なのである。又た或る種の行者に隨從してる狐狸等の邪靈は、勝手に氣を利《き》かして其の行者か一寸憎《にく》いと思つた人なぞを殺しに行つたりする。行者は何かの問題で、何某を一寸面白からず思つた位ゐで、別に病氣にしてやらうとも殺さうとも思はぬのに、平生の取引先きの邪靈が氣を利かしてサツサと片付《かたづ》けに行つたりする事があるから始末が惡いのである。又た古來各地に行はれ、今日でも尚ほ盛んに營業してる色々の行者めいたものが、病氣直しや種々の豫言のやうな事をやつてるのは、殆んど皆な狐や狸や人靈の仕事である。表面は法華でも稻荷でも觀音でも大師でも妙見でも藥師でも何でも彼でも、其の實際の仕事をしてる者は、クダラない狐狸の靈や人靈である。その行者なり坊主なり神職なりも實は多くの場合其れを知らずにイツパシの神佛の冥護によるものと信じ切つてるので、その行者なり坊主なり神職なりは必ずしも原理を知つて詐欺的行爲をやつてるのではなく、彼等自身も大眞面目で一生懸命立派な神佛に事へて居る積りである。そこで其處の得意先きの狐や狸がチヤンと立派な神佛になり濟まして居るだけのものである。尤も中には最劣等の行者で、狐や狸の靈と知りつゝ此等の靈に食物なぞを供して或る非望の目的を達する輩もあるが、斯う云ふタワケ者は次ぎの世にはウマク行つても狐や狸に生れて苦しむのである。昔時高貴の人々で隨分如何はしき行者輩に接近し、野狐を驅使する邪法なぞを覺ね込んで、汚らはしき慾望を滿足させた人なぞがあるが、當時の其の高貴の人々の靈が今如何なる境遇に在るかは問はずして明かなる處である。眞言密敎の法の如きも上等ではあるが邪法である。龍猛菩薩が南天竺の鐵塔から感得した事相は或ひは邪法ではなかつたかも知らぬが、弘法大師時代となつては明かに邪法であると言はれても言ひ拔ける事は出來ぬ。たとへば弘法が守敏僧都と法驗を鬪はし、遂に怨敵となつて双方何れも法術を以て殺害せむとし守敏は大威德明王の法を用ゐ、弘法は不動使者法を修しとう〳〵弘法が勝つて守敏僧都を往生さして了つた事なぞは後世密門では色々辯護してるけれど、何と言つても斯かる無意義にして不正なる願望を達せしむる術は、天地惟神の大道より見て明かなる邪法としなければならぬ。弘法門下の逸才たる眞濟僧正の如きも染殿皇后に戀着して法術を以て惱まし奉つたと云ふ樣な事が傳へられてあるが、此れを虛傳としても延暦寺の惠亮和尚と法驗を爭うた事なぞは蔽ふ可らざる事實で、甚だ面白くない了簡《りやうけん》だと思ふ。又た義範と範俊が法驗を爭うた事なぞも其の動機と云ひ實に心事の陋劣唾棄すべく、斯かる問題に甘んじて關係する神佛なるもの其の正體の碌《ろく》なものでない事が判斷されるで有らう。

密敎の事相界でさへも然りである。況んや他の色々の行者輩の行ふ處のものは其の名目や看板に我が正神界の神名を擔ぎ廻つても、實際其の行者と取引する者の靈は殆ど問題にならぬ低級劣等のものが多いのである。彼等多くの行者輩は、何《ご》う云ふ方法で其の邪靈との取引を開始するに至るかと言ふと、その所謂修行の方法も千差萬別であり、中には何等の修行と云ふやうな事はなしに、フト一種低級の歸神《かんがゝ》狀態《り》になつて始まる場合もあり、又は甚だしきに至ると、彼等の本部のやうな處へ傳授料とか幣帛料とかを何十圓か何百圓か納めて、邪靈の一味徒黨の奴《やつこ》さんを分《わ》けて貰つて直ちに若干の靈力を發揮するに至ると云ふやうな現金なものもある。併し先づ普通兎に角眞面目に修行すると目されてる連中のやるのは、身滌《みそゝぎ》、山籠り、斷食なぞをやる、或ひは自宅の一室を淸めて道場を作つて修練を積む者もある。身滌《みそゝぎ》の修行中眞面目に水想觀なぞをやる者もあるが、多くは自分の信ずる神佛の題目や神號を唱へたり或ひは禊祓《みそぎはらひ》を唱へたりする。山籠りをやるのは蕎麥粉と梅干位ゐでやるが、毎日回數を定めて本尊の禮拜、默念、祈禱等を行ふ。兩部法の手合《てあひ》は心經を讀んだり、孔雀明王咒を唱へたりする。斷食の修行は山籠りの修行と同時にやる者もあれば、別々に行ふものもある。先づ順序としては美食より粗食に移り、それから減食し、火食を絶ちて蕎麥粉なぞに改め、それから食を絶ちて暫らく水を飲む。普通の人間でも二十日位ゐは大丈夫である。(私一個の確信を以て言へばモット長く斷食し得られるものと考へ、尚ほ一日十匁位ゐの穀類と鹽と水とがあれば何年間でも大丈夫の積りである）一室を道場として修練をするのは修法壇の最上の壇の中央に總本尊、右に守本尊、左に守護の神、左右に金幣銀幣を立て、中の壇の中央に修法主神、右に鏡、左に劍及び燈明等、下の壇には供物を置くと云ふのが普通で、正面の行者の座の右に淨水、左に淨火、前方左右に鐘、太皷、紙幣、麻幣、及び鈴や經文を置く机を備へて居る位ゐなことで、流々によつて多少の相違はあるが、先づ此んなものである。併し實は此んな面倒な事をやらぬでも、低級劣等な神懸《かんがゝ》りになつて多少の所謂不思議を現はしたいのなら、何處《どこ》でも構《かま》はぬ野ッ原に寢ころんで、數日間斷食をやつてヒヨロ〳〵になつて口《くち》の中で『どうぞ狐樣か狸樣か野天狗樣か懸《かゝ》つて下さい』と念じて居れば、野天狗や野狐の類ひは推すな〳〵の勢ひで寄つて來て爭うて憑依する。そして一寸した病氣位ゐ直したり豫言や駄法螺を連發したりする。又そんな藝當がやつて見たい位ゐな人間なら、多くの場合既に其の手のモノが幾年前よりか憑依して居るから、數日間斷食でもして居れば內部から發動して現はれて來る場合が多からう。平生肉體が確乎《しつかり》して居ると、邪靈は憑《か》るにも憑《か》り難《にく》く發動するにも發動しにくいのが、斷食でもしてヒヨロ〳〵になつて居れば、得たり賢こしで邪靈の活動機關に使つて頂く光榮を擔ふことが出來るのである。古來多くの行者輩が此の原理を知らすして爭ふて斷食等の苦行を積み、ヒヨロ〳〵になつて色々の邪靈と取引を開始して喜んで居るのである。(肉體が確乎《しつかり》して居れば發動しにくいと言つたのは普通の行者輩に對して言つたので、大本の審神者が靈をかけて發動させる場合は別問題である) 故に世間によくある事だが、先祖の靈なぞが何か其の子孫に言ひたい事ある場合なぞ、先づ家庭の或物を病氣にさせて身體をヒヨロヒヨロにさせてから憑《か》つて夢を見せたり天言通で言はせたりするのである。眞《まこと》の正神界の神々、若しくは正神界の眷族は健全にして清潔なる身心に突如として憑依せられるのである。尤も大本でも言靈修行(無言の行)等の場合、修行者の希望によつて三日間位ゐ斷食をさせる事もあるが、此れは身心の一洗を期する爲めで目的も異り又た正神界の御守護を蒙むつて行ふので萬々間違ひはないのである。

大本の靈法の土臺をなすものは言ふ迄もなく鎭魂歸神の神法である。其の形式の餘りに簡易にして神秘らしき『勿體《もつたい》』がないやうに見ゆる爲めに、兎《と》もすれば、研究者も輕侮の眼を以て之を見むとする嫌ひがあるが、其の形式の至簡至易にして、其の蘊義の至遠至深なるは流石に神傳の大法である。之を輕く見る人には輕く見へ之を深く思ふ人には深く導かれつゝある大本の鎭魂法は、實に〳〵至靈至神の妙術である。大本の神傳秘書の一節に曰く『神界に感合するの道、至尊至貴、濫りに語る可き者に非ず、吾朝古典往々其の實蹟を載すと雖も、中世祭祀の道衰へ其術を失ふ旣に久し、今神傳に依り其古に復す。是れ即ち玄理の窮極皇祖の以て皇孫に傳へし治國の大本にして祭祀の蘊奥也。蓋し幽齋の法たる至嚴至重深く戒愼し其人に非ざれば行ふ可らざる者あり。濫りに傳ふ可らざるの意玆に存す。然りと雖も其精神萬難に撓まず自ら彊《つと》めて止まざれば遂に能く其妙境に達する事を得ん（中略）幽齋は宇宙の主宰に感合し、親しく八百萬神に接す、其の修し得るに至つては至大無外至小無内、無遠近、無大小、無廣狹、無明暗。過去と現在と未來とを問はず一も通ぜざるはなし云々』形式の簡易なるも其の蘊義の添遠無究なる事が判るであらう。然るに十日間や二十日間大本の金龍殿で修行して、多少の神通力でも得て、これで鎭魂法の堂奥に入り得たりと考へたら飛んだ間違ひで、それは未《ま》だホンの三番叟に過ぎない。そんな態度で大本の幽齋法を論議批評せんとするは身の程を知らざるも甚だしきものである。神傳秘書の中の歸神標目には、

無形			有形		
自感法	上中下	三法	自感法	上中下	三法
他感法	上中下	三法	他感法	上中下	三法
神感法	上中下	三法	神感法	上中下	三法
合	九法		合九法(無形有形合十八法)		

妖魅界前に同じく十八法
巫或は法華僧の行法は此等外下々下等なり。
正邪合せて三十六法、之を分つて三百六十二法とす。

とある。其の堂奥に通じ、一般を知悉せむとする事は蓋し容易の業に非ざる事が解るで有らう。三百六十二法と言つても大體類推する事が出來ると思ふ人があるかも知れぬが吾々が大本の幽齋に就て有し居れる知識は、その一小部分の一小斷片に過ぎないものであるから、其の奥には到底吾々の想像も及ばざる或る物が存在する事は確かである。何にしても從來の佛靈や邪靈の利く生命がモハヤ旦夕に迫つた。そして日一日と正神界の神力が激《はげ》しくなる時節となつたから、今後大本信者の手によつて如何なる驚天動地の大神通力を發揮するに至るか、必ずや種々なる空前の現象を睹ることが出來るで有らう。

―(大正八年二月稿)―

佛耶兩教の出發點と其の大本

皇道大本の標語《もつこう》たる『二度目の世の立替は』古來數千年間に亘る地上全人類の心臟の底に秘められて居た血の囁《さゝや》きである。其れが吾々の先祖の眞《まこと》の親神樣たる國常立尊の世の成立ちの時からの御經綸である以上其の血を引いて後に生れたる地上人類の心臟の秘底に何が流れて居るかは容易に想像の及ぶ處で無ければならぬ。何しろ長年月の罪汚れに曇り切つて居るから表面の意識からは何時と無しに埋沒して居たにせよ、又た或る時代或る期間、全く忘れられて居たにせよ、一旦枯れたかと思はれた梅が春に魁《さきが》けて雪を破つて花を開くが如くに、吾々人類の心臟の奧底に秘められた或るものは、時節だに到來せば必ず油然として勃興して來らねばならぬ。古代人類の頭腦の產物否な心臟の光りを投げた影は何であつたか、それは何れも『二度目の世の立替』を眼目とし、希望としたものであつた。ひとり宗教と云はず有らゆる思想が左うであつた。私は『大本神諭によりて始めて闡明されたる易の秘義』と題して既に古來大儒小儒幾千の易學者の迷蒙を排し、易は世の立替の秘密を說くものであること、變體の古事記である事を喝破して置いたが法華經にしたところで聖書《ばいぶる》にしたところで矢張り皇典の或る部分を變體的に說き傳へたものたるは申す迄も無き處である。そこで今度は世界の二大宗敎と目されて居る佛敎と耶蘇敎との本來の面目を一掃し去らむと欲するのである。固より基督敎と雖も佛敎と雖も時勢に運れて幾變遷を來して甚だしきは桑海の變を爲したる點もあるが、これは世の濁ると共に濁り墮落すると共に墮落し、所謂『科學的』『合理的』解釋を可能ならしめ、時代と妥協し得らるゝ樣になつて來たが爲めで一般に基督敎の牧師や佛敎の大學で法螺を吹いてる連中の所說では固より本來の面目に出入することは出來ぬ。幸ひにして佛敎に於ても基督敎に於ても古來傳承の典籍がある。今日の世の基督敎の神學者や佛敎のハイカラ坊主共の『巧妙なる曲解』を離れて眼睛換却直ちに古傳の經典に突入して看一看し來るならば、若しくは其の眞骨頭を窺ひ得るに至るであらう。

原始佛敎の眞相を追求して行くと、如何に佛敎の爲めに辯護したくても、其の製造元はブラマ敎なることを拒むわけに行かぬ。釋迦の世に出づるや、蹶起してブラマ敎の習弊を打破せむとし、佛敎の新旗幟を飜へしたものたるは勿論であるけれども、併し彼れが新說普及の實際上に於て、當時全印度に大勢力ありしブラマ敎の所說慣習を無視しては到底其の目的を達し得べくも有らざるより、昨日に於て舊習の一を加へ今日又た他の一を是認し明日又た他の一を引入すると云ふ風にて、何時とも無しにブラマを攻擊しつゝブラマに近接し同化した痕迹は之を蔽ふことが出來ぬ。而かも釋迦の說きたる處として今日に傳へらるゝ思想の骨髓とする處は殆ど皆なブラマ敎の所說に非ざるは無く、彼れが果して新たに何物を啓發し得たるやを疑はしむるに至るのである。私は固より釋迦の神通力を否定せむとするものでは無い。

隨つて彼れが歸神狀態に入つて幾分の天啓を靈覺し得たる可きを信ぜむとするものなれども、彼れが出生當時又は其の以前に於て既《すで》に業《すで》に行はれたるブラマの所說以外に彼れが創造的產物として今日果して何物を遺《のこ》して居る乎。大日經等は龍樹菩薩が靈覺によつて得たるものである。（大日經は大國主神系の經典である）法華經が若し釋迦の親說せるものであると云ふ事が事實であるならば先づ法華經位ゐを彼れの遺產と認むるの外は無い。（法華經は天忍穗耳神系の經典である）併し法華經と雖も大日經と雖も其の含有せる元素は尙且早く既にブラマの說ける處である。ブラマの四經、三傳、六學派の曾て言へる處を脚色したるに過ぎない。（大日經や法華經が我が皇典古事記の一部を變體に說ける理由等に就ては別に說明を要する）眞宗の敎義は他の諸佛說と餘程變つて居るが其れは親鸞上人が當時支那に頒布されたる基督敎の聖書を讀んだからであると云ふ說もある。親鸞上人眞筆の聖書の寫しが本山に秘藏してあると云ふ話もある。

萬物一體と云ひ萬法無自性と云ふも皆ブラマの所論である。輪廻説は瑜伽《ゆが》及びベダンタ派の提唱する處、禪覺見性も左うである。苦集滅道も涅槃も然りである。遠離一切顛到夢想而究竟涅槃も因明の説、地獄、閻魔王は摩拏《まぬ》法輪の所見、入涅槃則出離煩惱滅盡一切習氣不生不滅無智無得なぞは瑜伽《ゆが》の言へる處、聲聞、縁覺、菩薩、阿彌陀、觀音、勢至、淨土、十地、三身、何れも皆な釋迦の創説と見ることが不可能である。其の證據を列擧すれば幾らでも有つて之を敎理の上よりするも歷史の上よりするも最近に發見せらるゝ種々の發掘物等の詮索よりするも際限が無い程であるから、原始佛敎の根元がブラマ敎である事は一點の疑念を挿む餘地も無くなつて來るのである。故に原始佛敎の面目を點檢し來らむと欲せば、直ちにブラマの經典に就てするが捷徑でもあり便利でもあり正確でもある。固よりブラマの經典と雖も物によつては隨分內容が變遷しても居れば後代に附け加へられたのもある。故に釋迦時代若くは其以前に確かに行はれて居たものと信じ得べき經文に就て研究しなければならぬ事は勿論である。而して此の方針で進んで行つた研究者が必ず到達しなければならぬ處は、ブラマの諸經典の說く處と基督敎の說く處と基督敎の聖書の內容とが酷似符合せる點を發見して喫驚する事である。玆に於てか學者の所見は二派に岐《わか》れ、甲は以てブラマが基督敎を盜んだと叫び、乙は基督敎がブラマの眞似をしたのだと罵つて双方から色々の證據物なぞを持ち出して喧嘩した事があつたが、要するに水かけ論である。私の信ずる處を露骨に申上げるならば、上古に於て皇典古事記の所說の一部分が、如何なる方法に依てか支那を通過して西印度、波斯、アラビヤ、猶太、埃及あたりに變體的に行はれたものである。無論上古の事であるから神憑《かんが》りも盛んに行はれたであらうし交通機關も今日の人が想像する程度よりも發達して居たかも知れず兎に角尠くとも交通力は決して今日の人が馬鹿にしてる樣なもので無かつた事は確かである。そこで猶太や波斯や西印度あたりに其の同根の或る思想は地方的色彩を帶びつゝ其れ〴〵の生ひ立ちを見た。そして遂に歐米までも染め込んで了つた。其の間には隨分クダラナイ思想や誤謬も年を逐うて混入されたが、併し今日に傳はるものと雖も所々に純正の眞理を含めること恰かも周易の其れの如くである。從つて此等の思想を呼吸して生きて居る世界の人類が、其の心臟の奧底に或る靈の火の小さき閃《ひらめ》きを秘《ひ》めて時節の到來を待つたのである。而して其の同根の思想なるものゝ內容の重大なる箇條を擧げると、此世の成立ちのこと、神界の組織のこと、洪水のこと、天國地獄のこと、世の終り即ち今回の世の立替のこと等である。一々列擧するのも煩雜に堪へないが、試みにブラマの諸經典と基督敎の聖書とを比して二三の事例を覗《のぞ》いて見やう。

先づ世界創造の事から言はせて見ると、基督敎の創世記に

始時《はじめ》に天主天地を造り玉ふ

大地虛曠淵面晦冥なりき

とあり。ブラマの摩《ま》努《ね》律法には、

始時《はじめ》は天地萬物無く世界晦冥にて混沌たる恰かも暗夜に眠れるが如くなりしとある。古事記に『夫混元既凝氣象未效、無名無爲、誰知其形』の境界を言ふのであらう。次ぎに創世記に『天主光明あれよと曰《のたま》ひ忽ち光明あらはる……。天主の靈は水面に覆坐し玉ふ』とあり。摩努《まぬ》律法に『混沌の中に一自有者あり、光明を放ち晦冥《くらやみ》を散らし五個《いつ》の元素を以て天地萬物を造る……初めて水を生じ其中に一の種を置く、種の中に萬物の大祖たるブラマあり上靈を生ず』とある。是れ何れも皇道の言靈の生《な》り出づる光景を描いたものである。新約全書約翰傳首章にも『太初にコトバあり、コトバは神と偕にあり、言葉は則ち神なり、この言葉は太初に神と偕に在りき、萬物これに由て造らる、造られたる者に一として之れに由らで造られしはなし、之に生あり此生は人の光なり、光は暗に照り暗は之を曉《さと》らざりき』とある。五個の元素と云ふのは要するに天火水地結のことでアイウエオの五大母音である。タチバナのオトである。それから神界太初の事情も殆ど兩者符節を合するが如くで、たとへば、ブラマサストラ書に『無始無終の者あり、誠に不可思議なるマイサスラと數多き天使とを造り、己れが光榮を現はす者に幸福を與へんと欲せり。然るに不思議なるマイサスラと數多き天使の中に妬みを起せる者あり、遂に謀反を企て黨を組み無始無終の者に逆《さから》ふ。因つて無始無終の者は彼等を追ひ不滅の苦を與へ暗冥《くらやみ》の中に投げ入れたり』とあるに對して舊約聖書イザヤス書に『大天使ルシファ至高の雲に登り我座を天主の上に置き自ら天主の天主たらんと欲せり。故に天主は罰を加へ暗冥《くらやみ》の地獄に投げ入れて不滅の苦を與へ玉ふ』とある。これらは世の成り立ちの時の神話であると同時に、實は現代の豫言なのである。大本神諭に、惡の首魁《かしら》が王の王にならうとして居る事を素ツ破抜《すはね》いてあるが其れである。

聖書に『天主は初め人を男女に造り玉へり………男女に造り男をアダムと名づけ玉ふ………アダムの眠れる間に脇の骨を抜き肉を滿し玉ふ………天主は骨を以て女を造りアダムに與へ玉へり』とあるに對し摩《ま》努《ね》律法には『無上者の體は半分男性に

て半分女性なり（須佐之男命）女性の分よりブイラジと云ふもの（月の大神）を生ず。ブイラジは男性女性を合したるものにて水火《かみ》なり』とある。此邊の消息を基督敎の先生やブラマの學者等は種々に曲解して七花八裂殆んど手の着けやうがない破《は》目《め》に陷いて居るが、愈々となると皇典の本家に來らねば系圖は判らないのである。もすこし突ッ込んで説明したいけれど、其れは未だ神の許しを得る迄に時勢が進んで居らぬ。又た先年印度のエレハンタと云ふブラマの古跡から發掘したもの丶中にトリムリチと稱する三位一體の石像がある。右は女の顏で左は男の顏、中央には大蛇が蜜柑のやうな果物《くだもの》を含んだ像である。私は實物も寫眞も見たことがないから斷言は出來ぬが、その蜜柑のやうな果物と云ふのは、多分タチバナで有らうと思ふ。此のタチバナに就ても説があるが、冗長を避けむが爲め茲には紹介せぬ。

聖書に『天主の子が人の子の美麗《うつくしき》を見て彼等と結婚せり……天主の子が人の子と結婚し偉人を生む、偉人は英雄となり、世に著《あら》はる』とあるは、邇々藝命《にゝぎのみこと》の笠沙《かさゝ》の岬に於ける寓言を傳へたもの、又たブラマの律法『彼等大力あり、七つの神の類を生じ又た住所を造り遂に大力ある龍を產《う》む』なぞとあるは皇典を拜讀せずして到底要領を得べきでない。

次ぎに例のノアの洪水に就て、佛教の母體たるブラマの傳へる處と基督教の傳へる處とを對照すると、如何に頑固なる讀者と雖も兩者の同根を承認せずには居られまいと思ふ。そして又た其の解決の秘鍵が大本神諭に握られて居る事を否定するわけには行くまいと思ふ。聖書に『ノアに告げて曰く兆民の末期我前に至れり………洪水地上に溢れ肉血の生氣は都《すべ》て皆な亡びん………汝は好木を以て舟を造りヤニを內外に塗るべし……汝と汝の妻子と都て八人其舟に乘るべし、汝は諸の食物を携へ舟へ登れ』とあるに對しブラマのマハバラタには『魚が海に入る時マヌに語て曰く汝は我を助けし故に我れ今ま大事を汝に告げん、近き中に洪水地上に溢れ生物悉皆消滅する事あり、汝は之を避る爲め疾く舟を造り汝はリチ即ち仙人七人と共に其舟に乘り永く保つ爲め都て草木の種子を舟に積むべし』とあり。聖書に『ノア天主の命に從ひ悉く之を行へり……洪水四十晝夜地上に溢れ勢ひ甚だ盛んなり……地上の生物は悉く亡び舟中の者のみ存す』とあるに對し、マハバラタには『マヌは魚の言葉に從ひ舟を造り仙人七名と共に乘り、都て草木の種子を積み大海へ漕出でたり、時に魚は角を生じ海面に現はる、マヌ之を見て忽ち繩を角に懸け船を繋《つな》ぐや直ちに洪水となり遂に天も地も水の爲めに沈み、マヌの舟のみ殘し、他のものは皆な亡びたり』とある。尙ほ此の洪水に就て双方の酷似點を擧げれば澤山にあるけれど省略する。そして私は序でに玆に大正六年十一月三日の「いろは神歌」の中の「の」一節を紹介しなければならぬ。

のあの言靈《ことたま》なと反り、なおの言靈のと反る、のあとなお（敎祖の御名）との方舟《はこぶね》の、眞中《まなか》に住みきるすの御靈《みたま》、すめら御國のすがた也。のの言靈《ことたま》を調ぶれば、地《つち》に泥水充ち溢れ、渦卷きめぐる御靈《みたま》なり。あの言靈を調ぶれば、天津御空に昇り行き、

ノと
アの
とは
ナこ
オ舟

（ア）	イ	ウ	エ	（オ）
カ	キ	ク	ケ	コ
サ	シ	（ス）	セ	ソ
タ	チ	ツ	テ	ト
（ナ）	ニ	ヌ	ネ	（ノ）

成り合ひまさぬ御靈なり。のあの御靈は泥水の、世界を浸し山を越へ、賤《いや》しき御靈の雲の邊に上りて天《あめ》を汚すなり。さはさり乍ら世の人よ、昔の事を思ふなよ、のあの御靈の災ひは、いま眼の前に現《あ》れにけり。なの言靈《ことたま》を調ぶれば、火水《かみ》の結びの御魂《みたま》にて、天津御空に二柱、鎮まりゐます姿也。おの言靈を調ぶれば、汚れし地《つち》を清めつゝ、六合《くに》を治むる御靈也。地《つち》より生《あ》れの埴安《はにやす》の、神の御靈もお聲なり。（下略）

大本言靈學の概念を未だ會得して居られぬ人々でも、凡その見當はつく筈である。實に惟神《かむながら》の法爾自然の法則に照らして、佛耶兩教の出發點も次第に解剖臺上に引きずり出されて來るのである。少しばかり說明を加へれば、元來言靈はカミ（火水《かみ》、日月《かみ》、靈體《かみ》、陽陰《かみ》、男女《かみ》、光温《かみ》、縱橫《かみ》、天地《かみ》）であつてつまり火と水とから組織されて居るのであるが、火の體は一であつて水の體は｜である、水の用は一であつて火の用は｜である。そしてのあの返りはなであるが、ナな即ち十であつて十の｜はノである。ノは昇水の靈であつて水の體である。故に作用《はたらき》がない。ノアがナオとな

天（亞細亞）
火（アメリカ）
結（アフリカ）
水（歐羅巴）
地（濠洲）

つて始めて艮《こん》めを刺《さ》されるのである。本當に神人兩界が完成されるのである。古昔具體的のノアの洪水があつたが今尚ほ世界は精神的のノアの洪水の最中である。いやモウ其の終りに近づいたのである。元來ノアの洪水のノは濠洲から起つてるので、ノアの洪水は濠洲に特に因縁があるのであるが、面白いのは普通の學者の説に聞くと、昔時或る大なる隕石《いんせき》が落下して來て地球に衝突して半ば埋沒したのが濠洲大陸である。地軸が二十三度半の傾斜をしてるのも此の大隕石が落下した爲めであると云ふのである。科學者と云

アイウエオ（亞細亞）
カキクケコ（アメリカ）
サシ（ス）セソ（アフリカ）
タチツテト（歐羅巴）
ナニヌネノ◎（濠洲）

ふものも割合にキワどい處まで考へつけるものと見へる。因みに此の洪水の年代に就て考へると、ブラマの方では神武天皇より約二千五百年ばかり前に當り、基督敎の方ではキリスト生誕前三千餘年と主張してるから此れも先づ一致して居る。つまり今日から見て五千年ばかりの昔だと言ふのであるが、此の年代説に就ては私は今ま輕卒に賛同する譯に行かぬのを遺憾とする。併し斯かる考證は世の博雅の君子に讓つて可なりである。

ブラマと基督敎との酷似點はまだ〳〵幾らでもある。救主のことに就ても左うである。ブラマのブラナ書によると『世界萬民は自己の罪により地獄に落る時の迫りしを悟り、自ら悔てブイスヌ神と他の神との協議に依り救主を降し惡魔の力を壓へ玉はん事を望み、ブイスヌ神の約束を得て救主が羊飼《ひつじかい》の家に生れ玉ふ事を待つ』とあり其の救主サリバーナと云ふ名は磔《はりつけ》、神の子、大工の子と云ふやうな意味を含むさうであるが、基督亦た然りである。併し其等は皆な或る豫言に過ぎない。本當の意義は現代の世界に繫《か》けてある。教祖が大工の政五郎氏に嫁せられし事や教主が穴生に於て牧畜業をやられた事なぞの寓意である。實は神代より傳へられたる或る秘歌にも世界の救主と穴生《あなお》の山との關係が藏《かく》されてあるけれど發表の自由を有せない。磔《はりつけ》と云ふのは十形に意味があるので、天(｜)地(一)の和合、神人の合一、祭政の一致等を意味すること勿論、此等は最《も》う本誌上に於て諸先輩が繰返し〳〵說明してある通りである。

　大本神諭に示されてある處の世界の大峠、この體主靈從の現世界の世の終りの狀態に就ては、ブラマに於ても基督教に於ても力說是れ及ばざらむことを恐るゝものゝ如く、經典の記者は巧妙なる語句を以て天啓の一端を洩らして居る。ブラマのマハバラタに『世の終る時は惡が三本の足を以て世に立ち、善は僅かに一本の足を以て人の間に立つ、而して愚なる者と驕《おご》る者は眞《まこと》を亡ぼし命を縮《ちゞ》め、慾に迷ひ怨みを懷き、互ひに敵の如く怒り爭ふ』とあるに對し聖書には『世の終る時は人が己れを愛し他の害を顧みず慾と驕りを以て親に背き子を憎み互ひに讒言して和睦する心なく、天主の愛を忘れ毫を天主を拜するの事なし』と記し、マハバラタに『マヌの血統に出でし者が互ひに敵の思ひを爲し怒りと我慢を以て他に害《ひさ》を加へ物を望み爭ひブラマ師シユダラ師（一般宗敎家）等なんごは外面に善を裝ひ善德を商賣となす事あり』とあるに對し聖書には『汝等の中に僞りの師が現はれ僞りの說を傳へ眞《まこと》の救主なる天主（國祖）を棄てさし亡ぶべき己れの黨を募らんと欲する事あり、彼等は虛しき利を望み、汝等に商賣する者なり』と喝破し、マハバラタに『天地の規則亂れ（大本神諭參照）四季の氣候が變り（近年の事實如何）雨は瀧の如く降り海岸は暗く遊星は光りを失ひ空の石は落ちて火に燒かれ、人は寶を貪る爲に義と愛とを忘れ國王は頻りに戰ひ人民は猥りに爭ふ事あるべし』とあるに對し聖書には『日は暗く月は光りを失ひ星は地に落ち天の勢ひ動き震ふ事あり……民は民を攻め國は國を攻め各所に地震饉饑疫病の恐れあるべし』と記し、更らに愈々の時となりし場合に就てマハバラタに『親が子を殺し子が親を殺し夫が妻を刺し妻が夫を刺し血は流れて川の如く屍は積んで山の如し、斯かる混雜の最中へ天空に一つの赤きもの現れラグと云ふ星が太陽をかくし地上暗冥《くらやみ》となる』とあるに對し聖書には『兄弟が兄弟を殺し親が子を訴へ子が親を訴へ死に渡す事あらん……第六番の封印を開く時に日は忽ち黒くなり月は血の如く赤し』と絶叫す。嗚呼何等の凄涼ぞ。經典の記者等は骨を削《けづ》りてペンと爲し血を絞つてインキと爲して更らに稿を續けて居る。マハバラタに『火の雨が降り地上の萬物を燒き、人は親子夫婦親族朋友悉皆離散し、東へ逃《にげ》る者あり、西へ走る者あり、混雜一方ならず遂に火は地上に散亂し地上は火の中に人の叫び聲を聞くのみとなるべし』とあるに對し聖書には『今の天地は審判の火に燒かるべし、天主は之を審判の時まで存《のこ》せり……地の諸王貴人富者將軍勇士奴隷一切人間は洞《ほら》と巖《いわほ》の中にかくれ迷ふ』と書いて居る。これを大本神諭に照らせば歴々として一層その光景が明瞭となつて來る。而かも其の恐る可き時機は今や吾々地上人類の眼前に迫つた。天津罪國津罪ここだくの罪の報ゐにて、地上地下何れにも逃《に》げ匿《かく》れる處はないのである。茲に於てか世界の救主は日暮れて星の自《おのづ》から晃《きら》めくが如くに日本國丹波の山中に出現せられたのである。けれども多くの人々は迷ひの雲に遮《さへぎ》られて其の星光《ひかり》を仰ぐことを知らぬ。幸ひなるかな吾等は神の大悲の御手《みて》によりて涙を拭はれ仰いで其の星光《ひかり》を仰ぐことを許される。看よその星光《ひかり》は將さに吾等に新約古事記の活現を語つて居る。

新約古事記の活現

數年前、福岡日日新聞記者田中江水氏の著書の卷頭に私は一篇の序文を書いた事がある。その一節を茲に抄出して今日の思索の基點とする事も何彼の因緣で有らう。

『吾等は恰かも飛ぶが如くに進みつゝあり』とはナザレの豫言者によりてのみ獨占せらるべきモットーに非ず。世界人類の生活狀態が驚くべき速力を以て革新せられつゝある現代に於て、這次の歐洲戰亂は更らに一層猛烈なる刺戟を與へ、金融の中心的勢力は危く倫敦を去りて紐育に移らむとし、世界の經濟的維新は將さに咄々として吾人の眼前に活躍し來らむと欲す。(中略)玆に一塊の石炭を把りて考ふるも、石炭を以て單に燃料と思惟したるは舊時代の歷史にして、今や石炭中よりは燈用瓦斯、瓦斯コークス及びテールを搾出し、更らにテールよりはナフタリン、石炭酸、アンタラッツエン油等を製造し、更らに之等の製品を原料として諸種の醫藥、色素、香料等の製法を發明しつゝありて、將來人類の爲めに一塊の石炭が如何に有効に多方面に使用せらるゝに至るや殆んど想像も及ばざらむとするものあり、專門學者が石炭を讃美して黑きダイヤモンドと稱するの遂に過當ならざるを信ぜしめむとするに至れり(下略)

こんな事を書いて居た當時の私は固より一介の俗物で、大本神の經綸も何も知らなかつたのであるが、今日は幸ひにして別樣の意味に於て、右の驚異を繰返すべき運命の人となつた。一塊の石炭！何萬年間暗き地底に横たはりし頑然たる固形物から今や時節到來して滿都の人氣を集める天才畫家の美しき繪具ともなれば佛蘭西美人の芳烈なる香水ともなつて居るのである。古臭い一篇の神話として、虫の喰うた本箱の隅に塵に埋れて居た皇典古事記は、今や時節到來して、至精至妙の大光明を放つて、三千世界に光被し、正に現代に於ける活ける寶典、否な『活ける威力』として全人類の眼前に迫り來つたのである。舊約聖書があつて新約聖書が出來た如くに、今や丹波綾部を中府とする神と人とによりて古事記の筋書通りの經綸が實現し、此の地の世界は始めて茲に天《あま》の岩戸開きを見むとするのである。嗚呼何と云ふ偉《なほ》いなる時代ぞや。新約古事記活現の幕は、將さに其紐《ひも》を切つて落されむとするのである。

既に前章にも之を言へる如く、佛教基督教を始め古來の人類社會に行はれたる色々の思想は、その中に含む處の純正なる部分は皆な同根である。皇典古事記の中の一部分を變體に示し傳へて居るものである。天理、黑住、金光等の類ひも亦た然りである。而して其の皇典古事記の精髓は大本神諭と合符一致せること亦た既に讀者の知らるゝ通りである。されば謂つて大本神諭に示してある處の神々の御名《みな》等が必ずしも其儘全部古事記に現はしてはないが、其處に新約古事記活現の意義も存する事を知らねばならぬ。這の間の消息を悟らむとすれば、其の大體の模形は之を基督教の舊約聖書と新約聖書との關係交渉に就ても發見する事が可能《でき》やうと思ふ。

新約古事記の活現、則ち今度の二度目の世の立替に就ては、神界の經綸は至小至大、水も洩らさぬ仕組みである。丹波の山の中の皇道大本の存在すら知らぬ者でも、世界の隅々に至るまで知らず識らずの間に實は今回の世の立替の爲めに使はれて進んで行きつゝあるのである。私は之を昨年十二月一日號の本誌上に『世界の意思は今や世界の一統を期待す』と題して一言して置いた積りである。恰かも大小千萬の江河が大海に朝宗歸一するが如く、（佛典に曰く、四河入レ海無ニ河名一）神諭に所謂『末で一つになる仕組み』である。その經綸の遠大にして周密なる到底人間小智の測り知る可らざる底のものである。則ち今や世界改造と云ふ事は現世界の標語であつて有らゆる方面から漸く絶叫されて來た。此等の多くに亘つて紹介若くは批評を試みると云ふ事は、到底此の限りある誌面に於て困難であるが、今其の一例として基督敎に於ける其れを拉し來つて一瞥を與へむと欲するのである。

彼れに於ける世界立替說は即ちキリスト再臨說である。キリスト再臨の運動は今や全世界に涉つて行はれつゝある。外國に於ては之が爲めに既に專門の雜誌まで發行されて居る。聖書學者の言ふ處によれば、新約書の中にだけでもキリストの再臨に關する事項は四百有箇所あるさうであるが、佛敎が時代と共に曲解に曲解を重ね表面進步と見へて實は益々墮落したるが如く、基督敎に於ても然りで、時代の變遷降下と共に、聖書の純眞なる信仰を失ひ、救主の具體的再來を否定し彼れ此れと所謂科學的解釋を試みて世に阿《おも》ねりたる爲めに、今日の耶蘇敎徒の大部分はキリストの實際的再來を拒否する樣になつたが、其れでも神の啓示に忠ならむとする連中の熱烈なる努力によつて今や世界の隨所に基督再臨の聲を聞くやうになつた。併しマダ〳〵耶蘇教徒仲間の一部分は之を嘲笑を以て迎へて居る。彼等の多くは教會に於ける説教だけで世界が道化するものと迷信して居るのである。ハーバード大學總長たりしエリオット博士は『基督教會は今回の戰爭を防止する能はざりし事に依りて自己の無能を曝露せり』と罵倒して居るが、天下の基督教徒たるもの何の顏色ありて之に答へむとする乎。今日の『教會建築』と『結婚取持ち』と『常識説教』とを生命とし全體とする基督教の大多數者は迷信らしからざる大迷信に陷り、正義の裝ひを爲せる大邪道に踏み迷ひつゝあるのである。パウロが『天地萬物は現在にありては敗壞《やれ》の奴《しもべ》である……天地萬物は今に至るまで人類と共に歎《なげ》き且つ苦む』と云へるは、現世界が不完全にして未成品たるを訓へたるものにして、之を具體的に改造して地的天國の實現を期するのが、彼等基督教の本當の使命でなければならぬのである。馬太傳に『我れまことに汝等に告げん、我に從へる汝等は世改まり人の子榮光の位に坐する時汝等も十二の位に坐しイスラエル（五十鈴川《いすゞかは》）の十二の支流《わかれ》をさばくべし』とあるは世界が十二ヶ國になつて其れを神の王が統一される暗示でなくて何である乎。彼等は徒らに永久の平和を唱へつゝ如何にして之を招徠せむとするのであるか、今日迄の事實を以てすれば、ジョルダン博士をして『戰爭は戰爭を廢する能はず却て之を生む』と嗟嘆せしむるとも如何とも言ふ事が可能《でき》ぬではない乎。先年ヘーグの平和會議で、毒瓦斯やダムダム彈の使用を明文を以て禁止したが眼前の事實は何《ど》うである乎。昨今世界の問題になつてる國際聯盟の如き、權力の伴はぬ保證は無在である。或る西洋人が『權力辨ずる時法律は沈默す』と言つたのは贊成でも不贊成でも此の世界が續く限り遺憾ながら眞理である。約翰默示錄に『この獸（體主靈從の世）の數目の義を知る者は智惠あり、才智あるものは此の獸の數を算《かぞ》へよ、獸の數は人の數なり、其數は六百六十六なり』とあるのを彼等は如何なる言語學を以て如何に解せむとするのであるか。これは天が地になり地が天になつて居る大の字逆さまの現代世界の事である。試みに六、六、六の天より一を引き地に一を加へて見よ五六七となるのである。是れ則ち五六七《みろく》(靈主體從)の世である。又た三六九《みろく》ともなる、何れも合數十八。十八は木、即ち水火《かみ》の結びである。惡の現世界を根本から具體的に立替へて、善の神代至仁至愛《みろく》の世に立直されることの深義を知らずして、彼等が以て自ら任じて基督敎徒なりとするは贅澤《ぜいたく》である。眞正の意義に於けるキリスト敎徒は大本信者であらねばならぬのである。今の世界の基督敎徒の大多數者等は、キリストの再臨と云ふことは世界の精神的改善を意味するに過ぎないものと迷信し、其れに就ては從來に於けるが如く布敎傳道の力のみで根氣よく幾百千年の努力を積んで漸進的に成就するの外はないと考へて居るが、キリストの再臨は突如として行はれると云ふことが明かに聖書の中に書いてあるのに、彼等は自ら眼を蔽うて之を見まいとするのである。『ラッパ鳴らん時またたく間に……盜人の來る如く……電の東より西に輝く如く……』と示してある。『世の終りに於て吾等に臨む』とある。少しく思慮ある人々は、今日が如何なる時代であるかを五分間だけ冷靜に考へて見るが可い。併し其れにしても、世界の具體的改造と云ふやうなお伽噺にでも有りさうな事が、突如として行はれると云ふことは今日の自然科學が許さないと頑張る人も有らうが、和蘭のドブリースの研究によれば、自然界には徐々的變化の外に急激的、突發的進化ありて天然物を造り出すにも却つて後者の方が力があると主張して居る。況んや眞の神力と云ふ事の理解が出來たら如何なる非常事も肯定する事が可能《でき》なければならぬのである。路加傳には『汝等自ら心せよ、恐らくは飲食に耽《ふけ》り、世の煩勞《わづらい》にまごはれて心鈍《にぶ》り、思ひがけなき時に、かの日(基督再臨の日)ワナの如く來らん』とある。世界立替の大峠は、彼等物質文明に心醉せるの徒が思ひがけなき時に、わなの如く來るのである。しかも奇《く》しくも妙《たへ》なる神の經綸は、手を換へ品を換へ有らゆる方面からわなの如くに進められて、彼の頑冥不靈なる基督教徒の中に於てさへ、今や一方より基督再臨說を高調する運動は開始せられ春の潮の靜かに滿ち來らむとして岩を呑み、岬に迫り、磯を浸し、濱に傳ふが如くに擴《ひろ》がりつゝあるのである。新世界の扉《さ》の開くのに最《も》う間《ま》はない。

大本神諭に、世界に七王も八王も王があつては口舌《くぜつ》が絶ねぬから人民の王を滅ぼして神の王で治めるぞよと示してあるが、支那は何うか、露國は何うか、獨逸は何うか、如何に歴史が古くとも、如何に鐵で造つたやうな國家であつても、神の經綸の前には太陽に照された雪達磨の如くである。時節到來、神の力は不可抗力である。支那にしても露國にしても獨逸にしても、實に近年の政治現象は非常中の非常事、突發中の突發事であつた。シカモ國祖の經綸は愈々今年から本舞臺に乘り出したのである。又た飜つて猶太人の運動を看よ、印度人の暗中飛躍を看よ。吾等の世界は今や、非常なる高速度を以て或る目標に向つて突進しつゝある。世界の人類は今やナイヤガラの上流から流れる舟に乘り合せて、刻一刻と瀧壺に近づきつゝ舟の中で甲論乙駁して居るのである。

キリスト（天照彦命）は正に地上日本丹波の山中に降《くだ》つて居られる。神界で三千年來の經綸《しぐみ》と示してあるのを見て、舊約聖書などの出來たのは四五千年の前であるから、年代上疑問があるなぞと小理屈を並べても、神界で三千年來とあるは恐らく三十萬年位ゐ前からの事であらう。釋迦が五百年で上行菩薩の出世と云ふのが二千五百年を指すのと同じ調子である。其他種々の人間小智を以て宇宙の神の大經綸を測らむとするは、生れ赤兒が『親はドウして自分を養ふだらう』と心配するよりもマダ愚なる心配である。心を冲《むな》しくしてまことの神に來れ、ナオの方舟《はこぶね》の出帆の日は近づいたのである。（此篇を一讀せられたる人は是非とも淺野先生の著『古事記と現代』を參照されむことを望む。）

―（大正八年二月稿）―

大本より觀たる國際心理

皇道大本は宗教でもない、政治でもない。又た學究團體でもなければ經濟的機關でも無い。が、同時に其等の總てのもの否、世界萬象の一切を包括して居るのであるから、大本の信仰に入れば如何なる人でも曾て自分がやつて來た仕事なり研究して來た問題なりに必ず一大光明を與へられ、眞の生命に觸れる事が出來て、禪坊主流に謂ふならば漆桶を打破し去つたやうな歡天喜地の境界に忽ちにして逢着し得るに至るやうである。大本の信仰に入れば政治家は之によりて政治の眞の要諦に悟入し宗教家は之によりて宗教異同の本來の因緣を悟了し、美術家は之によりて入神の伎を揮ひ得るに至り、哲學者は之によりて長者窮子が襟裏の珠玉を發見するの思ひを爲し、勞働者は之によりて愈々の汗の價値の眞意義を把握して昨日の課業の其の儘の一塵を加へずして、今日よりは感謝の新生涯に進むことを得るに至るやうである。

私は其の意味に於ても今更らの如く種々の驚異と感謝とを禁ずる能はざる者であるが、又た同時に從來の見當違ひの努力を顧みると、赤面も汗顏も通り越して了つて、馬鹿々々しさに腹も立てられない憐れさを泌々《しみぐ》味はせられるのである。私は過去六七年間は專ら國際問題の研究に沒頭して、其の研究と或る國際的運動の遂行を目的とする日刊新聞を某前代議士と共に刊行して乏しきを自ら其の主筆の椅子にあること三年、。後ちに努力某雜誌を經營して極東問題解決を目標に一種の意見の貫徹を期すべく獨力して昨春まで續けて來たが、さて今日から顧みると、其の意見の不徹底なこと、其の經綸の根底の生命のないこと、考へるのも情けなくなる位ゐで、よくも其んな考へで滿足して、躍起《やつき》になつて骨を折つて來た事だとつく〴〵自分のお目出たさ加減に敬服するの外はないのである。過去數年間に於て外務當局の國際上の知識、民間の論客、外交通なる連中の頭腦も一とわたり測量して來た積りであるが要するに雜然たる報告書の集積されたる知識に過ぎない。其の塵埃箱《ごみはこ》のやうな智識の中から神經衰弱になるほど考へて申し譯の政策、方針と云ふものを製造するのであるが、同情して其れを我が外交上の政策、方針として承認するとしても、それは塵埃箱《こみはこ》から出た政策方針に過ぎない。決して天賦の經綸ではない。結局何等の權威もない、夜店《よみせ》向きの店洒《たなざら》し政策、方針である。ひやかしの腕次第で幾らにでも踏み倒せる代物《しろもの》である。我が大日本神國の世界的經綸が其んな安ッぽいものに化《ば》けて居るのは、崇神天皇以來の和光同塵の天策神謀の當然の結果であるとは云へ、神諭の所謂『明《あ》けの烏《からす》』が眼の前に近づいた今日では、そろ〳〵本當の我が世界的國策、天賦的外交知識が、せめて大本の信者にだけでも啓發されて來ても早過ぎはせぬ筈であると思はれる。徒らに北守南進だの、海主陸從だのを論ぜよと云ふのでない。米の三エー政策だの、獨の三ビー政策だのを登記濟みの證文のやうに確實性を有するものと思ひ込めと云ふのではない。又た多くの新聞雜誌の上に現はれて來《く》る外交上の意見を取捨して『塵埃箱《こみはこ》』の稽古をせよとすゝめる程の道樂な私でもない。

私が過去に於て關係を有《も》つて居た系統の外交意見を神前を憚らずに本誌上で御披露に及ばうと云ふやうな横着者でもない。今や私は皇道大本の一信者である。內閣に對しても政黨に對しても其他如何なる團體に對しても一切好惡是非の考へのない全くの白紙である。然らばと謂つて近頃流行の所謂是々非々主義を學ばんとする程の風流兒でもない。神の啓示のまに／＼斯くあるべきことを斯くあるべきことゝして所見の一端を陳べて我が大本信者諸公の是正を乞はんとするに過ぎない。固より此の一篇は大本の意見を代表するもので無いから累を大本に及ぼして貰つては困るが茲に別に大本の代表的外交意見なるものが發表される機會があるとしても、その根本の第一義に於ては、私が今言はんとする處のものと左のみ大なる距離が有らうとは思はれぬ。それは苟くも大本の信者である以上、如何なる人でも、如何なる問題に對しても根本の第一義は二三に岐《わか》れる筈がないからである。併し問題取扱上の觀察の方法を説明の段取りが人々によつて多種多樣であるから、間違ひが起れば其處に間違ひが起つて來るのである。尤も前以て幾らか割引して判斷して頂かねばならぬのは、大本ではドンナ問題を説明するにしても、斯かる公刊物の上、又は公開の講堂等に於ては、徹底的に何も彼も本當の事を説明する事が不可能であるの一事で、これは幾重にも諒解して頂かねばならぬ。神諭にも『一を聞いて十を悟る身魂でないことには、まことの事は分らぬ』と言つて居られるが、大本では説明し得られるものを説明せずして物好きに道を高遠に擬せんとするものではないので、言はねば解らず言ふには言はれぬ事が多いから全く其處は已むを得ないので、ソレが是非知りたいならば綾部へ參向して氣長に滯在せられる間に敎主から拈華微笑の三十棒でも喫《くら》はされて熱鐵丸を呑却するより外に手はあるまい。雪中の鷺兒を發見するに至る迄は、まあ御神諭でも精出して讀むこと〳〵……。

文明の系統と各國の神話

神靈界誌上で國際問題を論議するの必要は殆ど無いと云ても宜しいが、私も此の誌上で世間並みの國際論を張三李四の徒と戰はして快哉を叫ばんとする程の閑人では無い。けれども現代の國際關係をドンナ風に大本信者として觀て居るかと云ふ事を一言せんとするのが執筆の目的である。併し其の目的の材料に觸れる前に、國家の成り立ちから一考してみたいのである。

皇道大本の敎理、靈學によつて神界と現界との關係交渉が解つてみると、何も彼も神界にあつた事が現界に映寫されて來るので、そこには何等の理屈も考察も不必要になつて來る譯であるが、人間が歷史を作るのか、歷史が人間を支配するのかと云ふ問題は、久しい間世界の學界に考へられた問題である。今ま暫く私は世俗の常識と云ふもの、世俗の言葉を借りて說明を企てやうと思ふのであるが、國々の成立ち、文明の源流は何う云ふ風な經路を傳うて流れて來てるのか、それからして先づ一寸顧みて見なければ説明にならないやうである。けれども皇典古事記の如く神から親しく人間に語りつがれたものを別として、人間の考證と努力とによりて編み出された東西古今の色々の歴史なるもの位ゐ不信用な出鱈目なものはあるまいが、今は兎に角其の不信用極まる歴史の杖に凭《もた》れて觀察の道程に上らんとするのである。我が人生の諸現象は無窮の時間からみれば一轉瞬に過ぎざる數千年、數百年の間にも桑海の變を見るのは唐人の嘆息ばかりではない。團十郎をして一世に重からしめた勸進帳の安宅《あたか》の關は今日では海になつてると云ふ話、今ま東京の雜沓の中心になつてる淺草は昔は海で、例の淺草海苔の事實上の生産地であつた事も誰れでも知つてる通りである。ヒマラヤ山上で貝殼が發見されたり、タスカラアの深海の底に陸棲動物が現に居つたりしてみると世に歴史家と云ふもの位ゐ好人物は先づ無いと云ひたくなる位ゐだが、それは兎に角其の好人物の仲間入りをさせて貰つて少々ばかり後塵を拜すると、これも諸說區々ではあるが先づ世界の文明なるものは大體に於て四つの系統に大別して考へる事が出來るとなつて居る。それは日本文明、支那文明、印度文明、西洋文明である、日本は言《こと》あげせぬ國で、眞劍勝負的文明で、國家的であつて、それに支那、印度の文明が投合融和されて所謂東洋文明なるものを造り上げて了つた。支那の現實的、社會的、哲學的から遂に國家社會を遠離した文明も、印度の宗敎的、超絕的、遂に歷史も國家も臺無しにして退《の》けた文明も、日本に來て所謂日本化されて了つた。西洋文明は日本に輸入されて以來半ば同化して半ばブラブラしてる煩悶時代に彷徨してるやうだが、これは同化し得る點迄は既に同化し盡されてブラ〴〵の分子は絕對に同化性を有せざるものと私は認める。從つて日本の所謂世界文明網羅攝取の大業は既に明治時代の末年迄に完成されたものと信じて疑はない。西洋文明の淵源に就てはアッシリア埃及の文明は神憑《かんかゝ》りになつて解き得る程度以上に知ることは不可能である。希臘文明位ゐからなら普通の人の十露盤にも載るが、タアレス一輩の哲理的思索、ソロン、リクルゴスなどの政治的法則、ヘシオッド、ホメーラス以下の幻想的詩歌、それからへロドス等の歴史的研究などから起算して、引ツくるめた處をソクラテスからプラトンあたりで誤魔化して了ふて、帳尻をアリストテレスに任《ま》かして穴を明けさせた位ゐなもので有らう。それから羅馬人の大統一に及んで考へると長たらしくなるが、私は

希臘人の哲學的考察――支那流
羅馬人の法制的經營――日本流 ｝日本人の統一
猶太人の宗教的信念――印度流

と云ふ樣な風俗の人々も考へて吳れると早分りがするだらうと思ふ。過去に於て日本が支那、印度の文明を吸收同化融合して東洋文明なるものを建設したことは、純理的に考へて世界全體の文明を統一した事になると思ふ。併し此れは和光同塵時代に於ける日本の事業で、本當の世界統一は二千年間の黒幕を撤去してから後の大

正昭代の大日本神國の大業であること申す迄もない。斯う云ふ風に考へて呉れゝば大本信者で無くても幾らか見當がついて從つて日本の世界的經綸の根本方策にも或る解決の鍵を握ることが出來はせぬかと思ふ。

所謂世の歷史家なるものゝ後塵を拜して或る程度迄世俗的に說明を企てやうとして筆を執つて此處まで書きかけてみたが、所詮それは絕望である。琴を彈じて義太夫に調子を合せて行かうとするよりもマダ苦痛だ、とても私のやうなものにやれる藝ではない。せめては此邊で少し調子を變へて、東西の神話に就て我が日本國の天賦的使命を覗《のぞ》いて見る事に爲やう。私は今茲で比較神話學の講坐を開かうとするものではない。簡短に搔い摘んで世界各國の神話が何を語るか知ることが出來れば取敢ず此篇の序論としての目的を達することが出來る。世界到る處に神話の殘つて居らぬ處はない。大小高下廣義狹義の差別こそあれとにかく神話を有せざる國はないと云つて可からう。世の學者と稱する輩は『それは何處の國も昔は未開時代があつたから未開に伴ふ迷信の無きはなく、迷信に伴ふ神話の無きは無し』とお手輕に解決し去つて了ふのであるが、體主靈從の理智の開けない間――人心の素直な時代神と接觸する機會が多かつた事實と、神ありて後に萬類が生じた關係事實との爲めに生み出した必然の産物である。固より多くの神話の中には後人の僞作もあれば又た全くの迷信に過ぎないものも混入されてあることは勿論だが、日本以外の神話でも悉く後人の僞作又は迷信であるとは謂はれない。併し各國古代の人類が神に對する觀念が同一であつたとは申されないので、日本人の神に對した觀念と支那に於ける其れとは大いに違ふ。支那では鬼と神とが人間の生存中には合一してるけれど、死後には別れ〱になつて大差を生ずると云ふ説(祭儀なぞに載せたる)もあれば、鬼も神も共に靈魂の事だとする説もあるし、諸説の混和錯綜せる説もあるが、とにかく神話としてみるべきものは澤山に殘存して居る。基督敎國に於ても一神を認めるばかりと云ふても事實上に幾多の神靈を認めて居るからこそダンテの神曲もミルトンの失樂園も出來てるのである。バイロンなぞになると神と惡魔との關係は勝てば官軍と云ふキワどい處まで考へて居る。まあ其んなものは取るに足らぬとしたところで兎に角世界の代表的神話としては日本神話、印度神話、希臘神話、北歐神話位ゐなもので有らう。此等の神話の中に於て日本神話がドウ云ふ異彩を放つて卓立してるかを知ることが必要である。

印度の神話は極めて單純にして平板なるもので、神はブラハマン民族の祭儀を保護するものであると云ふ以外に格別の意義は無いし佛教中でも釋迦始め數者の神憑りの產物と云ふに過ぎず、眞言密敎の中にあるものも龍樹菩薩始め數者の神憑りの實驗談を羅列したもの又はバラモン神話の樣なもので共に取立てゝ云ふ程の特色のあるものではない。(密敎や法華經の裏に多少面白い神話の影が潛んで居らぬ事もないが、これ等のものは本來日本國の所產で、研究するなら日本神話の一部分として研究すべきものである)それから北歐神話は希臘神話と基督敎神話とを合せて二で割つたやうなもので、特異の光彩を有せるものではない。結局日本神話と對照して考へる價値の比較的多量に含まれてるのは希臘神話であるが、一切の世界の神話と日本の神話との差別の大なるは何であるかと云ふと、其れは、日本の神話は秩序整然として國家的であるが他の神話には更らに國家的統制を認めることが出來ない點である。他國の神話は只だ漫然たる神々の闘爭愛憎の物語り、神と惡魔又は神と人とのイキサツを並べたものに過ぎない。併し世界各國の神話には何處かに必ず共通點はある。それはあるべき筈で、全く迷信的或ひは僞作でない以上世界の成立ちと云ふ上から考へても共通點が無くてはならぬのであるが、シカモ其の大なる差別が天賦的に殘されて、普通の常識から考へても拔き差しならぬやうに各國の國民性歷然として惟神《かんながら》に啓示されてある點を看取しなければならぬのである。某氏なぞが神話を研究して其の共通點のあるに驚いて眼を舞はして、一も二もなく日本の神話は希臘神話の燒直しであると考證したのは、本末根枝を顚倒したもので、その研究の努力には敬意を拂ふけれど、その決算後の意見には同情するわけに參らぬ。小日本國の神話は實は大日本國の神話で、大倭日高見國だけの神話でないことが充分に腹に入らぬと何うしても眞の解釋の出來べきものでない。

要するに世界各國に殘された神話の跡を辿つて見ても、世界各國の古代思想からして既に各國の國格を示し、世界の運命を暗示して居るのである。他國の神話に何等國家的經綸の整々たるものが示されて居ないのは、被治國の國格上やむを得ない處である。我が大日本皇國に獨り儼然として宇內主宰の神話（實は神訓）が炳日の如く存在して八荒に光耀してる所以の眞面目を覺知し、各國の神話古俗が飽くまでも被治者的、從屬的色彩の蔽ふべからざるものあるを見來れば、甚だしく頭腦の惡い者に非ざる限り、過去の世界の歴史より今日の國際心理に照し合して、一貫せる軌道の將さに那邊に向つて展開せんとするものなるかを看破する事が出來る筈である。基督教神話ではイブとアダムが蛇から智慧の果實を喰はせられて罪の文明の第一步を拓《ひら》いたと云ふが、その蛇なるものは大本から云へば八尾八頭《やつをやつがしら》の體主靈従《あく》の首魁《かしら》で、その系統よりして世界統一を夢みた者が隨分現はれて皆な失敗した。今は獨帝《かいぜる》が其の藝當を演《や》らせられて居るが、系統から云へば獨逸と戰つてる聯合國側だつて皆な其の仲間だ。（日本だけ別なことは勿論）獨逸の三ビー政策、米國の三エー政策を數へるばかりではない、國運が正午を過ぎたと云はれる英國だつて海上散布國を以て安んじた時代は過ぎた。獨逸のバグダッド鐵道計劃が打破されても決して英國が印度に安んずることは不可能である。印度を維持せんとするには埃及から策應せしめなければならぬが、心配は埃及や亞弗利加南方岬角殖民地よりも寧ろ濠州にある、新西蘭にある、長江沿岸にある。今や列强と云ふ列强にしてマキアベリズムを奉せざるは無く、勢ひ世界統一を策せざるはない。知らず、我が廟堂の諸公は果して斧鉞《ふえつ》を那邊に包藏せんとする乎。

―（大正七年十月稿）―

百萬年前の樹葉を握りて

過去の世界に於ても、事實に於て日本が世界の文明を統一して居たものであると云ふ事を前號の誌上で一寸書いたが、實は本當を言ふと、世界の文明なるものは日本が大本源であつて、其の支流が各國の國土相應に發展したものである。その後に我が地の世界も幾變遷を經過して、最近二三千年來の期間に於ては、各國で夫れ〴〵の特色ある發達を遂げた文物が本家の日本に逆輸入されたので、謂はゞ奉公に出して置いた子供が稍や成長して藪入りに歸つて來たものに過ぎない。何分長い間奉公に出してあつたので、里へ歸つて來てもお客樣のやうな顔をしてるから一寸には見當がつきかねる迄の事である。つまり今日迄の文明なるものは其の『藪入文明』である。奉公に出す前には清純無垢なものであつたが、長い間奉公先きに置いてあつたから其れだけ成長はしたけれど、同時に中には道樂を覺へたりしてるので、里に歸つた當座は家風に合はぬやうなものも二人や三人は居つたと云ふ迄の事である。正神界の幹部系統の龍神が近江琵琶湖附近を中心として出現せられたと云ふ說や丹波國綾部が昔の昔の大昔に於て地の世界第一の大都であつたと云ふ說を、直ぐに鼻の先きで笑つて逃げやうとする此頃の科學中毒の人達の爲めに、覺醒を與ふる材料は隨所に散在して居るが、私は私の小さき經驗の足跡を辿つて少し變つた方面から玆に一言の說明を加へて置きたい思ふ。

私は一昨年の春、ダラシの無い帝國議會の見物（傍聽に非ず）にうんざりして了つたから、日比谷座のハネた後《あと》で肩の凝《こり》を癒《いや》すべく單騎瓢然と野州鹽原の溫泉に淹留した。鹽原と云へば名妓高雄と紅葉山人の金色夜叉を憶ひ出させるが、私は間貫一の二の舞を演ずる程の風流も生憎持ち合せて居なかつたので、全く無聊に苦んだ。丁度今時分であつたら、あの鹽原大溪谷の紅葉の壯觀は、モーレー社發行の世界旅行案內にも特筆されて居る程で、定めし私の煙霞癖を滿足させたで有らうが、名物の野《や》州《しう》花《はな》にも早い春先きの事とて、前後數里に連亙せる峽谷の奇巖と淸流との外には別に耳目を誘ふものも無い。そこで私は毎日のやうにどてらの上に外套を羽織つて、木葉《このは》石《いし》(木葉化石)の採掘に出かけたものだ。

學者と云ふものゝ說によると、日本の本土の中央に當る此の山岳地帶も太古は海であつたが、海底が隆起して陸になつたものだと云ふ。そして山間が開けて盆地となつた處へ――四方火山岩より成る中に第三紀層が發達して、其處に此の『木葉《このは》石《いし》』たゞ出ると云ふ。併し其んな事は何うでも可《い》いが、兎に角木の葉の化石は珍らしい。貝の化石などの出る處は澤山にあるが、木の葉や小魚類の鮮明に原形を存した化石の出る處は極めて珍らしい。此等の化石は皆な何れも百萬年以上のものであることは帝大の敎授連も證言してる處である。私は毎日のやうに番小屋の阿爺《おやぢ》から小さな採掘用の鎚を借りて、日の暮れる頃迄コツ〳〵やつて居つた。其頃の私は神樣の事なぞは薩張り解《わか》らなかつたけれども、一時間三十錢の採掘料を番人に拂つて自分が手に豆を拵らへて掘り出した數片の木葉石を携へて歸る時の心持ちは何とも言へなかつた。仰げば今しがた暮れたばかりの蒼穹には匂《にほ》やかな大きな紫色の星が幾つも〳〵またたいて居る。石の粉まぶれになつた手には百萬年前の植物が原形を備へて握られて居る。私は毎日採掘場から旅館まで續く十數町の路を辿りながら、悠久なる人生の謎の門扉《とびら》の前に佇《た》つて、何とも云ふに言はれぬ偉大なる感傷の壓迫を覺へざるを得なかつたのである。

その木葉石は『門扉《とびら》の前』の私に對して何を語つたか。その木葉石の語つた物語りの中の一つは、百萬年以上と云ふ古い昔の此の地方の植物は、今日の此の地方の植物と殆んど同樣なものであると云ふ解説である。化石した樹の葉の種類は松、榛《はん》の木、シデ、樫《かし》、樺《かば》、ブナ、カエデ、菩提樹のやうなものであつたが、其の種類も素質も形狀も今日其の附近に繁茂してるものと異る處が無い。而して此の一小事實は何を語るかと言ふと、百萬年以上の古い昔の此地方の氣候が殆んど今日と同樣であつたと云ふ事を說明してるものである。或る一派の科學者は其頃日本國土は熱帶であつたと云ふけれど、熱帶植物の化石は更らに發見されて居ないし、又た洪積期時代(結氷時代《あいすつあいさ》)の植物らしいものも發見されて居ない。

髮の毛一筋造ることの出來ぬ人間でも、『科學』と云ふ昂奮劑を飲まされると、どんな事でも吹き立てる元氣の出るものと見へる、其の醉ッ拂ひの一種に地質學者と云ふものがあるが、彼等の說く處によると、地球が發達する道程は地熱消長の關係で、何回も灼熱時代と寒冷なる結氷時代とが繰返されたのであるからと云ふて說明の逃げを張るが、果して其の通りマラリア熱のやうに地熱の冷《さ》め起りが激しかつたとしても、それでは比較的高温度の時に火山の活動が激烈であると云ふ地質學の法則に持つて行き場に困りはせぬか。鹽原地方の化石は太古に於ける火山の爆發の爲めに埋沒されたものとして彼等も同樣に認めて居る處であるが、それ程火山の活動の劇烈であつた時代は、地熱も比較的高温度であつたとせねばならぬが、今日發掘さるゝ木葉石の語る處と學說の衝突を來しはせぬか。

何も彼も假定の上に組立てられたる今日の學說では、右の問題も强いて解決すれば何うになりとも氣の濟むやうに解決のつかぬ事もあるまいが、そんな事は何れにしても『解決好きの人々』の御隨意である。序でに言ふて置きたいのは、勿體ない話だが、龍神の遺骨が斷片的に發見せられた場合なぞ、やはり何時も學界からは否定されて來た。そして其の持つて行き場に困ると、象の骨だと言つて片付けて了ふのである。日本にも太古にはそんな大きな象が居つたか何うかは知らぬが、手近な印度あたりの象の骨とは似ても似つかず詮方《しかた》がないから、日本の太古の象は印度の象よりもアフリカあたりの象に似て居たやうだなぞと云つて居る。象が日本に居つたか知らぬが、龍神の活動時代を全く認めない學界としては、チョイ〳〵解說上動きの取れぬ目に會ふのは如何にも悲慘で同情に堪へぬ。太陽の光りを知らぬ夜の國が、數千年續いたと假定したならば、菜油の燈から蠟燭の光りに進んだ時には、蠟燭を以て世界最高の光度を有するものとしたで有らうし、更らに瓦斯、電燈となるに及んで彼等は此れを世界最高の光明としたに相違ない。それは恰かも科學の歴史の如くである。若しも數千年續いた夜の國の夜が明けて、太陽の光りが輝き渡つたならば、瓦斯燈も電燈も影が無くなつて了ふ如くに、大本神の出現によつて宇宙の根本哲理が闡明されると、過去數千年の歴史を有する科學の正態のミジメな事は、想像も及ばざる處であるが、其のたより無い現代の科學なる者も、研究の結果、或る程度までは變則的ながらも太古の歴史に一種の龍の活動時代のあつた事だけは承知せざるを得ざる迄に進んで來たやうである。シカモ其れが人類の出現以前だと云ふのも科學者と云ふ連中案外アジをやるものであるが、龍神として認めて居らぬのは勿論、一種の低級な動物として見てるのだから、神罰を免かれ難い譯である、姑《しばら》く彼等に言ひたい事を言はしてみると、彼等の申し分によると、太古代と云ふ頃には生物らしいものは無く、次ぎの古生代と稱する頃に無脊椎動物がウョ〳〵と出現し、それからジュラ期に及んで此の地球面上では、爬虫類と魚類のアイの子のやうな古代魚類なるものが全盛を極め、爬虫類は驚くべき大發達を遂げて空中、地上、海底何處へでも飛んで行く壯觀無比の活動を現はした。その種類も色々あつて、地上を匍《は》ひ廻るものには電龍だの劍龍だの言ふのがあり、海には魚龍、蛇頸龍、空中には翼龍、コウモリ龍なんど云ふものがあつて、其の巨大なるものは體の長さ百フイートに及ぶものがあつたと推定して居る。今日の科學が此れだけの考證をする迄には隨分苦心を重ねたものであらうが、兎に角幾分か龍神活動時代の模樣を嗅ぎつけたらしい點は決して馬鹿にならぬものと思ふ。而して其の研究が大々的に進んだならば、或ひは龍神活動時代の眞相に觸れて行くやうになるかも知れぬが、併し左うなるに就ては、彼等が女房よりも大切にしてるダーウヰンやコベルニクスを大部分眞つ黑に塗つて了はねばならぬ事になるから、其れは所詮得て期待す可らざる事で有らう。要するに近江琵琶湖地方が正神界幹部系統龍神の發祥地たるの說、及び丹波國綾部が太古に於ける世界の中央政府所在地であつたと云ふ説を、承認する迄に科學は進んで居らぬけれど、之を否定するの材料は科學者自らの研究の及によつて次第々々に削《けづ》り除《さ》られて行きつゝあるのは是れも時節の力であらう、私は何故こんな問題を諸君に一考して貰はねばならぬかと云ふと、如何にも枝葉の題目のやうだけれど、大本の見地より現代の國際心理を覗《のぞ》いてみるに就ては日本國が世界の根幹であり本源であると云ふ信念の上に立脚して頂かなければ、無暗に問題を取擴げたところで、何うしても私の言ふ處が腑に落ちかねる點が尠なくなからうと思うからである。

地天泰の時代

明治二十五年八月十五日の夜、畏多くも天照大御神の御神劍が、地上の日本國丹波の綾部本宮に於て、大本開祖の御前に降下された。玆に於て神界に於ける局面は大展開を遂げた。時勢は一變せざるを得ぬ。明治二十五年以來の時勢は、假りに周易を以て言へば地天泰の時に入つたものとも解せられない事もあるまい。即ち天の元氣地下に充滿し、萬神萬人の大親大和が行はれる時だ。現界に於ては今日が大親大和の前提たる大反目大衝突の最中である。神約による現代國際眞關係の解らぬ列國の國民及び政治家は、いま血眼になつて列强反目衝突の大狂瀾の中に揉《も》みに揉まれて居るけれど、これが愈々本舞臺となつて、更らに又た舞臺面が一回轉すると、世界各國民が何千年來の迷夢忽ちに一醒して、現界も愈々地天泰の世となる譯である。

一寸茲で、地天泰で思ひ出したが、易を讀んで泰に至つても、泰の數理的意義が明かに腹に入つて居らぬと、本當の事が呑み込めにくからうと思ふ。泰と云ふ字は太、代、世と通用される處の文字であつて、何れもヨと云ふ意味が含まれて居る。長男を太子とか世子とか代子とか云ふのは其の理由に基くのであると支那の言靈學は說いて居る。易に用ふる算木は我が皇道の天津金木から變形して現はれたものであるが、易では乾の卦から泰の卦までに陰星も陽星も丁度三十宛配せられて居る。即ち泰は三十と云ふ數を示して居て、十を三つ書いて世といふ字が出來て居る。で一生涯のことを一世と云ふのは間違ひで、三十年を以て一世として居るのである。大本の言靈學でもヨは齢《よはい》也とあるから時代を意味すること勿論で、國祖も今度の大立替は明治二十五年から三十年かゝりて遂行されることは神諭に宣言してある通りである。

梵語の研究者がイデヤナカ（陽）イジャナニ（陰）などの語韻に頭を傾けてイザナギ、イザナミの本家ではないかと思ふやうに、周易を始め支那の古代思想などを研べると、日本の古代文明は支那が本當の先祖だと早合點するものが多い。又た希臘から中央亞細亞方面の古代史を研究する人になると、モウ何も彼も御本家を彼地《あつち》の方へ持つて行つて、全く日本は風來ものゝ合宿所位ゐに取扱つてるやうだが何れも言語同斷で本末根枝を顚倒するも亦甚だしい哉である。前に言つたやうに、一切の文明の本源は日本國であつて、世界各國には其の枝に花が咲いた迄だ、根には花は咲かぬけれども根が無ければ枝もあるべき筈がない。花の美麗なるに眼を奪はれて、花は枝に咲いたと云ふだけ見て其の根幹のあることを忘れたのが從來の學者の態度である。どうしても一切の先入主の思想を棄《す》てゝ了ふて、天眞無邪氣な心になつて研究しなければ、宇宙の秘奥を覗いてみることは許されぬ、富士山は木花咲耶姫の神靈の顯現で、今度の大立替の時には爆發して、火の雨を降らして大活動をせられると云ふ樣な事を聞かされると、所謂知識階級の人々からは非常な迷信の物語りの樣に受取られて、皇道大本信者は一種の夢想者《ドリーマー》だと早合點して了ふのが先づ普通だが、先入主の思想を捨てゝ冷靜に研究せらるゝならば、靈覺の無い人でも或る程度までは理智の力を以てしても覗き得る事が可能《でき》ない事はない。アイヌ語ではフジと云ふことは火の神と云ふ意義になるが、そこらあたりからでも爪《つめ》の立てられない事も無からう。要するに本當に眞面目な求道者なら光明に辿り行く道は幾筋もある筈である。

文明の大本源が日本であると云ふ事を正面の説明を避けて側面から總合的に承認して貰ひたい爲めに、前號以來多少の婆心を披瀝して斷片的な挿話を並へた積りであるが、も一つ言ひ足して置きたいのは、文明と開化との意義である。開化と云ふのは開拓化成する意味で、蒸汽機關や電氣事業なぞの開發を云ふのであるが、文明と云ふとの本當の意義は左うではない。支那流に言ふても文はシマガラと云ふ意味で、文明とはシマガラを明かにすること、則ち神人、君臣、親子、夫婦、主從等の本來の條理を分明ならしむること、換言すれば天理人道を明にすることが眞の文明なるものゝ意義である……と云ふ風に私は解釋したいのであります。日本が文明の大本源であると云ふのは、特に此の意味に於てゞあつて、近く二三千年來の文明の逆輸入と云ふのは、實は主として開化の輸入であつた。文明の輸入も幾らかあつたけれど、其れは文明を裝へる非文明の思想であつた。誤解を避くる爲めに尙ほ一言して置かねばならぬが、然らば日本は文明の本源と云ふだけで、開化の本源ではないかと云ふと左うではない。實際に於ては眞の文明は眞の開化を伴ふものであつて、日本は太古に於て眞の文明の本源であつたと同時に、眞の開化の本源であつたのである。けれども斯う云ふ問題を論理的に正確ならしめんとするには頗る複雜なる考證を要するので本篇の目的と遠ざかるから遠慮しなければならぬ。埃及人が六千年以前に既に金屬工業を行つて居た事なぞに驚くのは科學的歷史眼から見てもモハヤ時代後れの思想で、其れよりもズット古く、一萬四五千年前に於て此地上に於て陶工、金屬細工、耕作等の行はれて居つた事を承認せねばならぬ迄に近來の學界は進んで來た、まあ此邊まで大體に於て考へて置いて頂けば、斯う云ふ問題に就て御相談するにしても餘り大いなる不便は感じますまい。

神諭に今の世の中に對して『めくらつんぼのくらやみのせかい』と大鐵案が下して

あるが、實際その通りであつて、今度の立替で盲人《めくら》の眼が開き、つんぼの耳が聞え出すと、其時始めて、世界文明の大本源が日本であつた事も自《おのづ》から分明に、世界萬民に直覺されて來るのである。世界萬國が日本を主師親として心服するに至るは其時で、世界各國は今は何れも孤兒でヒガミ魂性で、修羅道の餓鬼の樣な狀態であるが、併し彼等は本來の孤兒ではない。めくらつんぼであるが爲めに、誠の親を知る事が出來ないからである。實は今日では日本までが、和光同塵の神策で光りを藏《かく》されて居るから、めくらつんぼの仲間入り、孤兒の仲間入りをして居る有樣で、世界中は丁度芝居の暗闘《だんまり》をやつてる最中だ。シカモ其れが盲人《めくら》の上につんぼと來てるのだから、誠の神樣からは『井戸の縁《ふち》へ茶碗を置いたやうで』見て居られない筈である。

……さて効能書は此れ位にして、愈々本論に取懸りませう。

―(大正七年十月)―

教祖の上天と國際關係

前號及び前々號に於て、世界文明の本源が日本國である事を述べ、從來學界研究の尖角が世界文明日本源說に觸れて居る點を一瞥して置いたのであるが、それは大本神諭に示されてある日本の世界統一論の可能性を科學的に一般研究者に承認せしむる一の方便に資せんとする目的に外ならなかつたのである。そこで引續いて文明の潮流に照し合して、從來の世界の表の守護をして居た邪神界の神々の經綸に論及し、英米獨佛露を始めとして各國の國魂の因緣より列强外政の心理を檢閱して行くと云ふのが本篇起稿當初の私の考へであつたのであるが、時勢の力は決して私如き者の執筆の方針に自由を許しては呉れませぬ。神の力は何時でも不可抗的に降下されて來ます。綾部の大本は世界の形勢と共に移動し、列强間の風雲は綾部の大本と共に展開を遂げつゝ大旋回を畫いて進轉して行きます。嗚呼大正七年舊の十月三日の夜、大本敎祖、惟神眞道彌廣大出口國直靈主命の歸幽上天によりて、大本の風物も宇內の形勢も急轉直下、時代の一大變遷、一大劃別を見る事となりました。私は此の機會に於て迂路を辿らず直に現下の國際關係に一言せねばならなくなつた。國魂の因緣など詮索する事は稿を改めて他日に期するの外はない。

私は此節綾部の並松、淺野先生の近所に住んで居りますが、丁度舊十月二日（新十一月五日）の夜から並松を中心として陸軍の演習があつて、時々起る銃聲で殆んど終夜《よつぴて》眠れなかつたが、拂曉になるに及んで直ぐ前の和知川を間にして對陣した兩陣からは猛烈なる攻擊を開始した。私は眠られぬ儘に此篇の筋書を考へて居たが、やがて大橋の袂に据付けた機關銃の猛射を始めたので、モウ考へも何も彼も滅茶々々になつて了つたから戶を開けて演習見物に出かけた。齒楊枝を啣《くは》へて演習を見てる間に國際關係の變遷は走馬燈のやうに頭腦《あたま》の中を通過して行つたが、其日敎祖の御危篤を知り、其の夜敎祖は遂に歸幽上天せられたのである。

敎祖の御上天前後に渉つて世界の隈々までの多くの人類は所謂スパニッシユ、インフルエンザに罹つて病床に臥したものが全人類の殆んど半數に及んで居る。肉體の多くは固より何も知るまいが、世界人類の約半數の守護神は正邪順逆の見地は別として一様に一大思索の時間を與へられたのである。世界の一大轉換と云ふ事に就て、世界人類の守護神の約半數が今更らの如く沈思冥想せる沈默の最中に、わが敎祖は、いと靜かに最後の大悲を垂れて上天せられました。特に陸軍演習の銃聲によりて修祓せられた綾部の聖地より、敎祖の巨靈が上天されると同時に、世界中の守護神は、愈々國祖經綸の現界に實現されて來る日の、モハヤ拔き差しならぬ切迫を知りて戰慓した。列强外交社會の神經は茲に於てか緊張せざるを得ないではない乎。

獨逸に對する休戰條件が、ヴエルサイユ會議で决定した電報を見て、有頂天になるほどお目出たい私でもないが、併し和戰問題に就て興味ある海外電報は敎祖御上天の前後に於て殆ど一時に集中されたのは事實である。目前の講和問題が何う云ふ風に進むのかとか又は日本對世界の戰爭が如何なる調子に於て端を開くのかと云ふ樣な問題は、吾々に於ては全く不要なる問題である。吾々は大局に於て一毫も加減する事の出來ぬ國祖の經綸を確信するものであつて其の大局經綸の進展が敎祖の歸幽上天によつて明示された事を確認し得る者である。一面から言へば、敎祖歸幽といふ事件の爲めに大局の進展を促すと云ふ譯ではないが、敎祖の歸幽といふ事が大局の進展を語るのである。國祖は特に今年の春以來の御奮鬪によつて神界に於ける立替を成就せられ、敎祖を通じて出さるべき神諭も滯り無く出されて了はれ、これより愈々出口王仁三郎敎主が六合に卓立する大神柱として特に現界に於ける立替立直しの眞劍時代に入らるべき時節到來し、敎祖は既に敎祖としての御任務を完全に成し遂げられて神彩奕々として歸幽上天されたのであるから、靈界に於ける神經が甚だしく銳敏を加へて來たのも無理はないのである。各國の國魂や各外交當事者に憑れる守護神等が、いよ〳〵一大事の接迫を知りて、見當違ひながらも躍起の運動を始めたのである。聯合國側に於ても獨逸側に於ても、一人前の政治家の頭腦に去來してる『明日の問題』は、言はずと知れた東方問題である。太平洋を如何にすべきか、支那を如何にすべきか、否、否、實は日本を如何にすべき乎の問題である。

今や世界の外交は排日運動の四字に歸す

私は此れより現實の國際關係に就て、赤裸々の見解を下さんとする者であるが、此の神靈界の讀者には一の外國人無く且つ我が讀者は其の信者たると未信者たるとを問はず、日本人中の最も眞面目なる部類の人々なる事を信ずるが故に、安心して率直に國際心理の要點を概言する事に致します。

一昨年の十二月に發行された華盛頓ポストの『日本號』に某名士が『日米の親善は言辭の上に於て幾回も繰返され居れるも、事實米國人の多數は日本及び日本人の計劃に對して恐怖と不安とを感じ居れるなり』と發表して居たのは、米國の知識階級に正直なる代表意見であるばかりでなく、實に是れ今日の世界列强の日本に對する思想の代表である。歐洲戰爭勃發以前に於て、獨逸は外交上の孤立に陷つたが今日の日本は當時の獨逸よりも一層甚だしき國際上の孤立に逢會して居る。國魂の關係から言へば、當時の獨逸の孤立は偶然的孤立であつたが、今度の日本の孤立は、各國の邪神系統の方針上の打算より來れるもので、換言すれば日本を土臺とする國祖の經綸に不安恐怖を感じての事であるから、飽く迄徹底的孤立である。事實上今日各國の政策の出發點は、徹頭徹尾排日運動の四字を以て說明し得られるものである。日露戰役の後、クロパトキン將軍が一書を著はして『今回の日露戰役は日本と露國との戰爭でも何でもない白人と黃人との衝突の三番叟に過ぎない。世界の運命は黃色人種と白色人種との大衝突と云ふ目標に向つて進んで行く。之れは免がれんとして免がれる事の出來ないものである。而かも黃色人種とは云へ實は其の代表者たる日本人と全歐米人との衝突と云ふ事が結論であらねばならぬ』と云つたが、之は獨逸に於ても佛蘭西に於ても英國に於ても米國に於ても有力なる政治家や學者に賛同共鳴せられた意見である。實は之は何も黑鳩公一個人の著述と云ふワケのものではなく、現代の歐米人の胸底に秘められたる――理論を超越せる共通的感覺の一端を發現したるものに過ぎないので、此の著述と似寄りの意見は各國の諸名流の手によつて何度も〳〵も行はれて居るのである。

米國の思想界、政治界で近來評判の好かつた著述の一つにタマスミラード氏の『東方問題』と云ふのがある。ルーズヴエルト氏やグッドノウ博士を始め、朝野の名士學者から大なる賛意を表せられた著述であるが、一卷の主意とするところは、日本を以て國際間の厄介物と爲し、將來に於ける世界政局の一大危險物と爲すに存する。彼れの說く處は、日本は支那の門戸開放主義を脅かさんとするもので、此れが禍ひの根源だと力說して『日本にして愈々支那の門戸開放主義を破壞するありとせば、米國は抑も何國と提携して之れに備ふべきか、少くとも支那に於て最も大なる利害關係を有する英、佛、米三國の聯合を以て之れに當らざる可からず』と主張し、更らに進んで獨逸と共に共同動作を執ることが困難であらば、英、米、佛の三國へ露國も引ッ張り込んで仕事をせねばならぬと考へて居る。そこで米國では獨逸に宣戰すると同時に、前國務卿ルート氏を露國に急派して露國を懷柔する事に一生懸命となり、成るべく日本と露國と離間する樣に拔目のない外交の腕の冴ゑを見せ、今年のシベリア共同出兵の一段となつても生馬の目を拔く電光石火の早業は、ゴマの蠅流外交の奧の手を發揮したもので、誠に天つ晴れなものであつた。又米、獨の國交が斷絕した時には、直ちに英、米、佛の三國が華盛頓會議を開いて、改めて戰爭の目的に就て水入らずの相談をした。日本政府は國民に對する申譯に、之は決して日本を無視したワケではないと說明して居るが、無視しても無視せぬでも、此の重要なる會議に日本を除外して出席せしめなかつたのは事實である。英でも米でも佛でも、口の先きでは現戰役に對する日本の犧牲的努力と其の貢献の偉大なる事を頻りに吹聽して居るが、之れに酬ゐるに實を以てするの誠意を有せざる事は、至明至白の事實である。此の華盛頓會議が議題とした處のものは獨逸に對する當面の問題ばかりではない。歐米の外交家には其んな融通の利かぬ事は流行《はや》らぬ。進んで東方問題に關する意思の疎通を謀つたものである事は言ふだけ野暮な話である。町内で知らぬは亭主ばかり也。我が當局の雅量は流石に見上げたものである。

米國は一方に於て南米の經營に從事すると同時に、一方に於てはアラスカより手を廻してシベリアに發展せんとするに就て邪魔なのは日本である。支那の利源と市場とを漁るに就て眼の上の瘤は日本である。太平洋を星條旗で占領する上に於て少しも油斷のならぬのは日本である。英國は支那に於ける勢力の最も多くの大なる衝突點を有する國と認むるものは日本である。其の領土たる印度、濠洲の爲めに最も薄氣味惡き番人は日本である。未解決の太平洋問題を解決する上に於て利害關係の正反對の國は日本である。乃ち英、米兩國は其の國策發展上『邪魔なのは日本』と言ふ點に於て十二分の諒解を交換して居る。否な、英米兩國は、モハヤ事實上の同盟を形成して居ると信ずべき理由がある。今日でも日英同盟と云ふ忘れられた樣な空虛な外交上の形式が殘存して居ることは居るが、英國が『日本か米國か其の一を撰びて一を離れざる可らず』との煩悶は旣に過去の問題である。英國がカラビヤ灣に於ける特殊の權利を放棄した時に、米國は英の秋波を看取する事の出來ぬ程の野暮では無かつた。成ると成らぬは眼許《めもと》で知れるのである。それから日英同盟條約が改訂されて甚だしく日本に不利益なものとなり、日本が萬一米國と開戰しても英國は日本を援けるに及ばぬと云ふ事が明かになつてから、英米の交情は旣に橫からは見て居られない程のメートルに昇つたのである。そこで英米の立場から見ると、ぢゃむさい日本が其處に突ッ立つて眼を光らして居るのは胸糞が惡いばかりでなく、全く餘んまり寢ざめの良いものでもないのである。然るに其の戀の邪魔者扱ひにされてる割の惡い日本は、今回の戰爭に關聯しては益々國力を膨大にして、正貨十四億を積上げて脂下《やにさが》つて居るので、此の世界の棟割長家の空氣は愈々益々險惡になつた。もう咳拂《せきばら》ひ一つの行き懸りからでも出齒庖丁が飛ひ出しさうな形勢である。

今日の世界の政治問題として、列强の胸三寸を離れる事の出來ぬ最も重大なる論點は支那問題である。此の數十年來亞細亞に襲來する歐米の勢力は滔々として底止する處を知らぬ。理屈は如何ともあれ、兎に角事實は迫つて支那の分割と云ふ趨勢となつて今日に及んで居る。支那が分割されて、東亞に歐米の勢力が扶植されゝば扶植さるゝほど、其れ程日本の國際的位置が危險を感じて來るので日本は支那を保全し發達せしめて、相結んで歐米勢力の襲來に當り所謂亞細亞モンロー主義を樹立しなければならぬと云ふので、日支親善と云ふお題目が提唱されて居るのである。ところが歐米列强から見れば此の日支親善と云ふお題目ほど邪魔なものは無いので種々の巧妙なる手段によつて極力此の日支親善を破壞し、日本と支那とを離間せんとする事に餘念が無いのである。獨、英、米、佛皆然りだが其の一例を言へば、袁世凱を帝位に即かしめて日本の勢力を支那から驅逐しやうとしたのは實に英國であつたので、モウこんな事は最近の外交史上公然の秘密として少しく消息に通ずる者の皆知れる處である。又た近く支那が獨逸と斷交した裏面の本當の原動力は米國の外交が成功したのである。その芝居は米國公使ラインシユ博士を中心としてフアーグメン博士、アンダーソン氏、スミス氏、ブライス氏、モリソン氏、遼東時報主筆ドナルド氏等の不眠不休の極めて辛辣なる暗中飛躍によつて脚色せられた。其の結果遂に支那の當路を動かし得た。シカモ支那が獨逸及び米國に交附した對獨國交斷絕の通牒文は、支那當路の手に起草されずして實に此輩の米人のペンによつて書かれたとさへ傳へられて居る。彼等の外交振りの如何なるものかを察知するに足る一材料であらう。

正義と人道とを看板にする米國に於て、不正義、非人道の極たる種々の排日運動の行はれるのを不思議がつてはならない。日本の同盟國たる英國は、特に又た今回の戰亂に關する日本の努力に對して言論文章の上よりは至れり盡せりと思はれるまで讃美と感謝の意を表して居るが、彼れが左手に握手しながら右手に行ふ處のものは何であるか。今や日本人は英國の巧妙なる政策によつて、新嘉坡や其の附近の英領で採鑛の爲にでもゴム栽培の爲にでも大きな面積の土地を買ふ事も借る事も出來ないではないか。日本人は英國官憲から危險人物扱ひせられずに印度を旅行する事も出來ないではないか。濠洲のやうな日本人向きの土地に於ても其の同盟國の日本人は容易に上陸する事さへも許されないではないか。それで以て現行の日英同盟條約は、日本と米國と開戰と云ふやうな場合英國は此の條約に何等の拘束を受けないが。露國と英國とが亞細亞方面に於て衝突したと云ふやうな場合には、日本は英國を援助しなければならぬ義務を負はされて居る。で結局今日の日英同盟なるものは、日本から見れば『場合によつては喜んで損害を蒙りますが、如何なる場合にも利益は得ませぬ』と云ふ、甚だアッサリした條約なのである。それればかりなら未だ辛抱も出來るとしても、此の條約の爲めにツマラヌ事で、日本が露國の感情を害して居るのは必到の勢ひ如何とも致し難いのである。而して此處が又た英米のツケ込み處である。英米の思惑は如上概略ながら謂へる處によりて凡その見當はつく筈であるが、次ぎに佛蘭西、これは雲南あたりを觀察の出發點として二三説明を試みたい事もあるが、兎に角今日としては彼れは世界政策の上に於ての發言權は甚だしく英米の爲めに制肘されて居る。殊に東方問題に向つては今後當分の間は英米の鼻息を無視する事は絶對に出來ないので、換言すれば英米の是とする處を是として、非とする處を非として共同動作を餘儀無くせしめられる運命にある。又た經濟的方面のみから十露盤を握つて見ても、今回の戰亂に於て英米佛の臺處の關係は容易ならざる腐れ緣となつたから、將來の東方問題に就ても彼等三國が大體に於て同步調を取るで有らうと云ふ事は、普通の政治的常識からしても承認さるべき筈のものである。

大本の神諭に示さるる處によれば、殆ど全世界を敵として日本が砲火を交換する事になるので、今日此の二三の國を數ふるの必要も何も無い譯ではあるが、一般に先づ常識的覺悟に資すべき材料として此れも必ずしも無要の手數とは限るまい。尙ほ又た普通多くの日本人が眼の敵にして居た獨逸及び露國等に就ても觀察の順序として言及しなければならぬが、此等は次號に讓るとして、要するに世界列强の外交方針が、排日運動の四字に歸納さるゝものである事を腹底に疊み込んで置けば間違ひは無い。大本神諭を無視して普通の高等常識のみから言ふならば、日本帝國外政の當路に對しても此際可なりの苦言を並べるだけの材料は、チト豐富過ぎる位ゐに山積されてあるが、實を謂へば斯うなつて來るのも國祖の經綸の道程である。日本が此の國際的孤立に陷らないやうに手腕を振ひ得る大外交家が明治から大正にかけての日本に現はれたとしたならば、それは却て國祖の經綸を妨害する者であつたかも知れない。日本が此の窮地に立つて玆に乾坤一擲の快擧に出でんとするに至つたのも、お筆先にある通り誠に時節の力であります。

―（大正七年十一月稿）―

第二の支那と第二の露國

數百日以前迄の露國に就ては、苟くも國際上の問題に興味を有する人士の語るべき極めて多くの材料が陳列されてあつた。併し今日となつては、如何に部分的に觀察の基點を發見する巧妙なる批評家も、つゐに其の努力に惓怠を感ぜざるを得ないであらう。波蘭を如何にすべきか、フインランドを如何にすべきか、或は猶太人排斥運動、或は西比利亞の經營問題、滿州の料理、蒙古ブリヤアド族に對する政策、中央亞細亞に對する方針、コウカサス地方よりする南下運動、對土耳古問題、對アラスカ方面問題、いやそれよりも寧ろ眞劍の問題は、民族別を中心とする思想問題であつたかも知れない。併し今日となつては最早、エボリウションかレボリウションかと云ふ樣な問題は解決濟みとなつて、憐む可し世界一の陸軍國を以て天下に雄視したザアの帝國も、終に第二の支那となつて了つた。ザアは誠に大規模なる悲劇の主人公であつた。今日に於て彼等の國に同情すべき民人の之れ無しと云ふには非ず。今日に於て彼等の國に志士思想家の孤劍を按じて計を回天に劃せんとするもの之れ無しとは謂はず。然れども、あゝ然れども、矢既に新羅を過ぐ、露國民のプログラムは永遠に世界の舞臺から取拂はれて了つたのだ。

秋日低迷、孤村の樹下の石上に、浮氣の罪の酬ゐを嘆ずる法界節屋でも、チンバを曳く尺八の男には鼻の無い月琴の女が居るやうにザアの相棒にはカイゼルと云ふものが拵へてあつた。世界の惡神の頭《かしら》が露帝を離れ去つてカイゼルに憑つて以來、彼れの衝天の髭《ひげ》は愈々有頂天になつて世界を一と揉みに揉み挫がんとしたが、その壯圖は固より畫餠に歸して了つた。併し普通の人間の常識と申すものから觀るならば、一年前迄の獨逸の奮闘力、及び開戰前の彼等の鐵の如き國家に就ては、敬意を拂はぬまでも少くとも眞面目に冷靜に考へさせるだけの價値を存した事は勿論である。日本は別として近世の世界史上、堅固なる國家としては何と謂つても彼れの如く光つて居たものは無かつた。それは物質上のみならず精神的方面から見ても英米露佛伊などよりも確かに頭角を現はして居た。(精神的方面と言つても體主靈從より出發せるものなることは申す迄も無し）英國が豪《えら》いと言つても既に國家としても國民としても元氣を減損して居る。米國は物質的實力と共に元氣も旺盛だが獨逸の如く思想の洗錬が無く、民心の節制が無く國家的色彩が欠乏して居る。其點に於て獨逸は五十幾個の聯邦から成立つて居るにも拘らず、一國家としての有機的氣分が横溢して居た事實は何と言つても否むことは出來ない。彼れは一體どうして其の緊張せる空氣を養ひ得たか、普通の經世眼より仔細に看來るならば其處らに研究すべき箇條は幾十となく並べ立てられるで有らうが、私は其れをルイイゼヱ女王の涙の產物であると一言し去るに躊躇しないものである。更らに遠く淵源に就て考へるならば色々の材料は簇出して來るが、皇典古事記を有する吾等日本人は、彼等に輿國の術を學び來らんとする程の風流を解せないから、其んな學究連の眞似はしたくない。獨逸がナポレオンに破られて、屈辱極まる講和條約をチルシットに結んで以來、百年間の歴史を一見すれば其れで澤山である。當時に此の屈辱的講和を結んだ獨逸の女王ルイイゼエは、ポッダム離宮に涙の日を送りつゝ國民に勤儉尙武の思想を注入して、切齒扼腕捲土重來の日を期せしめ、兎に角傑物の卵子たる頑是なき二王子を養育するに滿身の心血を注いだ。獨逸の勃興は直接間接そのルイイゼエ女王の不遇生活時代に胚胎して居る。其後に獨逸の國運發展に貢したる重大なる事件は國語の整理統一である。クロップストック、レッシング、バウムガルテン等の貢献は必ずしもビスマルクやモルトケの偉業に劣るものとは言へない。一國の興廢が二三者の筆舌に左右された歷史は單り獨逸に於て見るばかりではないが、西洋流の濁つた言靈でも言靈の威力の如何なるものであるかと云ふことは、茲に彼等の足跡にも發見することが出來るのである。

何も彼も神から爲《さ》せられて居るのであるから、大本の見地から徹見すれば、所謂英雄豪傑の行動も往々にして滑稽に類する事があるが、カイゼルは獨逸勃興の機運に乘じて、野心は燎原の火の如く、海軍の擴張、南米の經營、アフリカに於ける植民政策、露の南下を妨害する運動、靑島を策源地とする極東まぜつ返し、それから大陸的大野心の根幹たるバグダッド鐵道計劃と言ふ風に、三面六臂の大活動を演出せんとして今回の戰亂となり、ドイの詰りが法界節屋の先輩たるザアの二の舞と相成つたので、哀れと謂ふもなかく愚かなりける次第である。バグダッド鐵道計劃も槿花一朝の夢であつた。波斯灣に出そこねてバッームから長驅してベンガル灣に出んとした希望も水泡に歸した。更らに一轉してバルト海からバイカルを衝かんとした遠大なる理想も滅茶々々に叩きつけられて了つた。いかに剛腹なる獨逸人も今日となつては國際社會に對して全く發言權を有せざる事を承認せざるを得ないのである。彼れは既に第二の露國である。來るべき講和會議に於ても、獨逸の發言權は嘆願の二字に局限されて居る。………併し大きな聲では言はれないが、假りに大本の見地を離れて言ふならば、英米と日本とが衝突する事が必然の形勢必至の數である以上、今回の戰亂の當初に於て日、獨、露の協同動作を執つたならば、隨分面白い芝居が打てたに違ひないし、日本が東洋平和を保證する一大巨人としての土臺が鞏固になつたかも知れないが、それは前號にも一言した通り普通の常識論からは或ひは承認されるかも知れないが、それ程の手腕を振ひ得る大外交家が日本に出て來たら却て國祖の經綸《おしぐみ》を妨ぐる事となつたで有らう。今や何も彼も神ながらに神界の註文通りに進展して來た。日本が外交上全くの孤立に陷つたのも必然の道程とあれば已むを得ない。日本は東洋の盟主として小康に安んずる事を神より許されず、世界の統治者としての勞を執らねばならぬ光榮ある義務が儼存するのであるから褌《ふん》子《どし》をシツカリとしめて貰はねばならぬ。日、露、獨又は支那やメキシコとの親善論も今は東流の水に附し去つて可なりである。殊に形勢が既に今日となつては、法界節屋の道連れも六菖十菊である。英米との衝突は絶對に免がれないが、此れとてもマア免がれ得られる近き將來の或る時期迄は、勿論出來るだけ表面の親交を持續して行かねばなるまい。何れにしたところで歸する處へ歸するだけの事である。

鼎は三種の神器

歐洲戰鬪は去る十一月十一日午前十一時を以て休止された。少しコジツケのやうだが、此の數字は何を語るものである乎。十一が三つであるから土が三つである。土は即ち國である。今後の世界三强國の葛藤の舞臺面で、其の世界の歷史に何等かの決定を與へんとする三國とは言ふ迄もなく日英米である。即ち今後世界の勢力の重心は日英米の三國の鼎立にある。世界は全く此の鼎立せる三勢力の時代となつた。易で言ふならば火風鼎䷱である。象曰、鼎、象也、以レ木巽レ火烹飪也、聖人烹以烹ニ上帝一、而大烹以養ニ聖賢一、巽而耳目聰明、柔進而上行、得レ中而應ニ乎剛一、是以元亨。象曰、木上有レ火鼎、君子以正レ位凝レ命。鼎は日本で言へば三種の神器で、即ち三種《みくさ》の神器《かんだから》の出世を指して居る。支那では伏羲の頃には神鼎と言つてタッタ一つあつて宗廟に置いてあつた。それは天下を一統する意味であつた。それが黄帝の時代には天地人三才に象つて三つ造り、禹王が九つ造つて所謂九鼎と稱へて其れきりとなつたが、愈々今度神諭にある通り『九重の花が十重に咲く』末代動かぬ松の神世となるのである。大本の十曜の神紋の御代となるのである。十翼に『鼎を主どるものは長子に若くは無し』とあるが世界の靈的長子は即ち日本である。日本の鼎界統一である。けれ共此卦の前卦は澤火革䷰であるから、日本の世界統一を見る前には世界の大革命が行はれるのである。鼎は食物を料理するもので、『烹上帝』『養聖賢』は神政復古、祭政一致である。前卦の革は火の上に水があつて火が一時に打消され世界は一時淋しくなつて慘狀の極點に達するが次に鼎となると火の下に木があつて、茲に眞文明の理想世界第一歩の踏み出しとなり、三千世界一度に開く梅の花となる。

鼎は三種の神器を變形したもので、治國平天下を形象したものである。天下の政事を料理鹽梅《あんばい》するものである。何處かの學校の入學試驗に鹽梅と出たら、これにしほうめと假名をつけて、御叮嚀に『梅干《うめぼし》のことなり』と書いた生徒があつたさうで、これはお笑ひ草であるが、併し天下の政治を鹽梅すると云ふ樣な場合、シホウメでも通用しない事はない。シホは水火《しほ》即ち神靈で、ウメは旋回又は鳴動展開を意味する。神靈活機臨々として宇內に活動してる光景で、水火靈肉の運用を誤らず活動啓發を行うて行くのが活世界の活政治である。此意味に於て鼎は即ちシホウメを意味すると謂つても差支へはない。

私は諸君に向つて必ずしも斯ゝる言說に拘泥を求めんとする者ではない。たゞ事實として吾等の世界の目前に提供された此の日英米三勢力の向ふ處、動く處、歸する處を看一看し來るの用意を喚起すれば其れで宜しいのである。現時の新聞雜誌、或ひは朝野の外交通の煩鎖にして徹底せざる、且つ沙上の樓閣的の意見に耳目を弄せられて、大局達観の活眼目を迷はされてはならぬと氣がついて貰へば其れで滿足である。大本信者としては、鎭魂數分間、天下の大事以て斷ず可しとの氣概と自信が無くてはならぬ。屑々紛々たる俗世間の名論卓說なるもの、觀じ來れば是れ指頭の鼻糞にも値せざるものではないか。大死一番、先づ一切の言說を離れ去つて、如實に世界の眞運命を洞見しなければならぬ。柳を見てその綠なるを知らず花を見てその紅なるを知らぬ近視眼的學者政客の氣焔を拜聽するは少くとも酒前茶後のことである。

黄泉《よもつ》比良坂《ひらさか》の風雲

今日以後の日本は、支那、滿洲、西比利亞方面に於ける英米勢力と太平洋方面に於ける英米勢力との腹背の壓迫を蒙るものと觀ずれば甚だ要領を得て居る。その英米の尻馬に乘つて佛國其他の諸國、場合によりては獨露までも一と束《たば》になつて押かけて來るであらうが、併し先づ當分はまあ英米兩國の手練手管《てくだ》のお手並を拜見して居れば相場は定《きま》つて來る、支那は日本と英一國若くは米か獨かの一國と意見の違ふ場合にさへも兎角日本を袖にして、白人國と氣脈を通ずる浮氣の常習性を有するものであるから、今後英米協力して當る場合、日本の外交當事者が幾ら地團駄を踏んでみた處で、形勢の遷る處は天津橋上に杜鵑の一聲を聞く迄もなく知れ切つたことである。西郷南洲か高杉東行のやうな小《こ》太《ぶと》い者が出て來れば兎に角だが、今のハイカラの……いや今の紳士外交では十露盤を握つて見ぬでも見當《けんとう》はつき過ぎて居る。支那問題に就ては考へるさへ胸糞が惡いが、太平洋の問題と云ふて見た處で、歸する處は支那を考へずに觀察を進める譯には行かぬ。併し兎にも角にも支那を背にして太平洋に向つて瞥見を試みると、吾等の眼底に直ちに映じ來るものは近來流行の題目たるマリアナに非ず、マアシャルに非ず、カロリンに非ず、矢張り古臭い布哇《はわい》の一島である。吾等から見れば布哇は舊裝せる新題目である。

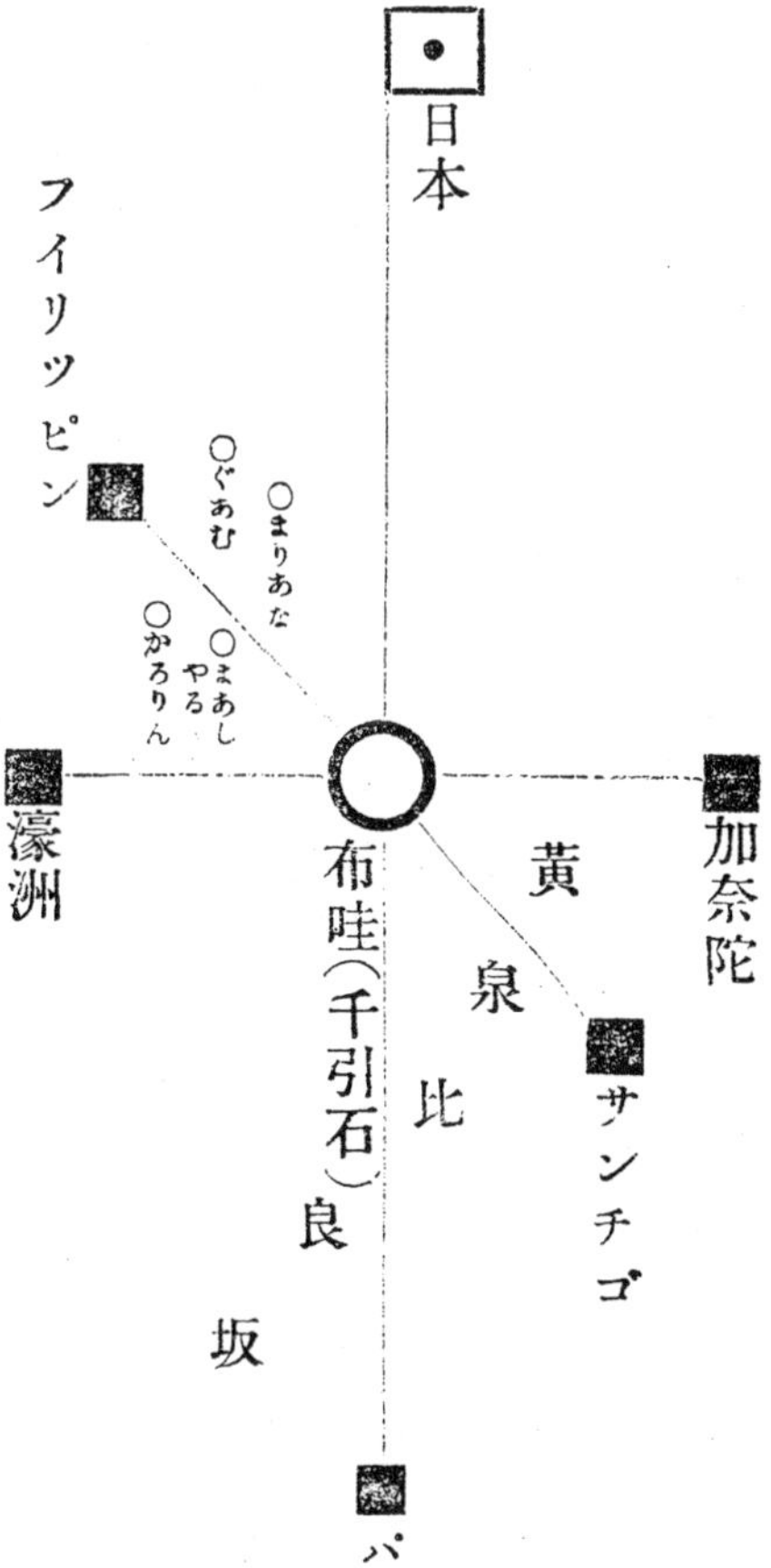

皇典古事記の上卷にある千引石《ちびきのいは》は即ち布哇であつて、其附近から向ふの海は黄泉《よもつ》比良坂《ひらさか》である。古事記の此の段は靈主體從と體主靈從との衝突を描いたもので、靈《ひ》主《の》體《も》從《さ》の勢力が體《が》主《い》靈《こ》從《く》の繩張りに觸れたので、外國が怒つて追ふて來るのである。伊邪那岐命が一火《ひとつび》を燭《とも》して入りて見玉ふたと云ふのは、一火とは一日即ち日の丸の旗のことで日本である。日本の勢力が邪魔になつて、外國は無名の軍を起して襲來

するのである。伊邪那岐命は黄泉比良坂《よもつひらさか》まで逃げて來られて千引石《ちびきのいは》を引き塞いで其の石《いわ》を中に置いて對立せられたとある、其の千引石が布哇であるが、現界の形勢も何だか筋書通りになつて來さうである。

ベルノン山下に眠れる彼の建國の偉人の夢は、今將た那邊を徘徊しつゝあるか、今の米國は無慘にも建國の精神を忘失して、餓虎の如き侵略主義、妬婦の如き排他主義を以て、正義と自由の看板に裏切りつゝ、年を逐うて八萬地獄のドン底に邁進して行くのである。七百萬弗でアラスカを手に入れた時、既に彼れの平和主義の假面は徹去されて了つた。それから千八百九十九年布哇を合併し、疾風迅雷の勢ひを以て次いで比律賓を奪取するに及び、その太平洋上の飛石傳ひに、遂に支那に手を伸ばし滿洲に文句を附ける迄に毒皿主義の糞度胸を据へたのである。

問題の千引石たる布哇は、彼れの陸海軍根據地で、サンチゴ（米國軍港）グアム（同貯炭所）比律賓諸島（同陸海軍根據地）及びパナマよりの進路を扼する處で、又た彼れの相棒たるべき英國から見れば、加奈陀と濠洲との聯絡點である。故に此の邊が近き將來に於ける風雲の旋回點であることは申す迄もあるまい。然るに今回の戰役で日本の占領したマリアナ、カロリン、マアシャルの位置を一見せよ、日本が之を固持することを果して英米が賛同するか、若し已むを得ず賛同するとしても、さうなれば尙更ら太平洋の空氣が險惡になつて來なければならぬ事は、多少の國防的知識ある者の誰れにも見易き消息である。

　太平洋の舞臺面に一大時期を劃せしめたるものは、パナマ運河の開通であるが、今後愈々日本と英米と砲火を交へると云ふ段になれば、此の運河によつて大西洋方面に於ける英國大艦隊も容易に極めて短時日を以て東洋に廻航し得らるゝのである。それも從來の國際關係であつたならば、左う云ふ場合にも英米は尙ほ大いに大西洋方面に海軍力の大半を殘して置かねばならぬ辛《つら》い事情もあつたが。今日となつては彼等は最早其脚下には何等の憂慮なく一氣に東洋を襲ふことが可能となつた。

又た英米が日本に對して協同動作を取る場合佛國も必ず引き摺られて出て來ねばならぬし、其他の諸國も無理槍にでも追立てられて陣笠のお役を勤めねばならなくなつて來る。然るに翻つて靜觀すると、パナマ運河の開通と云ふのも、實は時節の到來である。元來太平洋と太西洋との交通を聯絡せんとの大計劃は、十九世紀の後半以來しば〳〵立案工風されたものであつたが、どうしても之を遂行することが出來なかつたのは、まだ日本に世界統一の神界の準備が出來なかつたが爲である。その爲めに國祖は此の大運河の工事を或る時期迄停止せしむる爲めに小さな虫を使用された。それは即ち同地方名物の蚊軍である。强健なる技師や工夫を撰拔して送つても一週日ならずして蚊軍の爲めに熱病を起して倒れると云ふ風で、到底此れは手の着けられぬものとして中止されて居たが、神界の準備が進むに從つて、今度は神は昆虫學者を使つて、此の蚊軍を一掃せしめ、その工事を許されたのである。

現界に於て日本に對する危險は太平洋方面から押寄せて來るばかりでなく、其の空氣は支那からも亦襲來しつゝある。西比利亞鐵道からも雲霞の如く押寄する形勢にある。日本の守護神は鬼門の金神である。日本は世界の鬼門である。諸外國の國魂は此の世界の鬼門を恐れ之を討ち倒す爲めに愈々最後の大詰の幕となつて日本を包圍する運びとなつたのである。

筆を投じて稿を結べば、夜まさに闌なり。雨聲徒らに和知の河流を亂して、感慨は空しく長白山頭に飛び又た珊瑚海邊に迷ふ。（完）

—（大正七年十一月稿）—

後に來る人々の爲めに

これは皇道大本の信仰に入つて、未だ日の淺い一信者として私の感想記の一節であります。研究の進んで居るお方から御覽になれば如何にも淺薄なものでありませうが、併し多くの新らしい信者、及び未だ信仰に入らざる研究者の爲めに、他山の石として提供する考へで、憶面もなく發表することに致しました。

お筆先七分靈學三分

皇道大本の研究を爲やうと思へば、神諭《おふでさき》の研究が第一であることは申す迄もありませんが、更に信仰を進め、身魂を磨かうとするには尙ほ更に神諭を拜讀味讀心讀するの外はないと思ひます。

言靈學の研究、鎭魂歸神法の修行の大切なことは申す迄もありませんが、靈學の研修にのみ努力して、神諭を閑却すると龍を畫いて眼を點せざるものとなつて了ひます。大神樣は『餘り靈學ばかりに凝ると筆先が粗略《おろそ》になりて、誠が却て解らんやうになりて、神の神慮《きかん》に叶はんから、筆先を七分にして、靈學を三分にして開いて下されよ』と警告して居られます。『ドノ筆先も同じことじやと申して、よい加減な見やうをして居ると、實地の筆先通りが來た折には、餘りに思ふて居りた事が、大きな取違ひで、ヂリ〳〵舞を致さなならんことが出て來るから、念に念を押してクドウ知らしてあるのじやぞよ。未だ筆先の讀み樣が足らん人勝ちであるぞよ。思ふて居るとは大間違ひであるから、それで筆先を充分に繰返して讀《み》て下されと申して氣がつけてあるのじやぞよ』と本年の神諭にも出て居る。

ところが私共の經驗によると、始めの間は神諭は有難いとは思ふけれど暇《ひま》さへあれば繰返して拜讀したいと云ふ程な氣になれない、神諭は一と通り讀んで置けば其れで宜しい、神靈の實在、艮の金神樣の因緣、世界の立替、日本人の天職が諒解されて居れば、モウ太丈夫だから、靈學の研究修行を積みさへすればよいと云ふやうな氣になり勝ちであつた。けれども神樣の深い〳〵經綸《しぐみ》は決して其んな淺い苦勞で判《わか》るものではありませぬ。神諭を部分的に研究して字句の末だけの問題でも、容易に解決のつかぬ問題が多い。眞言密敎などの經典を調べた者は、何も彼も淺略の解釋と、深秘の解釋があつて其の多岐なるに亡羊の嘆を發したので有らうが、我が神諭にも平調俗語の間に種々の深い意味があつて、字句の表面を一瞥した位ゐでは容易に本來の面目を窺知することを許されない。たとへば現代日本の政治を警めて、三角頭を云々と云ふやうな字句があると、寺内伯の事だなと合點したものだが、御神慮は左うではないさうで、頭に三角な紙を貼つてるのは死人で、即ち眞の日本魂の活ける政治でなく亡者《もうじや》の政治と云ふ樣な意味ださうである。萬事が此の調子であるから容易に御神慮を發見し得たと思ふことは出來ない。底には底があり、奥にはマダ奥がある『人民が何程熱心に研究しても容易《じき》に判りはせんぞよ。神のことは人民で判るものでないと云ふ事が判る人民でありたら、それこそまことの神界の判りた人民であるぞよ。判りたと申す人民は何も判りては居らんのであるぞよ』とあるから如何なる學者でも、智者でも、神界の經綸だけは一と通りの苦勞で判るものではないのである。であるから暇《ひま》さへあれば何べんでも神諭を繰返して拜讀して、幾分にても御神慮のある處を諒解さして頂くやうに努めなければなりませぬ。神諭は米の飯のやうなもので、噛めば噛むだけ味が出ます。始め何の注意も惹かなかつた箇所も段々と光明がさして來て、繰返して讀む度毎に朱を入れて居ると、しまひには何處も此處も朱だらけになつて參ります。讀めば讀むだけ益々讀み方の足らぬことが分つて參ります。今更らながら神諭は不可思議極まる千古の神文であります。『此の仕組判りては成らず、判らねば成らず、判らぬので改心が出來ず、世の立替の末代に一度の立替であるから、さつぱり學や智惠を捨てゝ了ふて、生れ赤兒の心に立返らんと見當が取れん六かしい仕組であるぞよ』とあつて其の六かしい經綸《おしぐみ》の一端を洩らさるゝ神諭であるから、實に玄々微妙を極むるものであります。

されぱと言つて靈學を輕視してはなりませぬ。『昔から世界の事が是れだけ細かく解る處は無かりたが、時節參りて靈學と云ふて歸神《かんがゝり》で見ね透くやうになりたのじやぞよ。艮の金神が世に落ちて仕組だことじやぞよ』と、お筆先にも出て居ます。世間にも色々の靈學靈術と云ふものがあつて、桃李芳を競ふの有樣でありますが、皇道大本の鎭魂法と同日に論ずべき性質のものはありません。大靈道、哲理療法、催眠術、眞言天台や法華の修法、弘法大師觀音稻荷等を看板にせる諸法、其他幾多の現代流行の諸術を忠實に比較研究した人には判つてる筈であるが、鎭魂法は其れ等の諸術よりも比較的優秀なるものであると云ふ樣なものでなく、根本的に絶對に其の性質を異にして居る天下無双の神法である。今日流行の諸術は何れも病氣直しが目的であるが、我が鎭魂法に於ては、個人の疾患に對するが如きは、抑そも末の問題である。皇道大本信者の巨眼より觀れば、現代地上の人類は殆んど大部分が此處數年の後に死滅すべき運命の重症者ばかりなのである。けれども多くの研究者は兎もすれば現代流行の諸術と、我が鎭魂法との比較的考察を試みやうとする傾きがあるから、此の問題に就ては何れ稿を改めて、私共の所見を披露する機會があらうと思ひます。又た大本の言靈學が天下一品のものであることも申す迄も有りません。

改心の意義

國祖は此度の大立替に就て、頻りに人民の改心を迫られる。皇道大本の信仰に入るには、此の改心が第一で、如何に教理の研究をしても、鎮魂の修行をしても、改心の出來ないものは所詮駄目である。改心と云ふと普通の考へでは、法律上及び道德上の罪を犯して居たものが、前非を悔ゐ改める事であると云ふ風に思ふて居るが、神樣はそんな狹い意味の改心を迫られるのではない。固より道德法律上の意味も、其の一部分であるが、神樣は根本からの人民の改心、體主靈從の在來の生活を改めて靈主體從に移れと言はれるのである。神樣の御恩が判り、御經綸が少々判り、神界の消息が朧ろげながら判りかけますと、此の改心は出來さうであります。

私も今春、綾部から鄉里へ歸つて皇道大本の事を友人に知らしてやる爲めに、少さな印刷物を作つた時、其の文中に『血を吐くやうな改心も出來』云々と、書いて置きました。それは決して僞りを書いたのでもなく、お體裁を並べたのでもなく、全く左う思ひ込んだのでありましたが、それから少し日が經ちますと、改心が出來たなぞと書いたのが耻かしくて、穴へでも這入りたい心地がして來ました。私共には左うお手輕に改心は出來ませぬ。神諭には『改心と申すのは、何事によらず、人間心を捨て了ふて、智慧や學を便りに致さず、神の申すことを一つも疑はずに、生れ兒のやうになりて、神の敎を守る事であるぞよ』とありますが、此の何事によらず、人間心を捨て了ふことが實際容易に出來ることではないのであります。此の人間心が即ち「みたま」の曇りでありますから人間心の出るのが少なくなるだけミタマの曇りが除《と》れるわけであります。此の人間心を捨て去つた處が、即ち所謂水晶魂でありませうけれども斯う申しますと、誰れしも大層六かしくなつて、神樣の試驗に及第する者は殆ど居らなくなるかも知れませぬが、私共の信ずる處によれば、その明晃々たる水晶魂を滿點百點とするなれば、六十點位な處に及第點があるだらうと思ひます。で吾々は固より百點の水晶魂を目標として、一生懸命で身魂を磨かねばなりませぬが、それは至難の事として、何うしても斯うしても六十點の及第點迄は漕ぎつけねばなりませぬ。實は其の六十點迄も容易ではないので、大なる發憤努力を要する次第であります。綾部へ參拜して十日ばかり修行して、御分靈をお迎へして歸つて奉齋して、朝夕祝詞を奏上して、鎭魂の自修でもして居つて、タヾ其れだけで改心が出來たと思つたら大間違ひで、それだけの事でスワと云ふ時、結構な御用をさして頂かうなどとは虫の良すぎる話で、其れこそ愈々の時にはアフンとしなければなりますまい。みたまの因縁は因縁で、此れは固より如何ともす可らざるものでありませうけれども何と云つても精神の改革が第一で、お筆先には『おかげを取るも落すも心一つ』と云ふことが到る處に拜見せられます。皆さんに斯んな事を申上げるのは甚だ失禮のやうですけれども、私は私の苦《にが》い經驗の一つとして近頃の求道者諸君に申上げて置きたいのであります。

神諭には『二度目の世の立替は戰《いくさ》と天災とで濟《す》むやうに思ふて、今の人民はエライ取違ひを致して居るなれど、戰さと天災とで人の心が直るのなら埒能う出來るなれど、今度の世の立替は其んな容易《たやす》い事でないぞよ』とあります。綾部へ引寄せられた人は因縁のある靈統の人ばかりだと云ふ事だけ聞いて、神樣の御苦勞を餘りにお手輕に取扱つて居ると、飛んだ間違ひが起ります。因縁の無い人の滅びるのは詮方《しかた》がないとして、モハヤ殆ど神樣の眼中にないので、因縁ある神々人々に對して、國祖が救濟の聲を涸らして御苦勞になつてる最中なのであります。

又皇道大本の存在を知つて注意を拂つて居りながら、未だ信仰と云ふ處までに行つて居らぬ人達の多くは、いかに時機切迫と云ふても、今日明日と云ふ問題ではないから、モ少し形勢を觀望して、愈々ドウも斯うもならぬ時にお願ひ爲やうと、虫のいゝ事を考へてるやうであるが、神諭に、俄かの信心、恐《こは》さの信心は間《ま》に合はぬと何度も示されて居ります。

誠の道とは何乎

私は始めて皇道大本の信仰に入る時に、これまでの腹の中へ埋め込んで置いたゴモク、半可通の宗教、哲學、科學の思想が邪魔になつて一と通り苦しんだが、其の中の一つを語れば、『心だに誠の道にかなひなば、祈らずとても神や守らん』と云ふ菅公の歌が邪魔になつた。心さへ誠の道にかなひ、正道を踏んで居るなれば、いかな大本神でも其れを罰せられる筈は無い。世界の立替の勃發せる秋《とき》に際しても、心だに誠の道にかなひ、正道を履《ふ》んで居るなれば、何の恐るゝ處が有らうか、それでも綾部の大本神を信仰しなかつたと云ふ理由によつて責罰を受けねばならぬならば甘んじて受ける、心が誠の道に叶ひ、正道を履んで居るのに、オレを信仰しなかつたから罰すると云ふやうな神なら、神も糞もあるものか……と、斯う一時は考へました。けれども其の誠の道とは何か、その誠の道なるものは綾部の大本神を信仰して、ミタマを磨かねば判らぬのであつた。普通に世間で正しいと思ふて居た事が、必ずしも正しからず、是とせし處が必ずしも是で無かつたのであつた。これ迄の世の中が邪神の守護の世の中であつたから、人間の智慧や學問で、誠の道の解らう筈がなかつた。世人悉くが色盲になつて居て、色彩の判別をせんとする仲間であつた。本當の誠の道にかなつて居たならば、祈らずとても神や守らん、であつたらうけれど、本當の誠の道なるものが分らずに、タヾ心だに誠の道にかなひなばと威張つて居たのだから情けない。今日の所謂人格の高い人、品性の正しい人、佛敎や基督敎の信仰が堅固で、清い生活をして居ると言はれて居る人の全部が即ち、其の仲間である。神界の因緣、世の成り立ちからの本當の消息の解る處は、綾部の皇道大本以外に何處にもない。その因緣が分らなければ正邪本末の本當の判別がつかない。即ち誠の道なるものが分らない。世の多くの『心だに誠の道にかなひなば、祈らずとても神や守らん』と、高く濟まして居る人々を見る度に、私は自分の經驗に顧みて、氣の毒でたまらない。

―（大正七年八月稿）―

人間としての出口教主

開祖出口直子刀自は信者がお目にかゝる機會も少ないし、幽玄の意味に於ては兎も角表面に於ては信者や研究者との交渉も可なりの距離がある様に思はれるが、教主出口王仁三郎先生に對しては一般信者や研究者の精神的交渉も極めて親しく深い様に見へるから、人間としての教主はドンナ人か、雲間の片鱗を覗《のぞ》いて昨今の來訪者の爲めに吾々の所見の一端を御紹介致さう。

大本そのものが既に一大スフヰンクス、謎の世界であるから、其の經緯の二大神柱の一たる瑞《みづ》の身魂《みたま》、變性女子、出口教主がドンナ人であるか、愈々の眞骨髓は迚《とて》も今から見當のされるものではない、所謂聖眼みる能はず、賢口語る可らざるものである。取り分け私共のやうな日の淺い信者が彼れ此れ言ふのは寧ろ滑稽に近い感があつて、恰かも群盲の大象を評するが如くではあるが、併しカントは生涯百里を出でずして批判哲學を大成し、德川時代の某は父兄たらずして父兄訓を著はし、大隈侯は一度も洋行せずして何時も外國の風物を談論するから、私も一寸其の群盲の仲間入りをさせて貰ひたいのである。神諭には『瑞の御魂《みたま》も變生女子であるから變《へん》化《げ》て御用がさして』あることが數時《しばく》示してあるし『變性男子は筆先で世界にあることを知らす御役なり、女子の身魂は世界が斯ういふことになりて居ることを實地に見せて罪を贖《と》りて人民を救濟《たす》ける御役であるから、人民の眼からは惡に見へることもあるぞよ。女子の事は何事樣《ごのい》に見へても構《かま》はずに見て居りて下されよ。滅他《めつた》に不調法はさせんぞよ』とも示されてあつて、現代人の智識の尺度を以て測り知らんとすることの出來るものではないが、それだけ又た俗世間から誤解もされ易く出來てあることは申す迄もない。宗敎でなくても敎會でなくても此れだけの規模の精神的團體の管長とか敎主とか言はれる人なら、品《ひん》をよくして簾《みす》の奥にでも收《おさ》まつて居られそうなものであるけれど、いつも粗服で滅多に袴も着けずに色々な仕事をして居られる。來客の應接から原稿の執筆、建築の設計やら印刷部の世話やら時には神靈界の帶封を書いたりして居られる。併しそれは普通の人の眼に映ずるところで、別に神事の御用の忙しいことは無論である。どうかすると玄關にでも出かけて來て煙草を吹かしながら言靈學の說明から義太夫を唸《うな》り出したりせられるので、始めての訪問者なぞは呆れ返つて了ふことがある。月明の夜なぞ獨り金龍海に舟を浮べて舷《ふなばた》端《はた》を叩きながら何だか唸つて居られるやうなこともあるし、性來は仁愛の結晶であるけれど、何か氣に入らぬことがあると飛んだところへ大雷が落下したりする。先つ誰れが見ても何處にも神樣らしいところも、鹿爪らしいところも、何等の彩色もない。無色透明な人と言つたら幾らか其の面影を髣髴せしめることになるかも知れない。

世界の光景が皆な大本へ映《うつ》り、大本にあつたことが皆な世界へ出てくることは大本本來の因縁であるが、大本内には近來種々の出來事が起伏しつゝある。先達ては今春生れられた相生《あいおひ》様が歸幽されるし、敎主は一ヶ月ほど前から病床に臥して居られる。其他いろ〳〵の波瀾が重疊して來て居る。敎主は生來殆んど病氣らしい病氣をせられたことはなく、タマに御不快でも半日も寝られると直ぐに治つたそうであるが、今度は空前にして恐らく絶後の現象であらう。とにかく大修種であるから世界にも何彼のことが近づいたことは蔽ふべからざる處である。敎主は坐談の時には警句百出、如何に苦虫《にがむし》を噛み潰《つぶ》したやうな人でも抱腹絶倒する位ゐだから頗ぶる氣樂に見へるし、物事を苦にせられないやうに見へる、いや見へるばかりではない。確かに左うであるに違いないが、それかと言つて決して涙のない人ではない。熱涙は滿腔に漲つて居ても、多くの場合それを色に出されない迄のことらしい。先達て相生様の歸幽の如き、いかに經綸《おしぐみ》とは云つても敎主もマサカ嬉しいわけでもあるまいが、辭色平然たるには挨拶に出た人が困る位ゐであつた。『英雄涙無きに非ず別離の時に濺《そゝ》がず』と言つた風な調子であらう。病床に見舞に行つても格別な談話は少しもされない。普通の聖賢とか何とか言はれる人なら、斯ふ云ふ場合には必ず來訪者の感心するやうな訓誨めいたことや、悟り澄したやうなことを並べるに相場は定《きま》つて居るが、教主のは虱《しらみ》の話や、屁の話位ゐである。訪問客も有難い次第である。神諭に『大本で織る錦の機《はた》にはどんな模樣が出來て居るか、機織る人にさへ分らぬ經綸《しぐみ》であるから、智慧や學で考へて分りさうな事は無い』と出て居る通り、大本の全體を一と眼に見渡すことが不可能であるばかりか、人間としての出口先生一人を解釋せんとすることも出來るものではない。併し何も彼も化《ば》けてばかり居れぬものと見へて、食物なぞは又た思ひ切つて眞面目を通り越して、病中だからと云つても世間の所謂滋養品の類は全く用ゐられない。殊更らに用ゐられないのでなくして嫌ひなのである。粥と野菜の漬物と菜の汁位ゐなもの、日によると粥も用ゐられないで麥粉ばかりで濟まして居られる。何時か風呂の中で我慢してうどんを二杯平らげられた奇談もあるが、此れなぞは特筆大書するに足るの出來事かも知れない病中でなくても平生でも色んなものは用ゐられない。酒も神酒《おみき》を頂かれるのが一生懸命位ゐだから、物質的に此の人生に於て享樂せられるところは淡白極まるものである。御魂《みたま》の性來は固よりのこと、人間としても苦樂を衆と共にするの性質で、四海と春風に坐し、天下と明月を分つと云ふやうな氣分の人であるが、その物質的享樂まで共にせられては此方で願ひ下げにして頂きたい位ゐの教主の生活ぶりである。尤も大本信者は獸肉を用ひないのは勿論、他の食品でも次第に淡白になつて行くのは誰れでも經驗するところで、殊更に努力《つと》めなくても生臭いものや油こいものが次第に嫌ひになり酒量も不思議に減じてくる。私なぞも晩酌に必ず五合位ゐ、夏分は麥酒を二本宛冷《ひや》させておいても不足を感ずることがある程であつたが、大本の信仰に入つて五十何日目からか酒量が俄かに減じて、一合か一合五勺位ゐになつて了つた。又近來は益々酒を忘れるやうになつて了つた。

敎主は弓は日本一の强弓、繪も書かれる、書も書かれる、何でもやられる。昨年の春までは暇さへあれば土まぶれになつて勞働もやつて居られた。いや實際に人間としての敎主は、宗敎めいた事でなくても、政治界にでも實業界にでも如何なる方面に活動されても大業を成し遂げらるゝ處の偉人物であることは、少しく活眼を以て接近すれば誰れにでも解る筈である。大本信者の中には敎主の一指の動くところ水火も厭はず馬前に死を誓ふものがドレ丈けあるか知れない。固より神緣の然らしむる處ではあるけれど、人間としての出口先生の或る偉大なる力によることも爭へない事實であらう。漢の高祖は『籌策を帷幄の中に運らし、勝を千里の外に決するは吾れ子房に如かず、百姓を撫し、饑乏を給し、糧道を絕たざるは吾れ蕭何に如かず、百萬の衆を連ね戰へば必ず勝ち、攻むれば必ず取るは吾れ韓信に如かず、此の三人は皆な人傑也、吾れ能く之を用ふ。此れ吾が天下を取る所以なり』と言つたが、敎主は高祖をモ一つ大きくした樣な人だ。尤も子房や蕭何や韓信やがいろ〳〵は四十八何時頃に集るか知らぬが、何しろ大活劇は日に〳〵迫つて來て居る。神歌に『たてかへは柱ばかりか桁《けた》もいる。板も瓦も土もなにかも』とあるから、雪隱の壁土になるものも御用に上下は無いわけで、脾肉の嘆に堪へない次第ではないか。『松が見へますほのぼのと』松の世は窓外に展開されてある。今は午前三時頃だ、夜の開け渡るのに最《も》う間《ま》はない。

改心の意義（再び）

前號に改心の意義といふことに就て一言しておいたが、餘りに言葉が足りなかつたやうに思はれるからモ少し蛇足を加へて置かう。幾らか改心の出來かけた人の心理狀態《さ》は何んなものであらうか、改心の出來て居らぬ男が改心の話をするのだから此れほど六かしいことはないが、とにかく一と口に天眞無邪氣になることであらう。

言葉使ひを叮寧にして頭を低くしてることが改心と思つたら飛んだ了簡違ひだ、人間の差別は八百萬の神の差別のあるが如くであるから色々樣々な神があるやうに色々樣々な人があり、その夫れ〳〵各々の特色のまゝに天眞無邪氣に近づき、何事を爲すにも至誠を以て爲すやうに心がけるより外に方法はあるまい。素書に『神《しん》なることは至誠なるより神《しん》なるは莫《な》し』とあるが、至誠にして始めて言靈にも神威が發現されるので、又た其の至誠は、人間心を捨てゝ天眞無邪氣にならなければ本當の至誠なるものには到達しない。誰れでも家內の安產を禱るやうな時には大分一生懸命になるけれども、併しそれでもマダ不純なところがあつて本當な至誠とは申されにくい場合があるであらう。況んや平生朝夕の禮拜なぞ何《ど》うも拔刀《ぬきみ》の中に居るやうな一生懸命の心になりにくゝて困るものだ。ところが神樣を拜む時でさへ至誠になれない樣では外の事をする時に尙更らであつて、私の樣なものは實に何とも汗顏の至りである。一擧手、一投足一寸《ちよいと》人の下駄を揃へてやるにも天眞無邪氣で至誠でやらねばならぬ筈だが、マダどうも、其の甚だ申しにくいが何《ど》うもマダ眞物《ほんもの》になれないので誠に申し譯のない次第である。如何にも改心が出來かけたやうな顏をして殊更らに言葉を叮嚀に頭を低くしてみても始まらないではないか。『彼奴《あいつ》は頭が高くて何時も威張つたやうな顏をして居るから駄目だ』と言つても、其の人の持ち前なら或る程度まで其の通りで可《よ》からう。改心すれば自然に態度まで改まらねばならぬと言つても、それも程度の問題で、頭を下げつけない人間がピヨコ〳〵頭を下げる眞似をするやうでは卑屈と云はうか何と言はうか馬鹿げて見られたものではない。改心々々と云つても、朝から晩まで恐縮して、いつも謹愼してるやうな顏をして、ロク〳〵大きな聲も出し得ないやうな意氣地無しでは迚も愈々の時の役には立てさうにもない。耶蘇の御世辭だら〳〵のアーメン魂性や眞宗の泣き念佛なぞの後塵を拜するやうなことでは屁にもならぬ。大本信者たるものは飽く迄天眞無邪氣、活潑潑地で、沈香も焚き屁もひる位でなくてはならぬ。屁をすぼめて青い顏をしておとなしさうにしてゐるだけでは役に立たぬ。併し其れかと云つても『省』の一字を忘れては又た邪道に墮して了ふ。乾の卦の九三『君子は終日乾々、夕に惕《てき》若たれば咎無し』と云つたやうなものでなくてはならぬ。終日乾々として活潑に無邪氣に働いて、夕に省みる、實は常に省みなければならぬが、過まちて犯さむ事は神直日、大直日に見なほし聞なほしまして頂かねばならぬ。大本の道は六かしいと云へば六つかしいが餘り六つかしく考へ込むのも一つの邪徑に踏み込んだものだ。『むつかしき道とおもふな大本は、すべての人のさほる大道』と神歌にある。又た『むつかしき話をやめよ大神の、まことの道はたやすきが道』とある。實際たやすきが道であるに違ひない。繫辭傳に『乾は易を以て知《つかさど》り、坤は簡を以て能くす、易なれば則ち知り易く、簡なれば則ち從ひ易し、知り易ければ則ち親みあり、從ひ易ければ即ち功あり、親みあれば即ち久しかるべし、功あれば即ち大なるべし、久しかる可きは即ち賢人の德、大なる可きは即ち賢人の業、易簡にして天下の理を得、天下の理を得て位を其の中に爲す』と言つてるのも面白いではないか。『おほもとの大橋わたりまださきへ、行きつまりてはあともどりする』とも訓へられてある。靈學は研究すれば際限がないが、改心と云ふことに就いては餘り考へ過ごして迷ひ込むと實際に又た後戻りをするやうになる。『始めは芳草に隨て去り、還《ま》た落花を逐ふて歸る』だ。野狐禪者流に眉毛を讀まれるやうでは大本信者とは申されまいぞ。チョロコイ魂性では駄目だ、シッカリ胴腰《どうごし》を据ゐて居れと國祖は常に雷喝して居られるではないか。

序でだから書いておくが、△△△△新聞の京都附錄に先達て皇道大本の惡口を書いて居たが、大本が世間に知れだすと其れと同時に到る處に蜚語流説が行はれ、大本の非難攻撃八方に起るべきことは、かねて神諭にも出て居るところで更らに驚くに足らない事だ。大本信者とも有らんものは其れ位ゐの風聲鶴唳には眉の根一つ動かすべきで無い。ルーテルが宗教改革を思ひ立つたときに友人が訪問して『見たまへ、世界全體が君の主張に反對してるではないか』と言ふと彼れは『いやオレガ世界全體に反對してるのだ』と言つて益々其の決心を固くしたそうだが、皇道大本は耶蘇敎の改革、佛敎の燒直しと云ふやうなチッポケな問題ではなく、その使命とするところは現幽神三界に渉る大革正で、一時は草の片葉《かたは》に至るまで敵とするのだから、蜚語流說の所々に行はれるやうになるのは今後にあるので、新聞や雜誌の三つや四つが冷評《ひやか》した位のことは、大本敎信徒《おほもとくにまめひと》に取つては全く齒牙にかくるに足らぬことで紅爐一點雪と澄まして居ればよろしい。國祖が何時もシッカリしろと言はれるのは何の爲めか、又た徒らに物事に恐縮してビク〳〵してるのが改心の本領でない事を充分に臍下丹田に疊み込んで置いて貰ひたいものである。

大本の改心なるものは六かしい樣で實は甚だ簡易なものだ。大本信者に對しては何々を爲す勿れ、何々を爲す勿れと云ふ禁條は一つもない。自分の一言一行は固よりのこと、一寸胸に思ひ浮べた事まで皆な守護神の知つて居ること（大神樣は尙更ら御存じ）が神憑りで明白適確に解つて居るから、言はゞ自分で自分を訓誨し鞭達するやうに神《かん》ながらに出來て居るのであるから、改心と言つても實は至簡至易の問題である。又た神憑りによつて歸幽後の狀態なぞが解つてみると、如何に不信心の人間でも兜《かぶさ》を脫《ね》がざるを得ないではないか。

—（大正七年九月稿）—

學力と金力とに就て

大本神のお筆先には到る處に金力と學力との恃《たの》むべからざること憐むべきものであることが示されてあるが、少しく學力や金力のある人は多くの場合、大本の信仰の門を入りかけてる時に此のお筆先が氣に觸《さは》るやうである。どうかすると反感を生ずるやうな場合さへあるやうである。無學者や貧乏人が、金持ちや有學者に對する嫉視嘲罵の聲のやうに聞《きこ》へる人もあるやうである。けれども如何なる場合に於ても事實は何《ご》うしても事實で、氣に入つても氣に入らぬでも事實、夏になれば暑くなり冬になれば寒くなるのと同じことで如何ともすることが出來ない。今度の國祖《おほもと》の經《おし》綸《ぐみ》は全く學でも智慧でも解らぬのであるから仕方がない。今度の立替に就ては金銀を山ほど積んでも結局砂上の樓閣、忽ち畫餅に歸して了ふのだから仕方がない。さうすると少し學問のある人は『そんな馬鹿なことがあるものか、人即神《ひとそくかみ》であるから人間の智慧で考へて解らぬ筈はない、若しも如何に研究しても解らぬとすれば解らぬものを信ずる必要はない、理智の滿足しないものを信ずるのは迷信だ』と啖呵《たんか》を切つて煙草の烟りを輪に吹かすのであるが、それは固より人間として全く解らないといふのではない。我《が》を捨てゝ素直《すなほ》な心に、誠の心に歸つて聽けば或る程度までは段々と解つてくるのである。今日の學者の所謂理智なるものは何か、根本的に體主《いまゝで》靈從《のやりかた》の遺傳的思想に胚胎《はいたい》された理智だ。換言すれば一種の色眼鏡《いろめがね》である。これは世界の成り立ちの葛藤《ごさくさ》が少し解つてくると本當のことが腹に入るのであるが、何しろ根底の深い體《せい》主《やう》靈《りう》從の思想に育《はぐく》まれて來てる現代の人々は白いものが黒く見へ、角《かく》いものが丸く見ゐてるのである。神諭《おふでさき》には『體主靈從《あく》の方から見れば誠の方が惡に見へて惡の方が善く見ゐるので、何事も皆な逆樣ばかりより出來んのであるぞよ』と示されてある。やれ鈴愚損《べるぐそん》がドウの屁蹴《へつける》が斯うのと言つてみたところで、彼等が提供する法則が何故に絶對的の權威があるか。子供が屋根に上つて竿を以て空の星を落さうとしてるのを見た阿爺《おやぢ》が『馬鹿め、星といふものは竿で落せるものではない、あれは雨の降《ふ》る天の穴だよ』と說明した阿爺の知識が現代人の理智なるものである。神諭に『一層何も彼も超越《ずぬ》けた學のある守護神でありたら解るのも早いなれど、今の途中の鼻高の學者には考へるだけ分らんぞよ』とある通り、眞個《まつたく》どうも『途中の鼻高學者』に最も解《わか》りにくいやうである。超越《ずぬ》けた學者といふのは必ずしも博士を指《さ》すのではない。神樣の眼から見られると人間の拵《こしら》へた階級なぞはない。一概には云へないが實際に於て中學校の敎師位ゐの程度のものは一も二もなく從來の科學の法則に囚はれて了つてるから入信するのに困難な樣であるが、科學者でも進めるところまで進んだ連中は、科學の基礎の極めて不安定な憐むべきものであるといふ處へ到着して行つてるのである（茶留主《ちやあるす》鬼《ぎ》佛《ぶ》尊《そん》なんかでもさうだ）日本の哲學者で居り心靈問題研究の權威を以て自ら任じて居る某博士なぞが、イッパンの大發見かのやうに感念生物說なんて云ふやうな低級なシカも見當違ひの考へを持つて居る樣では、成るほど神樣が『智惠でも學でも駄目だ』と云はれるも尤もな次第である。

少し學問のある人間が信仰に入りにくい（神緣の熟してる人は別だが）と同時に少しばかり金を有《も》つてると本當の信仰に入り、本當の決心をするのも一寸困難な人が多いやうである。立替後の世界は貨幣制度が撤廢されて又た全く私有財產なるものが認められなくなるといふ事も分つて居るし、〇〇〇頃からは經濟狀態が混亂してくるから結局金のある人もない人も同じことになつて了ふといふことも分つて居ても、さて金と云ふものは今ま神界の經綸の爲めに有效に使用しやうと思つてもナカ〜〜惜いものと見へるやうである。中には「立替後は金は有つても駄目だらうけれど其れ迄は何と云つても金の世の中だ、金があれば山の中に鐵筋《てつきん》コンクリートの家も建てることが出來る、糧食も貯藏することが出來る」と思つてる人があるらしいが、谷の底の鐵の家に隱れて居ても亡ぶべきものは亡びて了ふ。神諭には『今度の立替には一人のまぐれ死にも一人のまぐれ助《たす》かりもないぞよ』とあるが、さうしたつて生くべきものが生き滅《ほろ》ぶべきものが滅びるだけの問題である。糧食なぞでも人並みより餘分に隱し貯へるといふことは神も許されまいが、愈々の時には周圍の人間が許さない。その時には國家が法律を以て其れを許さぬやうにもなる事は勿論である。死ぬるか生きるかといふ時には人間も一生懸命だ、默つて餓死するものばかりは居らぬ。又た金を持つてる連中で「いづれは經綸のお役に立つやうに投げ出す積りではあるが、併し最少《もすこ》し形勢の切迫するまでシッカリ握《にぎ》つて居らう、世の中が騷がしくなりかけてから吐き出さう」と考へてる人も尠くないやうであるが、神諭には『先きになりたら金銀は降《ふ》る如くに寄りてくるから、さうなりたら我も私しもと申して金持つて御用さして下されと申して出てくるなれど、因縁なき身魂には何程結構に申しても一文も使ふことは出來ぬぞよ。是から先きになると金銀を積んで神の御用を致さして欲しいと頼みにくるものばかりであれど、一々神に伺ひ致してからでないと受取ることはならぬぞよ』と戒めてある。『愈々の時の改心は間《ま》に合はぬ』とも訓《をし》へられてある。人間が虫の好《よ》いことばかり考へて居ても、神様の方では左うは許されないものと見へる。

　ところが金のある者や學問のある人を頭から排斥しやうとする考へを有《も》つた人が假りにありとしたならば、其れは大變な取違ひであること申す迄もない。「金を有《も》つてる」といふことは「罪を有つてる」と云ふことになるかも知れないけれど一概には云へないやうである。中には其んな人もあらう、此頃の成金なぞには殊に左ういふ手の人も多いであらうが一概には謂はれない。その金を何等かの方法によつて此度の御經綸のお役に立つやうに活用すれば其れだけの御用、それだけの働きが出來るわけである。學問でも其の通りで、學問があるから本當の經綸が解らぬといふわけでもなければ活動上の邪魔になるといふわけでもない。玆に御魂《みたま》の性來も改心狀態も信仰の程度も努力も同等の人が二人あるとしたならば無學の人よりも有學の人が幾らか活動力が豐富であるとせねばならぬ。「學があつても解らぬ」と云ふことは「學が無ければ解る」と云ふことではない。假りに玆に學が全く無價値なものであるとしたところで、その人から其の學を差引けばタダの普通の人といふだけで、普通の人よりも劣等だとは云へない。玆に身長五尺の人が二人ある。一人は跣足《はだし》(無學)で一人は高さ三寸の下駄(學問)をはいて居るとしても、その下駄を脫いでも尙且《やはり》五尺の人である。三寸の下駄をぬいで身長が急に一尺も低《ひく》くなつたら其れこそ大變だ。けれども要は下駄に囚《とら》はれて、下駄をはいて坐敷にでも上らうとするのは間違ひである。信仰といふ坐敷に上るには下駄をぬいで上るべきものである。だが又た戶外をあるくには下駄も便利で活用の道があるのである。別方面から說明すれば、

甲（六十點の素質の人＋無學）＝六十點の人

乙（六十點の素質の人＋學問）－學問＝六十點の人

となるだけのものである。而して又一面より之を見れば則ち

甲＝六十點と零

乙＝六十點と學問

となるわけである。學や金があるとそれに囚《とら》はれ易いから信仰に入りにくい場合が多いと云ふのは眞理であらうが、學や金があつて本當の信仰に入れば其れに越したことはないのである。ツマリ神の眼からみれば學や金や智慧は有つても無くても先づ同じことであるといふ事に歸する。學や智慧や金が有つてもエライわけでないが、無いからエライといふわけでもない。貧乏人が險約を誇るの亞流に墮《だ》してはお笑ひ草になつて了ふ。又た立替の時には何も彼も神力の發現に待つより外に方法はないが、立替後の新世界にも敎育機關、學校制度は無論ある。出口敎主は何も彼も神憑《かんが》ゝり

によつて大成せられたので始めて大本へ神界から引寄せられた頃には祝詞《のりと》も讀めなかつたと言はれるけれど、今日の教主は人間としても決して無學の人では無い。現に教主が讀破せられた萬卷の書籍は倉庫の中に山積されてある。

「松の世」とはドンナ世乎

國祖は立替後の理想世界新天地を松の世と謂つて居られる。時には『末代《まつだい》動かぬ巖に松の世』とも云つて居られる。例の隱語の多いお筆先のことであつて、松の世と云ふことに就ても色々と深秘な解釋が藏《かく》されてあるのであるが其れを今《いま》茲に闡明することは不可能である。けれど松の世の文字面だけの皮相の解釋にも二三の見《み》方《かた》があるやうであるから私共の管見の一端を申上げて皆さんの叱正を仰ぐことに爲やう。

松の世といふものがドンナ世であるかと云ふことを考へる前に、神樣は現代世態を何《ど》のやうに視《み》て居られるかを知れば略《ほ》ぼ見當がつく筈である。神諭には『今の世界の人民は服裝《みなり》ばかりを立派に飾《かざ》りて上から見れば結構な人民で神も叶はん樣に見ゐるなれど、世の元を創造《こしら》へた誠の神の眼から見ればサッパリ四足《よつあし》の守護となりて居るから、頭に角《つの》が生《は》へたり、尻に尾が出來たり、無暗に鼻ばかり高い化物《ばけもの》の覇張《はば》る世になりて居るぞよ』『神の誠の敎は耳へ這入らず外國の獸の眞似を致して牛馬の肉を喰つたり、洋服を着て神の前を憚らずに迂路《うろ》ついたり、一も金銀二も金銀と申して金銀で無けら世が治らん、人民は生命《いのち》が保《も》てんやうに取違ひ致したり、人の國であらうが人の物であらうが……女とみれば何人でも手にかけ』云々とありて痛嘆して居られるから、斯かる現代の獸的生活が一掃せられて極めて清淨平安な世が出現するに相違ない。現代の成金輩の生活振りが神のお氣障《きざわ》りであるばかりでなく、現代人の殆んど總ての生活振りが神の氣勘《きかん》に叶はぬのであることを痛切に覺悟して各自に今日より省みなければならぬのである。又た『あまり此世に運否《うんぷ》があるから何方《ごちら》の國にも口舌《くぜつ》が絶ねぬのであるから、世界中を桝かけを引いて』了《しま》ふと言はれるのだから何でも不公平は天則違反である。併し新世界にも神勅によつて定められたる職業地位階級の差別はあつて從つて家屋や服裝も差別はあるが、廟堂の人が威張り散らしたり、勞働してる人を卑《いやし》んだりするやうな氣分は根本的に一洗されて、宇内は名實共に一家族のやうな和平歡喜に滿ちた世界となり、一人として失意、不平の人無きに至るのである。衣食住に關する物質上の供給の如きも全く公平に行はれることは勿論で「縣主《あがたぬし》」だの「直《あたい》」だの云ふ係りの役人が其の事務を擔當するのである。

ぜいたく三昧《ざんまい》な事は一切許されない。明治天皇の勅語にも示されてある通り去華就實、質實な世の持《も》ち方《かた》になるのは勿論だが『併し左うなれば如何にも天下泰平で氣樂ではあらうけれど、何だか無趣味極まる水を飲むやうな世の中になるのではないか。其れよりは少々口舌《くぜつ》や煩悶があつても變化に富んだ波瀾のある現代、活動寫眞やレストラントのある今の世の方が好からう』なぞと今から不平を云ふ人があるが、質實な松の世と云つても決して其んな無趣味な世界ではない。物質的文明も其の弊害の無い正しい系統に屬する設備機關は益々發達して民人の幸福の爲めに提供せられるし、芝居やなんぞも今日の俗惡なるものは排せられるけれど、高尚なる神話なんぞを脚色《しく》んだものは或る程度までは許されるし、其他すべて俗惡なる種々の享樂機關は廢せられて、之に代るに淸純高潔なる趣味性を滿足せしむるに充分なる設備の出來るのは勿論である。詩歌美術の如きも高尚幽玄雄大なるものが必ず勃興するであらう。換言すれば新世界は「詩の世界」とも言はれぬことはない。言靈《ことたま》の幸《さち》はふ國であるから、詩歌の如きものが盛んになつてくるのは必定である。從來に於ても日本の純粹の詩歌には壯嚴雄大なるものが多い。俗謠なぞでも近來のものは全然《まるで》駄目だが昔のものには面白いものが尠くない。四海を統一する運命にある日本の民謠は自《おのづ》から海洋的で、博多節でも安來節でも松前追分けでも皆な海の產物で後世に作つた唄は問題にならぬけれども、その純粋のものは朗々唱すべきものがある。たとへば安來節《やすきぶし》の『山はれ山はれ出て山みれば雲のかゝらぬ山はない』と云ふやうなのは萬葉集でも讀んでるやうな氣がするではないか。

今度の二度目の立替で完成する新世界は清く美しく樂しき理想世界であることは言ふだけ野暮で、國祖は來るべき新世界の光景を讃美して『こんど天地の岩戸が開けたら草木も人民も山も海も光り輝いて誠にそこら中がキラ〳〵致して樂《たの》もしい世の、穏《おだや》かな世になるぞよ。是れが誠の神世であるぞよ。雨も欲しい時分に降り、風も欲しい時に吹いて、人民の身魂も清らかになりて、天下泰平、天地の身魂が勇む世になるぞよ。月も日もモツト光りが強くなりて、水晶のやうに物が透き通りて見ね出すから、惡の身魂の潜《かく》れる場所がなきやうになるぞよ』と言つて居られる程である。その光りの國に於て村々町々には立派な產土神社が出來て、そこが丁度公園のやうになつて、業務の餘暇には其處で神々と人々とが七福神の樂遊びだ。形容詞ではない、事實その通りの活世界がツイ直ぐお互ひの眼の前に迫つてきて居るのだ。

—(大正七年九月稿)—

大本は迷宮也

前々號の誌上に於て、大本は偉いなるスフヰンクスであると云ふて置いたが、大本は全く一大迷宮である。大本の敎へは至簡至易の大道で、學識黃金の有無、職業階級の如何に拘らず、因緣さへあれば誰れでも直ちに入信する事が出來るのであるが、信仰に入つて段々と進んで行くと、ボツ〳〵種々の惡魔に襲はれたり、何とも見當のつかぬ不可解の問題が、應接に遑なき迄に雪崩《なだれ》を打つて押寄せて來る。神諭の中に『引つかけ戻し』と云ふとが隨所に言ふてあるが、平々坦々たる長安に通ずる大道ばかりと思つたら大間違ひで、危うく信仰のグラつくやうな問題が、其れから其れへと簇《ならが》り起つて迂《う》ッかりしてると所謂『神德《おかげ》を落《をと》す』事が出來るので、その引ツかけ戻しの鞭撻によつて次第に練《ね》り上げられ、次第に玉成されて行く經綸《おしぐみ》である併し茲で誤解のない様に書き加へておかねばならぬのは、『そんなら大本といふ處は表面《うはべ》は綺麗《きれい》で内部に入つて見ると見苦しい處か』と云ふと其れは全く正反對である。世間の色々の教會だの何だの言ふものは外面から見ると、如何にも堂々たる立派なもので、扨《さて》内面に入つて見ると、案外にも色々の不眞面目な事實に遭遇して、心ある者は失望することになるのであるが、大本は外部から見ると、甚だ見すぼらしい、光彩の無い、普通の教會かなんぞの小規模なものに過ぎない様に出來て居て、教主の服裝言行を始め。何を見ても聞いても、寧ろ馬鹿々々しく感ずるやうに拵《こしら》へてあつて、段々研究するに隨つて襤褸《ぼろ》の中に球《たま》が包んであることを發見するに至るのであるが、此處が大本の大本たる所以の一つである。併し茲に『引つかけ戻し』の試驗問題に出會《でくわ》すと云ふのは其んな事ではない。充分に一と通りの研究も濟《す》まして、一と通りの信仰にも入つて然る後、それから段々と道を辿つて行く間に、そろ〳〵

さ皮肉極まる『引つかけ戻し』の難題に打ッ突《ぶつ》かつて睾丸《きんたま》を釣り上げる樣な目に逢《あ》はされるので大抵《たいてい》の人間が男泣きに泣く位ゐな目に逢はされる。申す迄もなく人は則ち八百萬の神であつて、其の入信修行の經路も色々樣々であるから、一概には言はれぬけれども、入信してから二三ヶ月、四五ヶ月も經《た》つた頃から追々さ其引つかけ戻しの公案を示されるので、その問題も種々雜多で、或ひは家庭の事情より或は敎理の疑問より、或ひは神憑《かんがゝ》りに關聯してより、或ひは周圍の人々との葛藤《いきさつ》より、或ひは病氣の人で入信前より却つて惡くなつたさ云ふ樣な結果より、或ひは色々の靈的現象より。今にも信仰が覆《くつが》へされはせぬかさ思ふ樣な際《きは》どい處まで投げ落されるこさが何度あるか知れない。先進者諸氏に聞いて見ても、此の血涙滴々たる境地を何べんか引づり廻された人が十中の九を數へるやうである。神諭《おふでさき》でも其の通りで、第一期は何さなく阿呆《あほ》臭くて讀む氣になれないし第二期に入ると、ズン〳〵さ解《わか》つて來て、飯を食ふ時間も惜くて繰り返し〳〵讀みたくなつて、泌々《しみ〴〵》さ神恩の洪大、國祖の御苦勞を痛感して感謝の涙に咽《むせ》ぶやうになるが、第三期に入ると神諭の眞意義の奥の〳〵深秘の神意が容易に判らないので、時には煩悶を惹き起すことになり、第四期に入ると人にも訊《たづ》ねる譯には行かず、又た話すことも出來ない。神諭中の秘義が一つ〳〵解決がついて、天にも昇る心持ちになると同時に、大本信者としての責任の、却々一と通りや二た通りの重大さでない事を心解靈覺するに至るもの丶やうである。此の第二期までに於て、多少引つかけ戻しの鐵鎚を見舞はれるともあるが多くの人が一寸彫《すんきざ》み五分彫《きざ》みの難行苦行を味はせられるのは、主として第三期に於てである。故に大本の道は至簡至易であると同時に、一面から見れば難入難透である。國祖が繰り返し〳〵『取違ひ』を戒めて居られるが、大本新舊數萬の信者中、果して眞に誤解《とりちがひ》の無い人が幾人ある乎。試みに此の難入難透の百千の公案中、一二の題目を掲示するならば『梅で開いて松で治める』の眞意義は何か、『大の字逆さま』の本當の秘義は何か、『三人世の元』の一人は誰れか、『東からお出ましになる』お方は如何なるお方か、大本と〇〇の關係は何う云ふ風になるか、〇〇〇命は何時何處に〇〇されるか……、餘り書き並べるとお眼玉を頂戴しさうだから此れ位ゐにして置くが、斯う云ふことは誰れに尋ねても駄目である。淺略の解釋は幾通りもあるから、其の一つを答へられるに過ぎないものと覺悟して居るが宜しい。雨の降る日はお天氣が惡く、犬《いぬ》が西へ向けば尾は東である。何べん尋ねて見ても駄目である。靈覺のある人が神靈に伺つて見ても斯う云ふ大切な神界の秘奥に屬する事は容易に本當の事を敎へられるものでは無い。神憑《かんが》りで何も彼も解ると思つたら大間違ひだとお筆先に明白に宣言してある。開祖敎主お二方以外の神憑りに對しては、如何なる場合に於ても絕對的の權威を認むることは出來ない。國祖の神諭に、神界の秘奥に屬する事もこれからは何某に筆で書かせるぞよとか口で言はせるぞよとか云ふ事が現はれざる限り、如何なる人の神憑りにも、絕對の權威を認めると云ふことは出來ない。尤もタイテイな事は神憑りで解る人は澤山にあつても、愈々の神界の秘奥に就てだけは右に言ふ通りであると私は信じて居る。さうするとお筆先を發表されても愈々の本當の事は容易に解らぬと云ふわけかと怪まれる人があるかも知れぬが怪まれても何うしても愈々の本當の事は容易に解りませぬ。多くの人々は解る程度に解つて居れば其れで可《よ》いのである、どうしても愈々の事が知りたければ、それも或る程度迄は覺知し得られる方法が無いこともあるまい。まあ餘《あん》まりベラ〳〵饒舌《しやべ》るとドンナ罪を犯すかも知れないから、此の問題は此邊で御免を蒙らして貰ひませう。蓮花荷葉報レ君知、出水何ニ如未出時一、江北江南問ニ王老一、一狐疑了一狐疑。蒼天々々《かなしいかな》

甲氏は曰く、『大本に於ては誰れも彼れも修業中で、修行の出來上つた人はないから、誰れの言はれることでも假りに百中の九十九信じられる人があつても、百が百皆な信ずるのは危險である。早い話が所謂幹部の人々でも意見が悉く同一ではないが、其んならと云つて或人の言はれるのを信じて、他の人を說を悉く否認するわけにも行かず全く迷はざるを得ない。そこで何事に就ても敎主の言はれた事を其儘信じ切

つて居るより外に方法はない』乙氏曰く『教主は人間としては決して嘘《うそ》を言はれるやうな人ではないが經綸《おしぐみ》の都合上教主に憑《か》ゝつて居られる神が、必要に應じて所謂、應病施藥の方便で機に對して法を說かれるのであるから、或る一人が教主より聞いた事だけが事實で、其れに矛盾することは皆な間違ひであるとは言はれない。これは教理上、又は靈學上の問題ばかりでなく、如何なる問題に對しても然りで、之を世俗的に惡く解《と》れば教主に憑《か》ゝつて御座る神は人を統御するに巧妙無比でツマリ對者《あひて》の氣に向くやうに謂はれるのだから、教主から自分が直接聞いたからと云つて其れのみを固執して變通の道を知らずに居ると、多くの場合其れが慢神《まんしん》の種となつたり、取違ひの材料となることがあるから、氣をつけねば不可《いけ》ない』…………こんな事はチヨイ〱耳にしたことがあるが、私を以て之を視れば、甲氏の言はれることも、乙氏の言はれることも、共に同感であると言ひたい。甲氏の說と乙氏の所見とは正反對の如くであるが、實は一貫不動の基點より出發してることを悟らねばならぬ。併し其の理由は到底言葉を以て説明し得られるものではない。或る程度までは説明し得られるかも知れぬが、讀者をして諒解せしめる量よりも、誤解せしむる量が多からうと思ふから説明は試みぬが、斯う云ふ樣なところが大本の大本たり、迷宮の迷宮たる點で、神諭にある通り敎主が大化物《おほばけもの》である點で、又た所謂錦の機《はた》を織りつゝ其の模樣が分らぬやうにしてある點で、又た爲めに百千の引つかけ戾しの公案が此處らあたりから簇出する點である。いや何と謂つても大本位ゐ解らぬ處はない。此の大なる謎《なぞ》を解くの鍵はお筆先があるばかりであるが、そのお筆先が又た解らぬのだから何《ど》うにも斯うにも手が着けられない。茲に於て平神徳《おかげ》を落すものは落し、淘汰されるものは淘汰されて、身魂の洗練を經させられる譯である。

丙氏は曰く『今度の經綸《おしぐみ》の中堅となるべきいろは四十八の身魂は殆んど引寄せてあつて、モ少しすると皆な揃ふ事になつて居ると云ふ樣な意味を敎主が洩らされた。』丁氏曰く『いろは四十八の身魂は未《ま》だ殆んど集まつて居らぬ、これから愈々の太柱《ふとはしら》が引寄せられる順序となるのだと云ふ樣な意味を教主が洩らせられた。』さあ此處にも又一つの大きな謎《なぞ》がある。上山《じやうさん》の路は是れ下山《げさん》の路だ。さあどう思はれる、何う返辭を致されるか、答へ得るも三十棒、答へ得ざるも三十棒だ。………元來今回の國祖の經綸《おしぐみ》はいろは四十八の身魂が中堅になつて働くことになつてるけれど、其のいの下にもろの下にも又たいろは四十八があり、又た其の下にも順々に四十八があるので、慾張《よくは》つて第一最高點のいろは四十八に割込まねば働けないわけでも何でもない。何でも可《い》いから此際天分相應の御用をさして頂けば其れに越した有難い事はないわけである。中には當分道具に使はれて愈々の時には所謂『出直し』なるものを命ぜられるのもあると謂ふけれど、それでも可《い》い、何れにしても何千年來罪を重ねて來たお互ひだ。せめてもの罪滅《つみはろ》ぼしに幾らでも御用をさして頂く事が出來るならば結構なことではないか。それが更らに幸ひにして此儘現界で働かして貰つて來るべき新世界の經營にも參與することを許されるとなれば、立替後の新世界では夕トヒ村役場の小使を命ぜられても天賦の職能を發揮する上に於て不足のある可き筈はない。みたまの因縁は固より何よりも大切な事であるけれども、開祖教主は別として他の太柱《ふとばしら》は候補者が幾らも用意してあるそうだから本當の改心が出來なければドシ〱更迭せしめられるばかりである。神諭にも何も彼を心一つで結構な神をつけて結構な御用をさすぞよとさへ垂示して居られる程だ。みたまの因縁などに拘泥せず誰れも彼れも改心と努力とが何よりの事だらうと思ふ。

大本の內外も未《ま》だ和光同塵の時代を脱して居ないから人々の言行を見て直ちに是非の判斷を下すことは不可能である。善惡の鏡が出してあるとも言ふてあるけれど、皆な化《ば》かして使つてあるさうだから、某と云ふ人の言行に普通の批評眼から見て色々の缺點があるからと云ふても。それは當分の和光同塵の經綸《おしぐみ》で化《ば》かしてあるとすれば何とも批評し得られるものでない。つまり他人《ひと》の言行《こと》は彼れ此れ言はずに各自《めいめい》に身魂を磨いて行けば宜しいわけである。こんな事を發表しては叱られるかも知れぬが、私は曾て肝川の龍神の事に就て親しく敎主に伺つた事があるが、今度の立替に大活動をせられる龍神は靈體ばかりでなく現體のあるのが多いさうである。そこで私は、それでは肝川と云ふ處は非常な深淵大澤がありますかと訊《き》いてみると『現體があつても龍神さんは大小伸縮自由自在で、茶碗一杯の水の中にも鎭《しづ》まられる事が出來るが一天に横はることも出來る、今大本で働いてる人々も各自にドレ丈の因緣、使命、實力のあるかを自覺させてないから皆なコツ〳〵とやつてるが、時來れば一天に横はる程の大活動をする者も隨分居る。併し今から龍の爪《つめ》を出させては何うもならぬから皆なミヽズのやうにして働らかしてあるのだ』と訓へられた。こう云ふ風だから他人《ひと》のことは益々何とも言ふことは出來なくなる。神を敬する如く人を敬し、人を敬する如く己れを敬せよと言はれるのも、普通の道德を說かれる位ゐに解《こ》つて居ては結《つま》らないから、私の樣な頭腦《あたま》の惡い人は能く〳〵注意して如何なる一言一句も吟味して噛みしめて貫はねばなりませぬ。兎に角餘り遠からざる或る時期が來ると、大本の和光同塵の黑幕が切つて落される。さうすると水滸《すあこ》傳《でん》の洪大尉が石板を扛《あ》げ起したやうに、その石板の下の穴から英雄豪傑雲の如くに湧き出づることで有らう。一茶か誰れかの句に『寒念佛さては貴殿でありしよな』と云ふのがあるが、今より數年の後、相見て大笑するやうな人も隨分無いこともあるまい。こう見渡したところで現に其處らあたりにもチヨイ〳〵英雄豪傑の卵子《たまご》が轉《ころ》がつてありそうだ。

大本と淡食主義

　大本關係者の生活上の主義は粗衣粗食主義である。明治天皇の戊申詔書にもあり、敎育勅語にも恭儉己れを持し博愛衆に及ぼしとあり。日本國民として質實なる生活を爲すべきは勅命であつて、質實ならざる今日の成金者流の生活は旣に其の生活其ものが勅命に背反することは明白なる次第であるにも拘らず、一般國民が畏多くも勅命を輕んずる實狀は慨嘆の至りであるが、國祖の神諭にも何回となく此事が繰返して戒めてある。大本信者なると否とを問はず苟くも日本國民たる以上は、質實ならざる生活をすれば既に明らかなる違勅の罪を犯すものであることは申す迄もない。換言すれば、質實ならざる生活をして居るものは『私は神皇の勅命を奉ぜざる不忠漢國賊である』と云ふことを表白してるものである。別して大本信者たる者は身を以て範を示して十人が十人、百人が百人皆な之を實行しなければならぬ。粗衣粗食の粗と云ふ文字が穩《をだや》かでないかも知れぬが、要するに質實なる生活を指して言ふのである。これは小問題の如く見へて實は大なる意義ある問題で、大本の信仰に入るには此の質實生活の實行より入らなければウソである。獸類に比《くら》べると人間は人間らしい處が無ければならぬと同様に、日本人は外國人に比べて日本人らしく、大本信者は普通の人に比べて大本信者らしくあらねばならぬ。味噌の味噌臭きは上味噌に非ずと云ふ律言は此處には適用は斷じて出來ない。若しも此の質實生活の實行が出來ないならばみたまの因緣が何うでも何にもならぬ。此の實行しさへすれば誰れにでも必ず實行し得られる事で、神諭勅命であることが實行出來ないやうで、何が出來る乎。

いかなる人でも大本へ來て數日間を經過すると、大抵《たいてい》皆な此の神諭勅命に基く質實生活の歸依者となつて居る。悉くでないが大抵皆な左《さ》うである。大本では半々の麥飯で、朝も晩も漬物と味噌の糟《かす》のやうな不思議なものと、それだけである。晝《ひる》だけ淡《うす》い味噌汁か或ひは野菜物を煮た一皿かを頂く事が出來るので、朝晩の漬物と云つても決して氣の利いた漬物ではない。一年中それだ。尤も一年間に數回は祭典日か何かに多少の御馳走はあるが、其の時の蒲鉾《かまぼこ》の一片も大旱の雲霓を望むが如しだ。それで以て皆な元氣よく活動して居る。禪學道場の雲水の食物よりも一段と振《ふる》つて居るが、曾つて一人の不平を言ふ者もなく、不足を訴へる者もなく、舌鼓を打つて感謝して頂戴して居る。私のやうな我儘者でもチキに慣れて了つた。帝國ホテルのフオークも使ひ、精養軒の宴會にも出た舌にも美味《うま》く有難く頂戴出來る。此頃でも數日或は數週間旅行なぞして相應の御馳走を喰はせられて歸つて來ても、やはり其日から美味《うま》く頂戴が出來るのは奇蹟の一つに數へたい位ゐである。

大本の外部で生活してる信者も次第に淡食に變つて行く。これは强いて努めなくても時期が來ると自然的にさうなるのだから妙だ。假りに神諭勅命を離れて言ふても、實際問題として、神靈に接近すれば自然と淡食になつてくるし、淡食になれなければ神靈に接近することが出來ないのである。だから淡食を攝《こ》ることは人類の……少くとも天孫民族の惟神《かんながら》の大道である。話は少し違ふが、世の立替後は日本人は一人として獸肉類は喰はない（今日でも大本信者は獸肉は喰はないけれど）と云ふことを何處かで話したら『其れは變だ世の立替後と雖も蒙古あたりでは穀類も野菜も魚肉も喰ふことは出來ないから矢張り獸肉は喰はねばなるまい』と質問した人があつた。尤もな質問である。併し獸肉以外に喰ふもの丶無い處に生活する人類は其の程度のみたまの人々が其處で生活するやうになるだけのもので、日本國内では今日と雖も如何なる山間僻地に於ても獸肉を喰はなくても生活し得るやうに神様から食物が賦與されてあるのである。それだけ高等な人類が居るべき筈に出來て居るのである。

人間の拵《こしら》へた法律だの道徳だの云ふものは時代と共に變遷する。或る時代には一疋の羊を盗んだ者を死刑に處して怪しまなかつたが現代は殺人犯者を死刑に處するをだに躊躇する世の中である。けれども神界の天則は萬古不易である。善惡の標準は一に體主靈從か靈主體從かに由て別れる。實に平明直裁、堂々たるものである。これ天地惟神《かんながら》の大道である。體主靈從の生活、質實ならざる生活が違勅の罪を犯すものであり、天則違犯であること申す迄もない。

—(大正七年十月稿)—

先づハラワタを日本人に還元せよ

皇道大本は從來の世間に行はれたるが如き編輯教を說くものではない天地神隨《かんながら》の大道を宣布し、且つ之を實行する處の中府である。無限の時間と無限の空間との此の大宇宙間に於て、明治二十五年より三十ヶ年間に世界の立替を斷行し、更らに其れから約十年間に世界の立直し（新世界經營）を完成する目的の下に、地上日本國丹波國綾部を神と人との策源地として如實に努力活動しつゝある處の摩哥不可思議の團體である。ところが大本の說く處の宇宙觀、人生觀、世界立替說、言靈の妙法、鎭魂歸神の神術、世界統一論なぞを研究する人々の、得て陷り易き通有的病弊がある。それは何であるかと云ふと、一と口に謂へば、各人相應の先入主の思想に囚はれて、色眼鏡を以て之を解釋し去らんとするの點である。斯う云ふと、色眼鏡を以て研究し解決するのがナゼ惡いか、何う云《ず》ふ方法を以てしても、機根相應の方法に依て大本を研究するのは當然のことであつてどう言ふ方法に依てゞも其れで研究が出來、解決が出來さへすれば其れで可《よ》いではないか、……と不快な顏をせられる人がある樣であるが、色眼鏡を以て研究せられると云ふことの其れを直ちに惡いとは申しませぬ。それも少くとも大本の門に入る階梯の一種であるには相違ない。併し私の謂ふのは、ソレでは到底大本の本統のことが解らぬと謂ふのである。自分では解つたやうでもソレは本統に解つたのでないと言ふのである。琵琶湖の水を一碗だけ汲んで來て机の上に置いて眺めて、この水の澤山にあるのが琵琶湖だと想像しても琵琶湖の本統の風景に接する事が出來ないのと同じであると謂ふのである。自分の從來研究して來た或るものにアテハメて、早呑み込みをするのが甚だ危險であると謂ふのである。眞の皇道は則ち天地惟神の大道であつて非常に大きなものであるから、どんな思想を持つて來ても、大本の所說の一部分の何處にかアテハメて考へれば考へ得られる點が必ずあるから、直ぐに『ア、此れは此處に當る、大本で謂ふ處の何々は自分の方で謂ふ處の何々に當る』と早呑み込みをして滿足して了ふ人があるから、其れが氣の毒で見て居られないから一言して置きたいと思ふのであります。大本に出かけて來る人が何う云ふ先入主の思想を抱いて居るかと云ふと、其れは色々であるが、稍や文献の徵すべきものある古今東西三千年間に於て、地上の人類が何う云ふところを歩いて來たか、その足跡を一瞥してみればたいてい見當はつく筈で、多くの人々は何れも古人の放發した屁や糞を滿喫して居るか、然らずんば現代の科學者や哲學者の欠伸《あくび》を移されて居るものに過ぎないのである。

先づ遠い處から覗《のぞ》いてみると、**ターレス**は水を以て萬有の本源として說明を企てた。それから**アナクシマンダー**は靈子とでも名づけるやうな思議すべからざるものがあつて其れから寒熱を生じ、寒熱の作用によつて萬物を產み出したと考へてゐる。ピタゴラスを數を以て宇宙の根源だと說き、又た佛敎に似た靈魂輪廻なぞを披露してるなぞは一寸喰へない男であつたやうである。**ゼノフアネス**一派は神を以て本體だとしたが、先づ儒教の天と云ふ位ゐなもので其の意義甚しく明瞭を缺いて居る。**パルメニデス**は**デカルト**哲學の宗を爲したもので、又た有と空とを說き、無性を說き、感覺に觸るゝものは一切夢の如しだと、大いに野狐禪ぶりを發揮してるが、此の思想は佛教の中の一部分、生は寄也。死は歸也と云ふあたりを彷徨してるに過ぎない。多元論者としては**エムペドクレス**の四大說なぞが古い處で有らう。地水火風が則ち其れで、此れが求心力と遠心力と云ふやうなものに依て作用を起すのだと謂ふて居る。多元論者でも思ひ切つて小間物屋の樣に雜多無數の元素を唱導してる**アナクサゴラス**の樣なものも居るから、當時に於ては尙ほ後世に傳はらない色々の多元說が行はれたもので有らうと思はれる。藪《やぶ》の方の元祖だと威張つてる**ヒポクラテス**も地水火風の四元に立脚してるけれど、特筆するに足る程のこともない。たゞ其れを醫者としての立て前に應用して人體を論じてる處なぞが、支那の傷寒論なぞと共鳴してる點に於て硏究者に多少の興味を覺へさせるだけのものである。それから**ソ**

クラテスは直指人心の境地に逍遙せんとした努力は認めさせるけれど、廓然無聖の碧眼翁の履《くつ》を把《と》らんことさへ甚だ覺束なく、どうも氣の毒だけれど徹底を缺いで居る。今日の鎌倉邊の割引印可の口頭禪よりも更らに低級だ。尤も彼れが宇宙觀を道德的に建てんとした點と、生涯ヒステリツクな六つかしい女房に虐待された點だけは憐れと云ふも仲々愚かなりで、私も窃かに同情して居る。プラトーになると現象界と實體界を說くあたり益々抹香臭《まつこうくさ》くなつて來てるが世界創造前のイデアなるもの丶性質さへも不明であつては芝居にならぬ。茲に於てかアリストテレスの如きが躍起になつてイデア說には反對したが、結局は反對したと云ふだけのことで鳧《けり》をつけてるのなぞは呆氣《あつけ》ないこと夥しい。因果說に似て非なる素相說なぞを擔ぎ出しても一時大向ふの喝采を博する迄の事だから賣れない。それからパラゼルズスと云ふ少し氣の利いた男が出て宇宙を大宇宙と爲し、人を小宇宙と見立てた手際《てぎは》なぞは可なり素人離れのした鮮《あざ》やかなものであつたが、萬有活力の根原たるアルケウスなるものは今日の科學の**エネルギー**と**エーテル**とを合せて二で割つたやうなもので、取扱上甚だ便利に出來てるけれど、其の**アルケウス**なるもの丶製造元から賣捌店、小賣店なその關係手續なぞが殆ど五里霧中だ、一つの饅頭を摘《つま》んで、これは始めから饅頭でもなく、又た饅頭の子が親《おや》になつたのでもない。饅頭にでも菓子にでもなる處の種から出來たものだと云ふ迄は考へてるが、砂糖と**メリケン**粉の區別も其の產地も明かでない。それから**ベーコン**や**ロツク**の樣な經驗學派なるもの丶主張、**デカルト**だの**ライプニツツ**だのと云ふ理性派の唱へるところは割合に一般人士に知られて居るから看板の紹介も省畧するとして、十八世紀に入つて**ヴオルテール**から**ハートレー**あたりも面倒臭いから直ちに**カント**を捉へて見やうか。

兎に角歐洲の哲學界では**カント**を以て一時期を劃して居る。彼れの所謂批判哲學なるものは人間の性は自ら三方面の突角《とつかく》を有するものとして認識（眞）道德（善）審美（美）を數へ、純粹理性の批判、實踐理性の批判、斷定力の比判に研究の**メス**を刺《さ》し込んで居る。委しく茲に並べ立てる必要はないが、要するに十七世紀の經驗學派及び唯理學派の所說を綜合分析して多少の新機軸を出したもので、世の哲學者流は大いに彼れの勞を感謝してるが、併し吾々からみれば歐洲に發生せる哲理的思想は彼れに至りて甚しく墮落したものと認めざるを得ないのである。それは恰かも佛敎なぞが後世に至つて表面發達したやうで、其の實手足を加へる每に次第々々に劣機相應に墮落したのと其の轍を同じうせるものである。彼れが感覺論と合理論とを調和せんとした心がけ其者は殊勝であるが、旣に踏み出しの第一步を過つて居るから進めば進むほど眞理に遠ざかつて來た。それは支那の思想が孔子以後次第々々に百千の迷岐に徘徊せざるを得ざる迄に立至つた如く、彼れは歐洲の思想界に於て迷路の第一關を開いたものと謂へば謂へないことはない。則ち路次第に多くして迷も亦次第に多くなり、カントの所說が唯心的方面と實在的方面に融通の可能性を失へる缺陷に乘じて、勢ひ遂に理想派と實在派とを生じ、更らに三となり、四となり、五となり紛々擾々として底止する處を知らざる有樣となつた。爾來ショペンハウエル、ハルトマン、ヘルバルト、シュライエルマツヘル、コムト、ミル、スペンサー、ヘーゲル、フイヒテ等雲の如く起り、茲に歐洲の思想界は恰かも動物園の如き盛觀を呈するに至つたのである。そして今日では茅原茉をして燒直しの浮名を流さしめたるベルグメンや、靈肉超越の憧憬者オイケン位ゐが結局『解《わか》らぬから解らぬ』と言ふ迄の處に到達して、頻りに新らしがり、屋をして黄《き》ろい聲を出させて嬉しがらせてるに過ぎないのである。

支那の思想史は何と云つても伏羲氏に始まるとしなければならぬ。その伏羲氏と云ふのは日本の或る神の化現を指せるものなりや否やは、色々興味ある研究を伴ひ來るのだが、是れは先づ別問題として兎に角その時から易說の起源を開いて居る。それから黄帝時代に文字が出來たと云つてるが、今日の漢字も愈々の發生は日本が本家である。兎に角黄帝の時代に內經と陰符經とが出來たと傳へられて居るけれど、素問や陰符經のやうな複雜な下根劣機向きの文章が其頃に出來たとは信じられない。後世の僞作たるは勿論である。稍や普通の常識でも承認の出來る著述は老子以來で、支那の思想界は大體に於て道家流と儒家流に大別されるで有らう。老子の思想の根底は開卷第一の道可道、非常道、名可名、非常名にあるので、論結としてみる可きは、慈と儉と不敢爲天下先の三にある。老子の道を汲んで聊か見るべきものは關尹子で、列子、莊子なぞもマア〳〵參考にはなるだらう。孔子の宇宙觀、人生觀は衆人皆な知る處の如くで、子思、孟子、荀子あたりは孔子を小ざくした丈けのもの、それから秦の始皇が天下の書を燒いたのは支那に於ける一種の和光同塵策が天命によつて行はれたもので、始皇も李斯も不知不識の間に無茶苦茶にやツつけたものであらうが、兎に角其後一千餘年間はロクなものは出て居らぬ。董仲舒の中庸に毛の生へたやうな思想、韓退之の性情不同說、王安石の性情同一論位ゐでお茶を濁してるに過ぎない。それから下つて宋の性理學と明の陸王學なぞになると、盛んに喧嘩の花を咲かしてるけれど、要するに今日の日本の衆議院を見物する位ゐな氣にしかなれない。周惇頤の太極無極論、張載の氣質變化說、程顥の氣の一元論、程頤の理氣二元論、朱熹の太極則理說及び萬有一切各別に大小相應の太極を有すとするの論、陸象山の一心一理、王陽明の心即理。知行合一、良知なぞは亦た能く人の知る處の如しだ。要するに哲學としては西洋のものに比して餘程靈妙性の含有量に富み、道樂として研究しても西洋のものよりも支那のものが數等上乘である。

佛敎は結局因果の法則を出發點とするものであつて、そして此れを解剖するには緣起論と寶相論とからするのが矢張り十人向きがして便利のやうであるが、これも日本人には比較的多くの理解者を有して居て態々此處に引ッ張り出してみる程のこともあるまい。耶蘇敎は敎理としてよりも、寧ろ其の發生の歷史及び此れに關聯せる種々の隱れたる傳說にナカ〳〵多くの硏究材料があつて、〇〇〇〇〇〇〇〇〇〇〇〇〇〇〇〇〇〇〇〇も得られない事もないが、如斯は今日問題とすべき時機で無い。

兎に角現代行はれて居る耶蘇教の表面の教說は、日本國體上より見て有害無益と斷定するに憚らない程のものである。

無暗にツマラヌ事を陳列して折角謂はねばならぬことを忘れて居たが、大本の研究に着手當初の人々は、どうしても自分の先入主の思想に囚はれて大本を視んとするの傾きが有り勝である。基督教をやつて居た人は基督敎的に大本を解釋し、禪をやつて居た人は大本に對しても禪的に野狐の程度に悟り濟まし、陽明を嚙つた人は陽明流の大本を自分の頭腦裏に建設し、易に趣味のある人は大本の所說は殆んど易說だと早吞み込みをし、密敎で苦勞したものは大本は密敎の復活だときメて了ひ、西洋流の所謂新思想を研べた萬年筆派はお筆先の中へベルグリンやオイケンをべた〳〵と記入し、科學屋は一靈、四魂、三元、八力を飽くまで科學的に割當てなければ腹の虫が納らず、スエデンボルグやメーテルリングを擔《かつ》ぎ廻る連中は、出口教主が洋服を着て居られる夢を見たり、日蓮主義の人々は世界統一論の本家を何うしても身延山あたりへ持つて行かねば家内に對しても申譯が無いやうに思ひ、天理敎や金光敎から出て來た人々、又は色々の俗神道から進化した人達は、マダろく〳〵大本の神諭も研べない間《うら》から『私にはチャンと解つて居ります、抑そも天地の父母樣の御恩は……と』大本の門の入口で布敎を始めかけたりする樣である。又た大靈道だの催眠術だの、其他此頃流行の色々の所謂靈術なるものを修めた連中は、大本の鎭魂法も其の原理は同一だと早合點をし、言靈學は駄洒落の科學化せるものに過ぎないと一瀉千里に解決して了ふ人があるやうである。悉くとは謂はないが、左う云ふ人が多い樣である。併し此れは一應は誰れしも免がれ難い處で、從來に於て誰でも研究した方面に自信力が强ければ强いだけ、一時は何うしても左う云ふ風に或る色彩を施せる大本を見んとするのは誠に已《や》むを得ない傾向で、實は耻かしい話だが、私なぞは大いに其の癖があつたので、自分の思想上の悲慘なる經驗に顧みて、特に最近の研究者諸君に御參考までに申上げる次第であります。この大本を色彩化して解釋すると云ふことは、一時は免がれ難いとしても、どうしても、そこを大なる勇氣を奮ひ起して其の皮を一と皮脱却してよくお筆先を心讀して、全く生れ赤兒の心になつて、天眞獨朗の境地に立つて大本の眞骨髓を徹見しなければ、何《ご》うしても本統のことは解りませぬ。大本の眞理を摑《つか》まんとするには先づ掌《て》を開かなければならぬ。色んなものを始めから手に握つて居ては摑《つか》むことが出來ませぬ。一旦は思ひ切つて今日まで苦心して握つてるものを一切放棄して、虛手空拳とならなければ、大本の眞諦を摑むことは絕對に不可能である。そして大本の本統の事が胴身《ごうみ》に泌《し》み渡つてから後なら、又た佛敎でも、耶蘇敎でも、東洋哲理でも、西洋科學でも、何でも自在に道具に使ひこなすことが出來るやうになります。些細な事のやうで實は其の先後の順序が極めて大切であります。

私の一個人としての所見で謂ふならば、易と老子と密敎と禪とは大本眼を以て見る土臺の立脚地を失ひさへしなければ幾らか參考にはなります。西洋思想は殆んど取るに足るものがありませぬ。併し實際を謂ふとお筆先だけ克《よ》く讀んで、しつかりと腹に入れさへすれば何者も要《い》りませぬ。餘力があれば皇典古事記の研究に着手されるのが一番でせう。たゞ場合によつて、對機說法の手加減の必要ある際に、第三者の謬見を說破する道具なぞの爲めにドンナものを研究して見ても宜しいが、先決問題は從來の一切の思想を脫出し來つて大死一番を要し。先づハラワタを日本人に還元する事である。而してハラワタを眞の日本人に還元する唯一の道は、生れ赤兒の心になつて、大本神諭《おふでさき》を心讀味變體得するの外はありませぬ。

—(大正七年十一月稿)—

世界の意思は今や世界の一統を期待す

秦陸軍中佐は參謀本部から歐洲戰場へ戰況視察の爲に派遣せられ先般歸朝間もなく不圖綾部の大本の事を耳にせられ參綾して聞いて見ると、滯歐四年間に得たる最後の結論と、大本の所說と、ピッタリ合致するばかりか、どうしても大本神の神威發揮によるに非されば、徹底的解決を見る可らざる事を直覺し、直ちに入信せられたので、近來押寄せて來られる知識階級の人士の中で、最も素直に快速に確乎たる信仰に入られた一人であるが、同氏の談話の一節に『今や歐洲各國の人々は實は戰爭の慘禍をシミ〳〵痛感して、此の地上から戰爭を根絕せしむべく、偉大なる統一者の出現せんことを衷心から渴望して居る。其の統一者の何者たるかは解らぬが、兎に角或る超越的威力が現はれて世界を統治して吳れゝば良いと熱望して居る』と語られた。最近數年來特に此の一二年來の世界の風潮は、どの點から觀察を進めて見ても、全く同氏の語らるゝが如くで、近來の社會現象やら出版界の空氣やらを觀測しつゝあつた思慮ある人々は、誰れでも同氏と大差なき意見の到着點を見出したる事であらう。神諭にもある通り時節の力は恐ろしいもので、今や世界の一統されん事を期待するは明白なる『世界の意思』である。けれども其れが何う言ふ方法によつて、如何なる手續によつて何時實現されるのかそれは皆目《かいもく》解らないが、何とは無しに、何とかして世界が一統されて欲しいものだと考へて居る。神諭に『この世の來ることを明治二十五年から今につゞいて知らして居るのに、チットも聞き入れが無いが、國同士の人の殺し合といふやうな此んなつまらぬ事はないぞよ』とあることが、時節の切迫と共に、外國の守護神共にも少しは氣がかりになつて來たのである。併し其處を惡神の頭《かしら》(去る十一月三日カイゼルを離れてウ井ルソンに憑る)が此の先きをモウ一と奮發して、飽く迄も此の世を體主靈從《あく》の經綸《やりかた》で押し貫いて、體主靈從を以て世界の一統を期せんとして居るのであるから、事が面倒である。床の間へ便所を持て行つて、主人を炊事場に立たせて一家の平和を期せんとするのだから、厄介であります。高きを高しとせず卑《ひく》きを卑しとせず、丸いものを角いものとし、黑いものを白いものとし、立ちて眠り、臥して働らかんとするが如く、飽く迄も天地神隨《かんながら》の大道＝至正至大の天理人道に逆らつて世界永遠の平和を期せんとするのであるから、萬事萬端が倒行逆施で、體主靈從より出發せる世界的經綸は、所謂木に縁《よ》つて魚を求めんとするものであります。水面の月を捉へんとする猿であります。

歐洲大戰の後に必然起つて來る處の社會的又は國家的なる煩悶は如何なる形式に展開されて行くだらうとの考へは、昨年あたりから各國の思想家と申す連中の仲間で可なり研究されて居るやうである。つまり此大戰を機會に、今度は人類に『保證された平和と幸福』とを如何にして得んかとする考へで、英國の文明批評家ハリソンの如きも英國の將來に就ても隨分皮肉な處まで脈を測つて居る。其他に似寄りの觀測を抱いてる者が隨分並んで居るが、歸するところ何れを見ても山家育ちで、別に水際立つた具體的見解を有する者も見當らぬやうであります。强いて取立てゝ謂へば矢張り昨年の一月に米國大統領ウヰルソンが議會で發表した國際聯盟問題位ゐなもので有らう。これに就て各國の政治家の意見はと言ふと、何れも顔を見合せて『主義に於ては賛成ですが……』と言つて腮《あご》を突き出して居る。その『賛成ですが』のがが問題で、何者の權力を以て其の實行を保證し得る乎と云ふ點にて一致するのであります。人類として如何なる名案を絞り出しても、結局は其の『が』に歸して了ふのである。米國のバセット博士の如きが、國家の組織を大會社の組織に見立てゝトラストやカーテルの形式で之れが實行の具體的方策を案出せんとする工風は、一寸大向ふの喝采を博する議論であるが、要するに青年會館向きの意見に過ぎない。私立大學の雄辯會を賑はすに適する程度のものであります。其處になると英の外相バルフォーアが、『軍國主義が廢せられざる限り、總ての條約は反古である。國際條約を作るのは困難でない。併し之を實行せしむることが困難である』と言つたのは割合に色氣の無い本音を吐いたものである。要するに其の各國の軍國主義を撤廢せしむることは、クサナギの神劍の出顯の秋を待つことに結論されて來るの外は有りませぬ。

更らに方面を變へて一般宗教界の傾向、神秘的哲學者の思想、及び種々雜多なる世界各國の豫言じみた事をやる連中の絶叫する處は此の數年來申し合せたやうに世の行詰りを說き、色々の筋書に於ける非常展開を期待して居ります。神界に於ける國祖の經綸を薄々ながら伺ひ知つて居る幾百千萬億の守護神の中で、少し謀反氣《むほんぎ》のあるのや、芝居氣のあるのが其れ〳〵力量相應のことを考へたり言ふたりするので蓋し當然の勢ひではあるが、亦盛んなるかなで有ります。何れも國祖が明治二十五年に大本教祖の手を以て現幽兩界に宣言せられたことの一部分を或ひは脚色し、或ひは換骨脫體して店を張つてるに過ぎないのであります。更らに又た日本內地だけの近來の出版界の光景を見ても相場は踏めます。政治、經濟、宗教、思潮、社會問題……有らゆる方面から局面の打開を觀測し若くは希望せざるは無い有樣で、明治二十五年以來の國祖の神書の一部分から變形して解說したやうな論調は今や有らゆる階級の有らゆる方面に行はれて居ります。

要するに『世界の意思』は今や世界の一統を期待するに在る。國祖の御經綸は、到底吾々どもから彼れ此れ申上げることの出來ない遠大と周密とを含んで居ります。たゞく讃嘆の外は有りませぬ。『大風起つて雲飛揚す』とか何とか言つて見ても、這般の消息を形容するには辭句が餘りに貧弱であります。

—（大正七年十一月稿）—

改心の意義（三たび）

改心の意義に就ては本誌の九月一日號及び、九月十五日號の私見を述べて置きましたが、どうも何だか氣の濟まぬやうな處が有りますので、更らに蛇足を加へて置きたいと思ひます。併し改心の出來て居らぬ男が、改心の話をするので、到底下戸が酒の批評をする滑稽を免れませぬが、寧ろ始めから書かねば可かつたとも思ひますけれども、今更ら取返しがつきませぬから、恥の搔き序でに蠻勇を揮ふ事と致します。（これでも物好きにお讀みになる方は九月一日號同十五日號と續けてお讀みにな

らねば、意味が徹底しませぬ）

改心とは悪の心を善の心に改める事といふのが世間一般の宗教道德の說く處である。併し如何なるが是れ惡、如何なるが是れ善といふことが、根本的に徹底して解決されなければ、結局何等の權威のない無意味なる說明となつて了ふ。其處で基督敎なぞでも色々と面倒なことを八百屋兼荒物屋の加く陳列して解說の至らざることを恐れ。佛敎なぞでも衆善奉行諸惡莫作だけでは雨の降る日はお天氣が惡いと云ふに過ぎないので、幾十幾百の戒律を製造して、揚げ足を取られないやうに神經衰弱になるほご骨を折つて居る。儒敎なぞで仁義を說き忠孝を訓へても其の根本基準が不確定である。其他何れの系統の敎說に顧みても、要するに人智の編輯敎たる悲しさ人智を以て動搖し續けである。其等の總てのものは恰かも精巧なる機械で出來た人形のやうなもので。如何に精巧を極むると雖も、活きた人間の働きが出來ないのであります。皇道は天地惟神《かんながら》の大道であるから、他の諸敎に較べれば人形に對する活きた人間である。どこに苦心細工の痕跡も見出されないが、時間空間の桎梏を超越して一貫不動、玲瓏無碍である。善悪の差別は體主靈從と靈主體從とによつて天然自然に惟神に說明されてある。靈は惟神に和荒幸奇の四魂を含み、又た惟神に省耻悔畏覺の五情を藏し、以て變化あり統制あり形而上一切の問題を惟神に解決して更らに一塵を加減するの煩ひが無い。故に只唯素直なる生れ赤兒の心になれば、直靈の活動を活潑ならしめ隨つて四魂を正しく發揮するに至り、隨つて五情の曇りを一撤し去つて我が心は則ち大宇宙の心に通じ、大宇宙の心は即ち吾が心に感ずるに至る。これが即ち改心であります。神諭を拜するも茲に至るの道。鎭魂を修するも茲に至るの道。

別の方面から少し具體的に說明を企てるならば、大本の言ふ改心なるものは一つの重大なる特筆すべき事があります。其れは何であるかと言ふと、誠の神の本統の經綸《おしぐみ》を知ることである。先づ天地の親様なる誠の神を知り、その神の系統と經綸の内容知ることである。それで無ければ如何なるが忠か、如何なるが孝かも解らなくなつて來る。然らばと云つて其の誠の神の經綸を茲で序でに一言に盡して見よと言はれても、其れは絶對に不可能事でもあり、且つ神が其れを許されませぬ。それは誠心誠意研究修行を積んで天分相應に自得するの外は無い。近來の入信者、研究修行者は特に此の一點を呉々も心肝に銘じて置かれねばなりませぬ。只此れだけ言つたのでは甚だ奥歯に物のはさまつた樣で、何だか夢のやうな、謎のやうな事を言つてるやうに聞へますが、實は之が大本信者として最重最大なる問題であります。

皇道は天地惟神の大道であるから、俗世間の戒律道徳律といふやうな問題は、別に取立てゝ云々しない。否な極端に言へば俗世間の戒律道徳律なぞは無視して居るとも言へば言へないことは無からう。老子の『道の道とすべきは常道に非ず、名の名とすべきは常名に非ず』と云ふ處に當る樣である。斯う云ふと世間の道學先生や耶蘇教徒は鬼の首でも取つたやうな氣で、ソレ見ろと皇道を異端邪説呼はりするかも知れぬが天地惟神の大道に卓立して一言一行すべて直靈の發動によつて決すれば萬事萬物に接して心に其の跡を留むることなく、明々昭々、靈臺何等の凝滯無きに至るのである。既に臣となれば忠、既に子となれば孝、朋友兄弟自《おのづ》から道あり、冠婚葬祭自《おのづ》から法あり、敢て彼れ此れ心意に構へるの煩ひが無いのである。臣として忠を盡して別に其忠なるを識らず、子として孝を行ふて別に其孝なるを記せざるに至つて始めて眞の忠、眞の孝を得るに至るので、抑そも之等は天地惟神の大法、春花の開き、秋實の結ぶのと同じことであります。誰れ人も眞の天地惟神の大道に歸するに非ざれば則ち眞の大義名分を明かにする能はず、茲に於てか世間滔々として時に忠と思ひて不忠を行ひ、時に善と考へて不善を言ひつゝあるので有ります、神諭に『めくらとつんぼとのよのなか』とあります。國祖豈徒らに嘲罵を以て快とせらるゝものならんや。此れは甚だ平凡の事柄のやうに見へますが、深き〳〵御注意を要する點であると信じます。

大本神は拔けがけの功名を許し給はず

大本の審神者《さには》が守護神の改心を迫る場合、體主靈從より靈主體從に移ること及び正神界の一定の統制に歸順することを要求するのが普通であるが、求道者は先づ正神界には嚴格なる一定の統制があることを知らねばならぬ。それは恰かも天體の運行の秩序整然たるが如きものであります。國祖の今回の大神業の爲めに『光榮ある努力』を望む神々人々は、何うしても地の高天原たる綾部大本の一定の統制の下に働かれなければなりませぬ。大本の所說が敬神尊皇愛國であるから、敬神尊皇愛國を目標に自分だけで勝手に働いても同じことだと思ふと飛んだ間違ひを生じます。それが結局何にもならぬ事になる場合があるばかりか、却て國祖經綸の妨害になる事が多いのであるから此點に大なる注意を拂はれなければならぬのである。實は其れどころではない、綾部の大本の內部で働いて居る者でも、我意我見を以て行動すると、神の經綸の爲めと思うて働いても其れが却て國祖御經綸の妨害となることがあるので、さればこそ神諭に繰返し〳〵取違ひと慢心とを戒めて居らるゝのである。商店の小僧が主人に忠ならんと欲しても、充分に其の商店の營業方針を呑込まなくては本當の忠勤を抽んずることが出來ないのと同じことである。その本當の營業方針の呑込めない間は矢張り其の商店の支配人なり番頭なりの指圖によつて働かねばならぬ。否な營業方針が充分腹に入つても勝手氣儘な行動を執つては却て營業上の邪魔になる場合がある。併し若しも其の番頭の中に本當の營業方針の呑込めて居らぬものが解つてるやうな顔をして指圖をする場合があると、其の番頭の指圖を受けて働く小僧は好い迷惑であるが、皇道大本は商店ではないから、何も惟神《かんながら》に因縁通りゝ進行するので一切心配無用である。神樣は盲目《めくら》ではない、時節の進行と共に何も彼も成るやうに成るから只唯誠心誠意を以て働き、身魂を磨いて行けば何も彼も自然に解決されて參ります。誰れも彼れも結局身魂の因緣相當の働きより出來ぬのであるから、拔けがけの功名と云ふことは絕對に許されませぬ。正神界に於ては、統制と云ふことが最も嚴重であるから、如何なる努力貢献も我儘より出たるものは一切無價値で、且つ有害なる事を知らねば飛んだ間違が起ります。此點に於て特に靈活の眼光を以てお筆先を拜讀しなければなりますまい。

大本の勞動者

大本の中には色々の勞働に從事してる人が澤山に居られます。併し大本で勞働してる人は世間の所謂勞働者とは全く其の趣きを異にして居るので、此れは大本以外では見られない大本の美しき精華の一つであります。手の足らない時に大工のやうな技術を要する者は地方の職人を賃金を拂つて雇ふこともありますが、其他は全部信者や役員が溢るゝ熱誠を以て從事して居るので、固より金や給料を貰つてる者は只の一人も有りませぬ。又た本誌の印刷製本の如きも全部少年隊の少年の手に成つて居るので、專門職工は一人も居りませぬ。ピツタリ續いて大本内に起臥して勞働に從事してる者もあるし又地方の信者で一週二週間或ひは一ヶ月或ひは二三日の間でもやつて來て手傳つてる人もあるし、甚だ不秩序のやうで其の間に秩序が保たれて行くから妙である。又た勞働に從事してる人と云つても、相當の地位にあつた人や陸海軍の將校、中等學校の敎員、專門學校の學生、或ひは巨萬の資產を弊履の如く抛つて來る人や色々樣々で又た役員の中でもシッカリした敎監連なぞが立ち交つて泥まみれになつて愉快に活動してるので、一種不思議な色彩を有する勞働團であります。勿體ない話であるが敎主の如きも昨春頃までは一寸の暇があつても直ちに此の『光りある勞働團』の群れに交つて働いて居られたのであります。元來大本の經綸《おしぐみ》なるものが摩訶不思議なるもので、決して袴を着けて仕事をしてる人が豪《えら》いわけでもなければ、草鞋ばきで骨を折つてる人が因緣の卑《ひく》いわけでも何でもない。たゞ今日取敢ず便宜の仕事を其れ〴〵に愉快に爲《さ》せられて居るだけのものである。何れにしても『牛糞が天下を取る』大本ですから、人間心では決して見當はつきませぬ。『日に〳〵變る大本』の面目は今後益々展開を見るべく、時節の切迫と共に替るぐ然るべき人が然るべき仕事をするやうになつて行くので、神命一下すれば喜んで或ひは筆を投じて土砂を擔ぎ、或ひは草鞋を脱いで三軍を叱咤するだけのものである。饑來れば喫し渴來れば飮む、雁去つて潭影を停めず、風去つて竹聲を留めずと言つた境地であります。天下を握つた豐太閤は草履取りをやらせれば立派な草履取りでありました。眞の美人は盛裝させてもボロを着せても美人であります。神を相手にする人に於ては、當面の得失行藏さながら月前の雲であります。(了)

―(大正七年十二月稿)―

世界立替後の經濟組織に就て

＝『獨逸產業動員の原理及完成』を讀む＝

大本信者の一人にして私の舊知、久留米の渡邊辯護士から送つて寄こされたものゝ中から一小冊子がころげ出た。披いてみると原田良八氏の近業『獨逸產業動員の原理及完成』である。私は神靈界の編輯を手傳つてる一人で、又た神靈界の愛讀者の一人で、又大本の門に入つて以來は本誌以外何を讀んでも氣に入らず、いや其れよりも頭《てん》から讀む氣になれないやうに頭腦が變化して、殊に近來の出版界には讀書慾を唆《そゝ》るほどのものは殆んど見出されないものと相場をきめて居たが、此の一冊子は頗ぶる面白く、且つマジメに讀むことが出來た。併しながら大本の見地からみれば、如何なる名論卓說に對しても完全なる共鳴を感ずることの出來ないのは勿論で、此著と雖も其の儘丸呑みにすることの不可能なるは申す迄もないけれども大體に於て些の學閥の臭味を帶びずして思ひ切つた着手を試み、如實に人類生活の意義を洞見して之が解決の鍵を捜らむとした處、そこにポタ〱と生血《なまち》の滴るやうな生命がある。殊に大本で說く處の世界立替後の新世界の經濟組織に於て、偶然にも側面的觀察を働かして居る點に於て一般讀者諸君の參考になる節もあらうと信ずる。

皇道大本の天上天下神現兩界に宣言せる主張の大樣は神政復古、日本の世界統一國家大家族制度と云ふ三項目である。一面から言へば體主靈從の從來の世界を立替へて、靈主體從の眞の理想的新世界を建設せむとするにある。而して國家大家族制度を實現するに就ては、金銀爲本の經濟組織を根本より革正して、貨幣制度を撤廢し、私有財産を天津日嗣天皇に奉還し、各人の業務と地位とは神代以來の身魂の因緣によつて神勅を以て自《おのづ》から制定せられ、生活必需品の如きは公平に配給せられる事にする否さう云ふ事になると言ふにある。ところが原田氏の此著は、やはり貨幣制度の全廢を說き、全資本を國家が管理して運用する、その結果一面に於ては地上より殆ど一切の罪惡を掃滅せしめ得るのみならず、一面に於ては根本的に各人の業務上の能率を增進し得ると主張するのである。原田氏は今回の戰亂に就て獨逸が已むを得ずして敢行した產業動員の成績より思ひついて此書を成したのであるが、以上の主張の要領は偶然にも大本の示すところと符節を合して居る。此の世界立替後の經濟組織に就ては、大本敎主は一昨年の神靈界誌上に於ても大體の說明を下して居られるが、明治二十五年以來の國祖の神諭に昭々として明かなるところである。特に明治二十五年正月の初發の神諭に金銀爲本經濟根本的革正の大宣言が提唱されてある。イヤ溯つて云へば其等のことは天照大神の御遺勅たる皇典古事記に明記してあるところである。然るに其の天啓の一部分が、今日の學界の一方に問題として現はるゝに至つたと云ふのは、これも神諭にある通り『時節の力』である。

著者は此書を著者の友人知人或ひは學界の先輩等に送つて批評を求めその返書を纒めて附して居るが、かゝる思想に對して現代の學者や思索家の一部の人が如何なる考へを有つて居るかを知る參考にならうと思はれるから其の手紙の中の要點の一二を紹介すると、理學博士丘淺次郎氏は『極めて面白く感じ申し候』志賀重昂氏は『早速拜見、小生一己が多大の利益を得候は勿論、日本國家の爲め大に參考警戒の資となる可くと存候』東洋大學教授高嶋平三郎氏は『手卷を釋くに忍びず非常の感興を以て通讀いたし候、經濟方面の知識皆無なる小生には一辭を呈することすら能はざる處に候が、常識を以てしても如何にも御尤なる御主張にて、小生等も大賛成に御座候』大谷光瑞氏は『我國民人心に及ぼす影響甚だ慶賀す可き事と存じ上候』法學博士河上肇氏は『根本の御主張に就ては小生に異存なしといふよりも寧ろ賛成に御座候』農學士三浦直次郎氏は『稿本一册正に落掌拜讀仕候、小生如き田舍に隱退し父祖の遺産に衣食致居候者も熟ら世の變遷を觀察仕り、明治維新に於ける武士階級廢除と同樣の改革が今日の資本所有者に對して施さる可きものたることを覺悟し三分の危惧と七分の欣求とを以て之を期待致居候、危惧は改革の際に有勝の悲慘事發生に對するものにて、欣求は社會的幸福に對するものに有之候、一般の資產家は父祖の遺產を以て確乎動かすべからざる權利と心得居る樣に候得共、其實社會の寬容によりて纔かに之を保ち居るに過ぎざるものと愚考致居候』陸軍中將佐藤鋼次郎氏は『ヤット大急ぎにて一讀せしのみにて未だ深く硏究致さず候得ども、玆に不思議に感じ申候は嘗て小生が雜誌（大日本）に獨逸將校の懷ける君主〇〇主義と題して譯載せし處のものと其主旨の殆ど彷彿たるもの有之候事に御座候、尊著は素より產業動員を基礎とせられ候得ども（中略）熟ら考ふるに軍國主義と〇〇主義とを調和し國家の富强と個人の康寧とを一致し得べき政治組織は君主〇〇主義に若くものなかる可く、將來に於ける政治組織は或は此理想に傾向せんかと信ぜら候』と言つて居る。並べればマダ澤山にあるが面倒臭いから此れ位ゐにして置くが、兎に角大本信者でなくても本統に眞面目に國家及び社會の有樣に就て思慮して居る人々が如何なる態度であるかは此れを以つて見ても少しは見當はつく筈である。大本以外の人達としては此處らあたり迄考へる分がマア〳〵上等の部類に屬するもので有らう。さて原田氏は書中に如何なる事を述べて居るか其の壓搾した意見のエキスを部分的に覗いて見やう。

現代の日本に於ては思想家の一人として地位を得べき筈の著者は、各方面より多趣味なる觀察を試みて居るが、先づ立論の出發點に立ちて、

具さに考へて見るが好い。先づ我々の身體が我々の所有物ではなく『身體髮膚之を父母に受け』なぞと云ふて親讓りの財產の樣に思うて居るが、是は父母に受くるのではない、成程發現に付き父母の性と身體とは使用さるゝも子女の生るゝと云ふ事は父母に取つては全く偶然の話である。人間は自分共の身體が如何なる材料で如何なる設計規畫で作らるゝやを知らぬのみならず、旣に出來上つた物の現況實狀にも通せぬのである。身體が我物でない證據には、我々は其の處分も改造も修繕も十分なる管理も出來ず、內部の動作には一切與らず、外部に對する動作

に就ても唯だ或る範圍内の指圖を爲し得る丈で、動作其物は自然が自分の力を揮ひ自分の能率に依つて遣るのである。要するに身體は生命の安宅たると共に性能を外示する傳達器(且つ其の一隅に生殖器を併置したる)として、人間が専用を許され居る自然の物件である。

大本信者から見れば可笑しい様に見ゐる點もあるが普通の人としては先づ此れ位ゐが思慮ある人の考へである。氏は人間の私有資本を否認するの前提として人間の身體からして人間の私有物でないことを洞破したのは卓見であるが、氏の謂ふ所の自然なるものゝ本體性質が解らず更らに守護神等の關係が無論解つて居ないから意見が徹底しないのは無理も無い。併し此れは大本信者研究者以外には誰れも解つて居らぬのであるから、此點を以て評するのは差控へねばならぬ。氏は更らに曰く、身體、性能、欲望及心靈が皆自然現象であり、而して心靈の發作が自然に命示せられ、自然を離れ得ぬならば、人間「己《おのれ》」なるものは全く在り得ない話ではないか、亦た人間「己《おのれ》」が無いとすれば、人事なるものも在り得ぬ譯で所謂人事も自然現象であらねばならぬ。要するに「己《おのれ》」とは自然に對して使用し得べき辭にあらず、唯だ他の自然物に對象する便宜の用語たるに過ぎぬ。人事、人爲、人力なぞと云ふも均しく便宜語で、事實皆な自然の現象である。又た不自然とか反自然とか云ふことも在り得ない。是は「意外なる自然現象」或ひは「期待に反く自然現象」を指して云ふのである。況して「人は自然を超越せなければならぬ」とか「自然の束縛より脱せなければならぬ」とか「自然を征服せなければならぬ」とか云ふ詞は全く無稽の囈語である。(下略)

自然の宇宙に於ける施設は至れり盡せりで、森羅萬象を一から十まで位でなく、千までも萬までもキチンと完備整理し、うの毛で突く程の間隙をも殘さぬ。(下略)

人間は自然の寄生虫である。群集性寄生虫である。自然が人間を遇する恰も寵兒の如く、其の役するにも性能を經て役《えき》するが爲め人間は役《えき》せらるゝとは自覺せず而して其の役するや何處までも人間をして幸福ならしむる爲めである。加之、人間が適當の方法によつて自然に要求すれば、何でも彼でも言ふなり次第に盡して呉れるから、恰も人間が自然を役《えき》して居るかの如くに見え、人間は爾かく信じ込んで居る。(下略)

又自然は時々人間にシッケをする。鍛錬を加ゐる。警告を與ふる。此時人間は其深意を翫味し自ら省みれば好いのに、恰も親に意見せらるゝ兒の如く、己の不束には想到せずして百方之を回避し、却て自然を怨み、甚だしきは自然を敵視する。固より自然を忘るゝ位の代物だから左もあるべきことかも知らぬ。(下略)

世に人間が自ら「爲す」といふことは一つもなく、實は物が其の性能に依つて「成る」のである。物の性能は其の發作す可き境遇に逢へば直に發作するもので、人間は諸多の自然物を周旋調合して境遇を作成し、而して性能の發作即ち「成る」を待つ丈の話である。例へば人間は「ひげを生やす」と云ふ、「生やす」のではない、生へるのである。「鐵を伸ばす」といふ、伸ばすのではない、鐵が伸びる樣の境遇に置かるゝから、自から伸びるのである。仍つて若し物の性能に悖り或は適當の境遇を促さぬならば決して「成る」ことはない。即ち人間は「爲す」ことを得ぬ。カガトに毛を生やしめむとしても決して生へず、鎚が壓せざる限り鐵は伸びるものでない。(下略)

我々の生產業と稱する業務も亦た無論自然がやるので、人間は唯だ其の發案、世話周旋をする丈である。(中略)自然が爲すのを誤つて人間がすると解するは、發案が一に人間に任せられて居る爲めである。人間が斯くやらうと思へば自然の施設に適從する限り何事でも發現せしむる事が出來る。而して自然は默々として何等の權利を主張せぬから、人間がツイ之を忘れて自分でやると思ふのも尤もである。(下略)

前にも言つた通り著者は自然々々といつて其の自然の何物たるかゞ解つて居ないけ

れど、自然は意思を有する偉大なる或る力であるといふことは解つて居るから、先づ何《ご》うか斯うか論理が活きて居るやうである。それから觀察を進めて次第に問題の焦點に接近して行つて居る。

世の所謂る金儲けも亦自然の爲す業で、生産よりも更らに一層明《わか》り易き自然業である。……『金儲けにつき社會の要求を第一とすると云ふ事』は極めて大切なる注意事項で、私有制度の妄を闢《ひら》くべき鍵である。經濟學者は地價の騰貴分を稱してアンアーンド、インクレメント（不當利得）と稱し、之は地主が自分の力で儲けたのではなく、社會が儲けさしたのである。仍つて此の儲け分は之を社會に徵して差支ないと論ずる。然るに世の中の金儲けなるものを察するに、何れも亦皆な均しくアンアーンド、インクレメントである。假りに前述の自然生産說を抑《おさ》へ生産は全く人間が爲すものなりとするも、是れが賣行きて金にするのは一に社會の狀態が然らしむるのである。如何に生産者が汗水垂らして勉めても、社會の狀態が其の品物を要求せぬならば、決して賣行かず。之に反し社會の狀態が要求するならば生產者はふところ手にして居ても其品物はズン〳〵賣行く。即ち金儲なるものは社會がさするのである。此間の關係に於て地主と生產者との地位に何の異る處があるか、地價の騰貴分も商工業の利益分も同じ原因に依て生るゝ。況んや生產なるもの主として生產が爲すものたる以上、生產業者が自分で儲くるなぞと思ふは大きなる誤りである。殊に世に富豪とか資本家とか稱する巨大なる資產を作りたる者は、皆な意想外なるアンアーンド、インクレメントを得たるのみである。（下略）

資本私有制度は（一）多數人類を資本より遮斷し（二）資本の死藏を生じ（三）資本の能率を減じ（四）尙ほ多數人類よりナゲナシの資本を奪ひ（五）加ふるに無用贅澤品の產率を高めて人生必需品の生產を減ずる。（下略）

あらゆる罪惡の殆ど大部分の根底たる人間の盜性なるものは、自己及び他人なる觀念と「所有」なる觀念を設定したる後に起り得る觀念である。(下略)貧に安んぜよと云ふことは昔は行はれたが、今では行ひ得られぬ。資本私有制度の孫分たる貨幣制度は殆ど人の貧に居るを許さず、罪惡か死か二つの中の一つを擇ぶの外なからしむる。(下略)

今日工業と稱せらるゝ業務の大部分は我々が衣食住を誤りたる業務で、重に病人用品、羸弱者用品、病氣養成用品、迷惑增加用品、無用有害品及び此等の諸品を製造する用品を製作し、世に貧富の懸隔著しくなりて愈々旺盛を加へ來つた。(下略)

諸所のホンの要點の一部分だけを拔萃して摘記したので、意見の徹底を缺く嫌ひがあるが、これは誌面の狹隘な本誌として誠に已むを得ぬ。著者に對しても讀者に對しても如何にも不親切なやうであるけれど、此れだけ抄出したのも私としては可なり工風して努めた積りである。著者は右に擧げた諸項に就ては各方面の學說及び實

證を引いて頗ぶる綿密に秩序正しく力説して居る。而して愈々進んで論じて曰く、
著者は決して私有財産制度全般を非とするものに非ず。衣食住直接の資料、家具及び其人其家に專屬する財貨は各人に所有せしむべきもの、所有せしむるが至當であり、尠くとも便益であることを認める。唯だ生産用財産即ち資本に至りては自然の施設上、個人に分有せしむ可きものに非ず。分有せしむる事が全國民を害し同時に分有者自身をも不幸ならしむるの結果ありと信ずる。（下略）
世の中は簡短明瞭が本態であるのに、資本私有制度が行はるゝ爲めに、實に複雜混沌たるものとなつて居る、物は單に物として置けば好いのに「之は富である」「あれは富でない」と分類したり物にはユチリチー（要用）の一性あれば澤山なのに更らにブアリユー（價値）と稱する不可解千萬なる他の性を付したり、經濟學と稱する茫漠たる學問を作つたり、其他尚は種々の幻影を發現し、徒らに世を暗くし人を惑はする。（下略）

個人經濟の今日の世の中に於ては、己《おのれ》の働くのは己《おのれ》の自滅を招く所以で、己が己と戰はねばならぬ奇現象を呈し、現代人等は確かに此のバラドックスに陥つて居る。例へば醫者が大に働いて病人を癒せば世に病人が減少して終に自分の活計が立たなくなる。即ち我々人類は皆なタコ生活を營みつゝあるのである。是は全く資本私有制度てふ不都合なる遣り方が自己の不都合を自證するのである。(下略)

。。

商業は「資本私有制度の施行に因りて生ずる社會上の缺陥を補充せむが爲めに發現せる業務」にして何等積極的に人間の幸福に資せず、唯だ時代に適應する爲めの消極的有要事件である。即ち本來の自然界に在る可らざる業務にして、人間生活の狀態が歸正すれば同時に消滅すべきものである。(中略)資本私有制度が廢止さるれば世の中には少數の配給係を要する丈にて、商業なるものは全く消失する。現時商業に從ひつゝある人間と資本とは莫大なる數額であるが、若し此等を積極的有要の方途に振向け得る事とならば如何に世の中が好化することで有らう。(下

略）

經濟學者は曰く「貨幣は交換の仲介物である。我々は交換を助け交換を便にせんが爲めに貨幣を作れり」と、如何にも設定の趣旨は其通りなれど、事實に於ては貨幣は交換を仲介するものに非ず、交換施行者或ひは交換拒否者である。（中略）今日の需要なるものは人間一般の需要ではなく、唯だ金を拂ひ得る者のみの需要で、金を拂ひ得ない者は如何に需要しても需要とはなり得ぬのである。（下略）

人間の生活さへ金によつてのみ支持さるゝ様になる位ゐだから、當然と云へば當然だが、曾て貨幣とは何等の關涉無かりし人事も今では金がなくては成立もせず、維持も出來ぬ樣になつた。例へば宗敎、道德、政治、學問、風流等の如き先づ其の本質が金錢に關係無きのみならず、苟くも人間が之に接せむと欲すれば隨意に接し得ねばならぬ性質のものである。然るに今では如何に切に接せむと欲しても金が無くては之に接するを得ず、金の切目が緣の切目である。加之、此等の人間

其物が金が成立せしめ維持せしむるので、金が無ければ存在が六かしくなつた。即ち人事では無く金事となり果てた。（下略）

尚ほ著者は今日の個人經濟が存續する間は、如何なる人も心意を經濟上に勞して、天賦の持ち前の性能特長を發揮することが困難であるが爲めに、各人ともに人生の天職を遂行することが不可能であることを詳說痛論して居る。此點は特に同感であるけれども、誌面の都合上轉載することが出來ないのは殘念である。

著者原田氏は如上說く處の問題の解決案として、先づ國家に於て國民全部の生活、安寧及幸福の保持進展に必要とする物品の生産組織及び事業經營方法を立て、次ぎに資本に屬する國內の全財産を集中して右の生産業及び事業を經營することを主張し、國民各個の長技殊能に從ひ業務を分掌せしむることや、生活切符を發行して生計上の必需品を配給する事やを項目を分けて說明して居る。が、折角ながら此の最後の解決案が普通の常識から見ても尙ほ大いに洗錬を要する樣に思はれる。實行上に伴ふ不安の念を今少しく遠距離に運び去らねばなるまいと思はれる。併し其れは根本の現社會を其の儘にして經濟組織のみを革正しやうとすれば、誰れとしても原田氏の所說よりも甚だしく完全な意見をひねり出すことが不可能であらう、假りに氏の解決案を先づ完全なものとして、識者の賛成を得るとしても、之を何者の力を以てして實行し得る乎が問題である。理想としては至極結構であるとしても、今日の社會、國家、世界の狀態に於ては事實上言ふ可くして極めて行ひ難き問題である。又た假りに之を行ひ得たりとするも、果して原田氏の想像せる如き理想世界が出現し得る乎。將た又た假りに其の理想世界を一時出現し得たりとするも、永久に其のかわることと無きを保し得る乎。世の思想家たり憂國者たるも亦に難い哉である。

世の根本の成立ちの神界の消息が明かにならねば、今日迄の何千年來の文化の系統を知ることが出來ない。故に如何なる哲學者も政治家も現代人類生活の狀態を悲しみつゝも、之が實際の根本的改革の道を講ずることが不可能である。又た神靈界と現界との關係に通曉するに非ざれば何故に體主靈從の惡の勢力が時を得て居るかと云ふ其の根原の理由が不明である。又た神界の革正を無視して現界の革正のみに成功せんとするは、根を絶やさずして夏草の簇生を防がむとするが如しである。然り而して更らに考へねばならぬ。現界の表面の一時的革正すら容易で無いのに神界の奥の奥の底の底から一滴の濁水も殘さぬやうに革正すると云ふことが果して如何なる威力によつて實行し得られるかと云ふ事に氣がついて貫はねばならぬ。此等の問題に一刀兩斷の明快極まる解決を與ふる處が、此の地上に於ては綾部の皇道大本以外に無いのである。地の世界の造り主たる國常立命の御經綸の一部分が以上の諸問題を氷釋するのである。皇道大本は此等の活問題に活解決を與へ、活實行を進めつゝある天地の誠の神々の策源地である。作業場である。（をはり）

―（大正八年十二月稿）―

大本に對する非難

近來次第に各地の新聞なぞが皇道大本の噂さを書き始めた。何れも眞面目なる研究を試みずして只漫然と一知半解の誤託を並べてるので滑稽であるが、中には大本の所說が社會の秩序を攪亂するとか何とか氣の利いた樣な事を書き散してるのもあるから少しばかり彼等の蒙を啓《ひら》いて置く事に爲やう。

近頃の日本はデモクラシイ心醉の時代に入つて猫も杓子《しやくし》も民主民本を說き、我が大日本皇國の國體觀念なるものは日を追うて掃蕩され、純眞なる日本人としてのハラワタは殆ど之れを見る事が出來なくなつた。佛敎も基督敎も色々の俗神道も一生懸命何か知らん呼號してるけれど、此の大勢を如何ともする事が出來ない。理屈は何うでも此の當面の活ける事實は何者の强辯を以てするも否定する事が出來ないのである。又た敎育の力も之を如何とも爲し得ない。日本には所謂官僚主義の一種の敎育閥があつて、大いに努力してる積りらしいけれど、此の大河の決するが如き民主的思想を喰ひ止めるには餘りに微力である。それは其の國體哲理の根底を爲す思想が不確實であり不徹底であるから、其の說く處に一世を指導するだけの權威が伴はないからである。

日本に於て近來此の民主的思想が沛然として大雨の至るが如き勢ひを以て行はるゝ樣になつたのは、固より世界の大勢に誘導されたものである。けれども之を日本の內部より觀察して直接の原動力を求むるならば、體主靈從主義の敎育方針とモ一つは基督敎の反國家的色彩に在ると斷言するに躊躇しない。忠君愛國の文字は小學校の敎科書を始め各階級の學校に於て寧ろ煩らはしさを感ずる位ゐに使用されて居るが、それは實際今日に於ては『お天氣の挨拶』と一般殆んど何等の意味を爲さぬものである。何となれば今日の我國の敎育に於ては、宇宙の生成、國家の起原に就て明瞭なる說明が出來ないから報本反始の思想の因て起る處がなく、隨つて眞の忠君愛國の觀念の徹底的立脚地がないからである。そこへ持つて來て舶來のハイカラ思想を輸入するとなつたから溺るゝ者が一小木片に取り着くやうに、小供が活動寫眞の樂隊廣告に飛び出すやうに、猫も杓子も民主民本を擔《かつ》ぎ廻るやうになつたのである。又た昔時に於て佛教が輸入當時危險視せられたが直ちに日本化された如く今日の日本の基督教は日本化されて居る、一旦緩急ある時に基督教徒が國家に對して献身的努力を發揮する事は日露戰役當時に見ても判るではないかと言ふ者があるが、何と云つても基督教徒の忠君愛國なるものは怪しいものである。現に基督教徒が伊勢大廟を衷心から禮拜しないのでも判る。日本の神を衷心から禮拜せずして日本の神の後《のち》たる日本天皇に本統の忠と云ふ觀念の起るワケがなく又た日本の神の特製品たる日本國に對して本當の愛國心の起るワケがないのである。

　吾々はデモクラシーが世界思潮の大勢である事を諒解し得ない程頑固な人間ではない。又た日本歴代の天皇が民の心を以て心とし玉ふた御聖德を知らぬ程の迂濶者でもない積りである。併し『民の心を以て心とし玉ふ』と云ふ事と、今日流行の西洋輸入の民主思想とは自《おのづ》から其の出發點を異にし其の性質を異にし其の精神に於て全く正反對であるのである。我が皇道大本で獅子吼せる思想の大眼目は、天地の御先祖なる神に本《もと》づき、天津日嗣天皇を主とするところの思想である。換言すれば神本君主の惟神《かんながら》の大哲理である。民本民主とは精神に於て出發點に於て全く相違するのである。近ごろ或る方面に對する遠慮から頻りに民本と民主とを別けて說き、民主主義は日本の國體と相容れぬけれど民本主義は宜しいなぞと云ふ不徹底至極の議論が大眞面《おほまじ》目《め》で通用してるが、主權の所仕を追求して詮索すると民本と云ふも民主と云ふも區別はなくなつて來る。仁德天皇が天之立君、以民爲本と仰せられたのは決して主權が人民にあると言ふわけでなく民の心を以て心とすると仰せられた迄の事である。天津日嗣天皇は主師親の三德を惟神《かんながら》に享有せらるゝものである。斯う云ふと、其れではルヰ十四世なぞが威張つた帝王神權說かと問ふ者があるかも知れぬが、それとは內容精神が相違する。皇道大本で提唱する處のものは此の大宇宙にタッタ御一人の君主、天津日嗣天皇にして始めて然りとするので、それは果物《くだもの》の中に一の實《しん》があると同じく法爾自然の天地の大道の示す處である。就ては眞面目なる研究者は更に進んで何が故に日本國が宇宙の中心である乎、何が故に日本天皇が天津日嗣天皇であるかと云ふ事を親しく綾部へ來て研究せられねばならぬ。

嚴肅なる態度を以て露骨に批判するならば、今日の各大學は危險思想の本場である。反國家的、反君治的思想の取次販賣店である。新聞雜誌の大半も亦然りである。中に德富猪一郎氏の如き皇室中心主義者も居るが、其の立論の基礎が確實性の含有量に乏しく、歐化論者より言はしむれば、德富氏の如きは『獨りよがり』の獨斷的意見を抱くものとせられ、實際に於て確然不動の論據がない。意氣は壯とす可きも何等權威ある根底がない。日蓮主義亦た然りである。鎭護國家を標榜する眞言も王法爲本を說く眞宗も、今や殆ど時代思潮沒交涉である。近來東京で旗を揚げた吉野博士等の黎明會の如き、理屈拔きにして直ちに結論に到達せしむるならばツマリ日本をして米國や佛蘭西の樣に爲やうと云ふ迄のことである。シカモ其れが今日に於ては大學生の大部分、全國新聞雜誌の大半に歡迎贊同されて居る事實は、そも〳〵何を語るものである歟。お體裁ばかりでなく當局者も少しは陛下に對する責任を感じて眞面目に考へて見るが可《よ》い。

皇道大本が敬神尊皇愛國と云ふ旗幟を揭げて居るのを見て、世間の非難を避けむとするズイル考へだと書いた新聞があつたが、この大本の敬神尊皇愛國の旗幟は、そんな御都合主義から割出したものではなく、明治二十五年以來の神諭の所説を要約したものである事は、少しく研究すれば何《ど》んな頭腦《あたま》の惡い人にでも諒解が出來る筈である。民主的思想を抱く新聞雜誌は將來我が大本の勢力を認め來ると同時に、益々一敵國の觀を以て何とか彼とか攻擊するであらうし一面に於ては司法當局などを煽《をだ》て上げるで有らうが、近來殆んど上下擧つての非國民的思想の大流行にはイヤハヤ慨嘆の至である。明治天皇の御製に『神つ代の事をつばらに記したるふみをしるべに世を治めまし』とある。これは申す迄もなく皇典古事記に則《のつと》りて治國平天下の經綸を布かうとの御聖旨である。然るに今日の狀態は何《ど》うであるか、廟堂に立つ大臣を始めとして何處に聖旨を體して皇典古事記の眞義を解し、之れが經綸に當るものがある乎、眞の國家の秩序は皇典古事記に依て維持せられねばならぬ、皇典古事記の眞義に背反するのが即ち日本國家の秩序を攪亂するものである。此れが今日の日本人の當面の活問題である、一切の問題は先づ此の明治天皇の特に聖慮を煩はし給へる皇典古事記を信ずるや否や、皇典古事記の眞義に背反する處なきや否やを省みて始めて採算されねばならぬのである、此の古事記が日本に於ける一切の問題の大前提である。苟くも我が皇室を無視せざる限り左うでなくてはならぬ。之れは日本に於ては法律以上の問題、一切の問題を超越して一切の問題に交渉を有する問題である。

新聞が大本を攻撃する材料の一つは、色々の豫言的訓戒に對するもので、此れは明かに社會の秩序を攪亂するものであると大袈裟に吹聽するのである。けれども世の立替と云ふ事は佛敎でも基督敎でも言つて居る。今日では佛敎の方では餘り言はぬがキリスト再臨說は近時益々盛んに行はれて居る。實際を言ふと政治も宗敎も皆な豫言である。『豫言』を離れては政治も宗敎も成立し得ない。宗敎が豫言的素質を含有しなければならぬと云ふ事は誰れでも承認するで有らうが、政治も然りであると云ふと、一寸變《へん》に考へる人が有るかも知れぬ。併し國防軍備の問題と云ひ敎育行政の問題と云ひ、外交の問題と云ひ皆な一種の豫言に基いて經綸を行はむとするものならざるはなしである。今日講和會議でウ井ルソンと對峙してる世界的流行兒ロイド、ヂョージは曾て藏相時代に『政治は財政也』と言つたが私を以て言はしむるならば『政治は豫言也』と謂ひたいのである。古今東西の歷史に徵しても、出色の政治家は必ず幾分か豫言的能力を有して居る。換言すれば先見の明なき政治家は政治家としての資格がないのである。而して天地經綸國家指導の大政治學を說けるものは皇典古事記である。又た同時に古事記は現代に對する一大豫言書である。一大豫言書であるが故に一大政治書としての價値も存するのである。皇道大本の豫言なるものは、此の皇典古事記の說く處を說くに過ぎない。普通の近視眼的政治家や財政家が、戰後の經濟界は注意を要するとか言ふ豫言なら時に間違つたり危險も起つたりするが、古事記の說く處は寸毫の間違ひもない。又た大本神の神諭は一面から見れば古事記の註解のやうなもので、隨つて大本神諭に出た事は又た毫厘の間違ひもないのである。只大本で靈學の修行をした人で、不完全なる神憑りによつて色んな豫言をしたりする人がある場合、其れは間違ひも起るが、斯かるものは大本に於ても決して認めて居らぬので、從つて又た何等の危險もないのである。

アストロジイをやつてる隈本有尙氏は今から十年後に又た世界の大戰があると謂ひ、石龍子は今から八十年ばかりして世界の大變革があると謂ふ。佐藤中將や長岡外史將軍は目前に迫れる日本の國防的危機を絶叫し、又た某將軍の如きは外國人にも注目されて居り頗る責任の重い地位に有りながら、匿名で『次の大戰』なる本を書いて大いに國民に警告を與へて居る。其他此種のものは澤山にあるが別に何等の危險も弊害もない。國民に何等かの眞面目なる反省を與ふる効果は有つても、其れが爲めに別に社會の秩序が攪亂された話も聞かない。而して彼等多くの者の豫言的警告は餘りアテにならぬものであつても其の無害なると尙ほ然りである。大本で提唱してる處の豫言的事項は絶對的確實なるもので、過去二十七年間に於ても證明されてある處のものである。社會が若し今日に於て大本の警告に聽いて多少の動搖をする事が假りに有るとしたところで、さうなれば將來に於ける大動搖が其れが爲めに幾分か緩和されるだけのことで、大局から見て不信仰者の立場から云ふても何等の弊害も損失もないのである。佛敎や基督敎で說く處の地獄極樂說が社會の秩序を攪亂せざる限り、大本の警告ばかりが社會の秩序を攪亂すると言ふ議論は成り立たない。

佛敎や基督敎の地獄極樂說位ゐ大膽にして深刻なる豫言はないのである。信ずると信ぜぬとは其人々の御勝手である。『數年後に世界の立替が迫つたと云ふのか、何だ馬鹿々々しい』と思ふ人々に對して大本の警告が何の危險であるか、又た警告が警告通りになる大本に於ては入信者は固より何等の危險を感じない。つまり大本の警告は之を信ずる人にも信ぜざる人にも何等の危險も與へない。隨つて社會の秩序には何等の影響も及ぼさないのである。

或る新聞の如きは、近時思想界が混亂して、殊に歐洲戰爭勃發以來世人が耶蘇敎にも佛敎にも感激しなくなつて、既成宗敎が全く權威を失つた昨今のドサクサ紛れに、世界の立替と云ふ樣な色彩の感じの惡いものを看板にして生れた際物《きわもの》的宗敎であるなぞと、思ひ切つた批評をしてるが、如何に無責任な放言と云つても此邊まで脫線すると却つて愛嬌がある樣である。皇道大本が此の戰爭のドサクサ紛れに生れた際物《きはもの》であるかないか位ゐは說明するまでも有るまい。

明治三十三年舊正月の神諭に『艮の金神の教が擴まるだけ世界は騷ぎ出すぞよ。何も譯も知らずに方々の新聞が惡く申して體主靈從《あく》のやり方で邪魔を致すやうに成るから、其の覺悟で胴を据ゑて居らぬと、一寸の事に心配いたすと云ふ樣な人民で有りたら、肝心の御用がつとめ上らんから、此の大本は世間から惡く言はれて後で良くなる神界の經綸《しぐみ》であるぞよ』とある通りに此れも間違ひなく現はれて來た。新聞雜誌の大本に對する蜚語流説は今後益々激しくなつて來るで有らう。此のお筆先で拜見すると、今後新聞雜誌や世間の攻擊が激しくなるだけ、それだけ大本信者としては樂しみが深く期待が進んで行くわけである。

―(大正八年三月稿)―

小日本の發見と大日本の發見

道とは何ぞや

皇道大本は天地惟神の大道である。惟神の大道とは何であるか、抑《そもそ》も道とは何であるか。先づ此の問題からして能く腹に入れて置かぬと、研究上の土臺が固まらない。道とは人間の智慧で捻《ひね》り出したものではない。即ち學とか說とか敎とか「お宗旨」とか謂ふものでは無い。天地の生《な》り出でた其の儘の姿、天眞獨朗の姿であつて、火の自《おのづ》から上に燃ゑ騰り水の自から横に流れる光景である。柳綠花紅の境地である。親に對しては即ち孝となり君に對しては即ち忠となる純眞無作の大道である。又た道はコトバ（心《こ》止《こ》開《は》）であつて、道則《そく》コトバ、コトバ則《そく》宇宙の眞理である。又たミチは體靈《みち》、水火《みち》、右左《みち》、陰陽《みち》、一ー《みち》であつて即ち十《みち》である。又た道の首はハジメであり。辶は即ち之で死と通じ終と通ずるので道は始終であり又無始無終至大無外至小無內である。顯幽一致、神人一如である。天理地儀人道三才一貫の根本法則である。故にタダ「道」と云へば是れ則ち天地惟神の大道のことであるのであるが、段々と世が暮れて來て色々のクダラナイ思想が何々道と稱するやうになつたから特に天地惟神の大道と示されただけのものであつて、別に「天地惟神の大道」と云ふ看板をかけた教が出來たわけで無いこと勿論である。又た此のミチに就て老子には、

谷神不レ死。是謂二玄牝一。玄牝之門。是謂二天地根一。

と説いて居る。谷神とは谷の虚《むな》しきを指したので天地惟神の大道のことである。尤も此れは普通の解釋であつて私の一家言を以てすれば、谷神は即ちタニガミであつて、丹波(古稱タニハ)の神と云ふこと即ち大本神のことである。谷神不死とは神諭に「もとのにくたいそのまゝのいきがみ」の意である。是謂二玄牝一の玄牝とはウシトラの金神のことである。又た玄は玄天の玄で男性であり、牝はメウシで女性であり、玄牝とは變性男神のことである。玄牝之門、是謂二天地根一とは即ち「龍宮館は地の高天原」との義である。玄牝之門の玄門とは支那の古書で研べて見ると鼻のことであつて即ち水火《いき》(言靈《ことたま》)の出るところ、又た門とは出口のことである。是謂二天地根一とは、去る二月十八日の神諭に「綾部は日本の中心であるから、天地の神々が世

の元から昇り降りを致されたり集會を遊ばしまして、天地を造られる折に御相談なされた結構な靈地であるから。其の時分にはたつ鳥も落ちる勢ひの場所で言靈の世の元でありたぞよ」とある其れを謂つたものである。（老子全篇五千字を通じて大本の所說を譯解することは甚だ興味ある問題で、恰かも易六十四卦に於けるが如くであるが、他日機を見て書き纏め『讀老私記』と題して出版する積りである。）

併し老子でも易でも基督敎の聖書でも乃至法華經でも、天地惟神の大道を變態的に若しくは皮肉に說明したものであつて、之を正面から正統に啓示されたものとしては天に日月のあるが如く地の世界に舊いものと新らしいものと二つあるばかりである。その一は即ち皇典古事記であり其の二は即ち大本神諭である。

古事記の死活は日本國の死活也

皇典古事記は天理地儀人道を明示されたるものにして、大日本神國の經綸書である。書物として出來上つたのは千二百年ばかり前であるけれども、畏多くも天照大御神の惟神の御神勅を我が帝室に言ひ繼ぎ語り嗣がれて來たものを、天武天皇の叡旨に依て稗田阿禮が誦述し之を太朝臣安萬侶が撰錄したもので、日本國の至寶であると同時に世界の至寶である。而して古事記を形象に現はしてあるのが三種の神器であつて、換言すれば三種の神器は即ち皇典古事記であるとも謂へる。日本國の尊嚴は三種の神器と偕《とも》にあると同時に皇典古事記と偕《とも》にあるのである。然るに驚くべき怪むべきことには、今日の多くの日本人は三種の神器の尊嚴は之を認むるも、皇典古事記の尊嚴は多く之を認めない狀態にあることである。一部の國學者や神道家が謂はゞ唯《たゞ》の「大切な古書」として認めて居る位ゐに過ぎない。凡そ今日の日本に於て是れほど重大なる國民的錯覺は無いのである。實を言ふと、日本人としての資格の有無は皇典古事記の絶對的權威を認むるや否やにある。明治天皇は『神つ代のことをつばらに記したるふみ（古事記）をしるべに世をおさめまし』と宣示して居られるのに、廟堂に立つ大官を始め學府も有司も、此の神聖重大なる活問題に對して殆ど風馬牛の態度を持せるは、抑《こちそ》も其の心事を如何に解釋して可なる乎。西洋流の唯物的進化論等に迷はされて、『日本國に對する信仰』を失へるものに非ずして何である乎日本現代の國病、之より大なるは無しである。

古事記の死活問題は實に日本國の死活問題である。古事記を輕視するの徒は實に日本國を輕視するの徒である。天武天皇が特に『斯乃邦家之經緯、王化之鴻基焉』と詔《みことのり》りし玉へる皇典古事記を無視するの徒は同時に皇室を無視するの徒に非ずして何である歟。身に西洋の服を纏ひ、腹に西洋の食物を滿たし、胸に西洋の思想を抱き、口に西洋の言葉を發し、頭に西洋の學問を詰め込んで、徹頭徹尾西洋人となり濟ませる現代の多くの所謂日本人から觀たならば、日本國の成立も諸外國の成立も其の由來する處の價値に何等の差等をも認めぬかも知れぬ。日本に日本魂があると云へば獨逸には獨逸魂があり米國には米國魂があると言ふかも知れぬ。今日に於て眞に日本の國體と云ふことを特說するものを見ては時勢を知らぬ舊弊老の亞流と眺むるかも知れぬ。斯かる奴輩は先づ姑《しばら》く度外視して、日本國の絶對尊嚴を說き、日本天皇の世界統一を絶叫せる日蓮主義の人々の考へに就てさへも吾々は反省を促さねばならぬ。私は日蓮主義の所說には實に同情して居る一人であるが、併し彼等の主張の出發點は何であるかと云ふと申す迄も無く法華經である。殊に日蓮宗に於ては經典に重きを置き、法華經を以て至上無二の寶典とするのである。敢て問ふ、彼等は古事記と法華經と何れを重しとするのである乎。法華經を唯一の生命とする彼等にして法華經よりも古事記を重しとすると謂はば最早彼等は旣に其の立脚の根底を自ら破壞せるものである。若しも亦古事記を輕視し法華經を重視すると謂はば、彼等は一面に於て日本國の尊嚴を力說し、他の一面に於て日本國の尊嚴を紊らむとするものである。彼等は言ふ法華經は日本國の爲めに生れたるもの也と、日本國の爲めに外國に生長したるものは單《ひと》り法華經に限らず、易も然り、老子も然り、基督敎の聖書も然り、其他汎百の思想學藝其の純正なる部分は殆ど皆な然りと言はれないことは無い、日本國天津日嗣天皇が世界の主師親にましますことを正統に啓示する大典が、何の故を以て特に外國に生長するの要がある乎。外國から仕入《しい》れて來た三種の神器と云ふやうな不合理が行はる可き筈が無い。日本の眞の天訓《をしへ》は日本の言葉を以て日本に傳はらなければならぬ。コトバは即ち道であつて、道を尙ぶものはコトバを尙ばなければならぬ。コトバを輕んずる者は道を輕んずるものである。コトバを無視する者は道を無視するものである。私は私共に最も近い思想を抱く彼等が更に一歩を進め、眼睛換却、直ちに本然の皇典古事記に歸正せむことを樂《ねが》ふ。

古事記と皇道大本

古事記の絶對的權威は既に之を一言した。ところが此の皇典古事記の眞義が從來に於ては明かにされて居らぬ。尤も此れも深遠なる神策の存する處で、或る時代(即ち今日)が到來するまでに天機を秘せられたのである。愈々二度目の天の岩戸開き、日本天皇の世界統一を實現すべき機運が到來して、皇道大本の出現となり、皇道大本の言靈學鎭魂歸神法及び大本神諭によりて始めて其の眞の意義を天下に明らかにされる段取りとなつたのである。古事記の註解をしたやうな書物は古來隨分著はされて居る。その一端を紹介すると、

古事記傳(本居宣長)古事記頭書(加茂眞淵)傍註古事記(丸山作樂)古事記裏書(卜部兼文)古事記傳說(藤原以正)古事記傳略(吉岡德明)古事記傳附考(加藤灑)古事記標註(村上忠順)神代記新解(黑神直臣)古事記詳說(田安宗武鄉)古事記跡抄(岡田正利)古事記標注(敷田年治)古訓古事記(三國幽眠)古事記講本(小池貞景)古事記燈(富士谷成元)難古事記(本田親德)古事記便用(那何通高)古事記通解(當山亮道)古事記兩傳抄(青柳高鞆)古事記序解(齋田長保)古事記通玄解(吳來安)古事記標註(上田及淵)略解古事記(多田考泉)…………(近年の出版は略す)

其他尙ほ色々あるで有らうが、要するに其の眞義が明かにされて居らぬ。古事記の秘義は殆で文字の上に現はれて居らずして音韻の裏に包まれて居たので、それが始

めて大本言靈學によつて剖解披撥され、茲に其の眞面目を闡明さるゝに至つたのである。恰かも金剛石が磨き上げられて始めて燦然たる大光明を放つた如しである。何も彼も天運の循環で、これは人力を以て如何ともすることが出來ない不可抗力の發現である。又た一面からは大本の鎭魂歸神の術によつて神々の面目から神界の葛藤まで或程度まで啓示さるゝことゝなつて、次第に天秘の幕は撤し去らるゝに至つたのである。若し夫れ大本神諭に至りては現代世界に現はれつゝある唯一無二の神文で、古事記以外の消息も段々と時機に應じて明瞭となりつゝある。併し其れは未だ全部解釋濟でないこと勿論で、今後益々明瞭の度を加へられて進んで行くのである。皇道大本は實に古今中外の世界を照らす『光り』である。

本能の歸正

茲に於てか大本信者は神啓のまに〳〵大いに君國の爲めに努力しなければならぬ大機に立つた事を自覺して『眞の日本人』として天職使命を遂行せむとするのである

が、それを爲し遂げむとするには先づ改心と云ふ事から着手しなければならぬのである。大本で言ふところの改心とは何であるか。此の問題に就ては私は昨年九月以後の本誌上に二三回言及して置いたから其れを參照して頂きたいが、手ッ取り早く一と口に言へば「ウブの心」「惟神《かんながら》の心」になることである。何時か或る研究者から「惟神の道とはつまり本能の進化か」と質問を受けた事があつたが一言にして盡せば「本能の歸正」であると謂つても可《よ》からうと思ふ。現代流行の所謂本能主義、所謂自然主義でないことは勿論で、現代流行の所謂本能主義なるものは、實に體主靈從の本能主義であり、ケダモノの本能主義である。それを「神の子として本能主義」に歸正せしむることが大本の惟神主義であることを承知して貰はねばならぬ。

「ウブの心になれと言ふのはつまり無欲になれと云ふことか」と云ふ質問を受けた事もあるが、ウブの心になれと言ふ事と無欲になれと云ふ事とは、少しく違うて實は大いに違ふのである。無欲になれと云ふのは佛敎や耶蘇敎の思想である。斯う云ふと「ナニ其んな事はない、佛教でも耶蘇教でも進取發展主義だ」と辯解せられるで有らうが、何と辯解せられても、佛教や基督教の本來の面目は無欲主義、寧ろ禁欲主義が本統である。それを時代の要求に契合させる爲めに後世に至つて殊に近來に至つて進取發展主義に解きまげたので一々論證する迄もなく公正に兩教の經典を研究すれば餘程の頭腦の惡い人でない限り承認の出來る筈である。何と云つても佛教は現世を悲觀して解脱を求むる教義で、寂滅爲樂が彼れの持ち前である。基督教も今日では宣教師の高利貸も居るけれど本當は人が上衣を呉れいと云へば下着まで呉れてやり、右の頬べたを叩けば左の頬べたも叩かせるのが彼れの持前の理想である。ところが斯くの如き思想は退歩破壞の思想で、社會の秩序を紊る危險思想である。皇道は左うでない、正しき進取主義、正しき發展主義、正しき膨脹主義、正しき快樂主義である。これが天の道で人の道である。大本の「眞道問答」には、

所貴干身者。名一位二壽三福四。而與奪之大靈魂也。是則神賦之正欲。俗學不悟。自暴自

棄。將求貴于外。何夫可得哉。

とある。大本の思想を共産主義だとか社會主義だとか吹聴する、神諭に所謂『御苦勞なお役』の、新聞の記者輩は少しく顔を洗つて拜聽するが宜しい。身に貴きところのものは、名（一）位（二）壽（三）富（四）で、是れは神賦の正欲だと示してある。併し之を求むるに惟神の手段を以てしなければならぬが、現代の人類は體主靈從《けだもの》の手段を以てするから、其れを神樣が八釜しく言はれるのである。その體主靈從《がいこく》の方針《やりかた》を靈主體從《ひのもと》の方針《やりかた》に立直せと言はれるのである。これが大正維新の眞意義であり、二度目の世の立替の本義である。截斷兩頭、樹立一劍、大本の主張は至明至白である。

松の大本と松下村塾

皇道大本の標語《モットー》たる二度目の世の立替は、此の體主靈從の世界を靈主體從の世界に改造することである。此れが眞の大正維新の意義である。大の字逆しまの今日の世（大）を大正に立直す神人協力の偉業を主唱し完成する事が皇道大本の使命である。國祖の御經綸である。故に此の意味に於て謂へば大正維新なるものは實に空前絶後の大神業で、固より明治維新なぞと對比して談ずべきでないが、併し規模の大小、意義の深淺を別として思ひ合せて見ると、實は其處にも一種の或る玄微の契機を發見せずには居られないのである。二月二十二日の神諭に『綾部の大本は天地の初發の神が現はれて、世界の經綸を致す靈地であるから松の大本《おほもと》と申すのであるぞよ』と示されてあるが、此の松の大本が中心となつて今度の大正の維新を完成するが如くに、明治維新は萩の市外松本村に在つた松下村塾から湧き出でた空氣によつて遂行されて居る。萩の城を指月城と云ふたのも何だか意味が有りさうである。月の《みろく》大神《さま》の世となるべき大正維新の大前提として、明治維新が行はれた以上、それ位ゐな契機はあつて然るべきであらう。

明治維新は王政復古であり大正維新は神政復古である。これは判り切つたことで今更ら說明する迄もないが、私は更らに明治維新は小日本の發見であり、大正維新は大日本の發見であると謂はむと欲するのである。何となれば明治維新の前までは、日本國民と云ふ觀念が一般國民の頭腦には絕無であつたとは云はぬが痛切に感じられて居なかつた。何と辯解しても當時までの日本は二百六十内外の藩に分れて、何れも世襲の藩侯を戴き、各藩に貨幣を有し法律を有し、軍備を有し人民の死活を制する自在の權力を有して居たのであるから多くの國民は何々藩の觀念はあつても日本國の觀念がなかつた。非常なる卓見家を除けば相當の智識階級に於てすらも兎角何々藩と云ふ觀念のみに支配されて居た事實は之を蔽はむと欲するも蔽ふ可らざるところである。當時の空氣の一班を知る爲めに明治二年二月二十一日中央政府の出した告諭の一つを左に抄出する。

天子樣は　天照皇大神樣の御子樣にて、此世の始より日本の主にましまし、神樣の御位正一位など國々にあるも、みな天子樣のものにて日本國の父母にてましませば、御敵たいいたし候ものは大名といへども一命を御取り遊ばされ候ても、いささか申分なき筈に候へども、誠に叡慮寛大にして、右樣の不心得のものあるは全く教化の不行屆故と勿體なくも御かへりみ遊ばされ、會津の如き賊魁すら命を助け給ひ、其外加擔の大名は、僅に減地所替など被仰付、家も知行も立下され候は、此上もなき御慈悲ならずや、……其方どもよく〳〵此道理をわきまへ、必ずさわぎ立て申すまじく候、日本の地に生れし人々は等しく赤子と思召され、（云々）とある。尙は大平記などには「天皇御謀反《こむほん》」なぞの文字さへ使用せる程にて全く大義名分が埋もれて居たのである。又た鍋島論語の稱ある「葉隱集」に「朝夕禮拜行住坐臥、殿樣々々と唱ふべし。佛名眞言に少しも違はざるなり』とある。そこで先覺者等の運動によつて、明治維新の幕が切つて落されると、一般國民は始めて長夜の迷夢より醒めて茲に舊藩の「目かくし」を徹去し、刮目して『日本國』を發見したのである。然るに今日の日本人は何うかと云ふに、先づ兎に角にも日本國と云ふ觀念はあるが日本國の眞の大使命が判つて居らぬ。しば〳〵言ふが如く大宇宙が大日本であり地球が中日本であり、今日の日本國土が小日本である。換言すれば即ち宇宙の中心が地球であり、地球の中心が日本であり、日本の中心が綾部である。而して吾々日本國民が眞の大日本國民としての覺悟を要し、努力を要すると云ふのは、形象的に此の「大日本」を發見すると同時に精神的に此の「大日本」を發見することである。であるから私は、明治維新の意義を小日本の發見と爲し、大正維新の意義を大日本の發見と言うても可《よ》からうと思ふのである。「松の大本」は實に嚴肅なる意義に於ける「國士養成所」であり又た眞の「英雄學校」である。

明治維新の時には薩、長、土、其他の志士及び阿部閣老だの勝海舟だの一と通りの骨折りでは無かつた。今度の大正維新は其れに較《くら》べると問題にならぬほど仕事が大きいから一層の大憤發を要すること勿論である。先達てある小說家の著作になる『高杉晋作』の廣告を某新聞で見た。その廣告文に高杉東行が作つた都々逸として『三千世界の鳥《からす》を殺し、主《ぬし》と朝寝がして見たい』と云ふのを引いてあつたが、私が長州の古老から聞いたところによると、此れは少し話が違ふのである。右の都々逸は西郷一梅（南洲の變名）の作で、それを高杉が一筆だけ修正したのだそうである。「殺し」を「啼かし」と替へたのである。『三千世界の鳥《からす》を啼かし主《ぬし》と朝寝がして見たい』此の一事を以てしても何《ご》うも高杉の面目性格が遺憾なく發揮して居る。三千世界の鳥《からす》が八釜しく啼き立てゝ居る處で悠々高いびきで朝寝をして見たいと言ふのだ。近來皇道大本に對して色々の新聞が譯も判らずに惡口を書き立てゝ攻撃してるが、まだ〳〵將來に於て大本は如何なる非難迫害に包圍されるかも分らぬ。四面楚歌の裡に仕事をして敵も味方も救つて行かねばならぬ責任がある。そこで苟くも大本信者たるものは誰れも彼れも高杉位ゐな氣概と膽力がなければならぬ。『三千世界の外國《から》魂《す》を啼かし主と朝寝がして見たい』

―（大正八年三月稿）―

神を見るまで

○昔は齡五十にして四十九年の非を覺《さと》つたものがあつたが、大本神諭に照らされると如何なる人でも過去の努力に對して冷汗《ひやあせ》の流れる思ひをせぬ譯には行くまい。殊に私のやうな亂暴者は、昨年の春大本の信仰に入つて始めて『罪の發見に伴ふ驚愕』を感ずることが一層激しかつたのである。從つて私の語るべき入信の經路は、一種の懺悔錄とならざるを得ないのである。大神樣の大悲に攝取される數多き人の中には、私のやうな亂暴者も混《ま》ぢつて居る事を知らるゝのも何かの御參考になるかも知れない。就ては私の心理の推し移つて來た道理を明かにする爲めに餘り香《かん》ばしくもない過去の閱歷の一端を語らねばならなくなつた。私は今、八荒照徹の大神威の御前に、虔しんで赤裸々なる告白の唇を開かねばならない。

○私は少年時代身體《からだ》が非常に弱くて性質も女のやうで、寧ろ陰氣な性質《たち》でありましたので、趣味は純文學と哲學とに馳せ、多少宗教臭いものも嚙つて見たが、やゝ物心のつく頃から漸く現社會の弱肉强食の狀態に憤慨する傾向を生じ、次第に純文學などと云ふものを離れて一種の政治的趣味を解するに至り、專心政治や經濟の研究に沒頭するやうになつてから、生來病弱の身體も稍《や》や丈夫になつて、同時に言論の威力を認むるやうになり、昔の時代は社會を動かすに刀槍弓箭が解決の鍵を握つて居たが、今日の時代では社會を動かすに足るものは言論の力なるを知り、演說や新聞雜誌に就て漸く興味を抱くやうになつたのである。

○大正元年頃から私は東京で或る政治雜誌に從事して居たが大正二年の春、第三次桂內閣を攻擊した頃、東京市中は鼎の沸くが如く混雜して居たが、例の燒打騷動の起つた時には或る政治的靑年團の首謀者と目せられて警視廳の湯地官房主事から茶菓子で體裁の好い抑留をせられた事もあつた。それから奸商等の米價釣揚ゲの際にも奸商征伐の目的で、回向院や本郷會堂で演説したりして次第に官憲の壓迫と云ふものゝ味ひを知るやうになつたが、警察力が次第に身邊を迫害すればするだけ一種の反抗心は益々向上し、角袖に尾行さるゝ修行は次第に積まれて來たのである。

○大正二年の七月佐々木照山氏と共に下關市に『六連報』と云ふ日刊新聞を發行したが其の主たる目的は支那問題解決に盡す積りであつたが、兎角お手近の諸問題の爲めに何時の間にか、人民の味方として官憲と戰ふ機關となつて、殊に一時は日本全國の話題となつた例の下關築港問題起るに及び、民論の中堅として力戰する事になつてからは、政府當局からは宛然一敵國を以て目せられるに至り、私共は全く謀叛人扱ひを受ける事になつた。新聞は毎日々々官憲攻擊の記事を滿載し、シカモ連日連夜火の出るやうな演説會を開き、終には市會が議決して居た築港案を撤回せしめた（問題は内務省との直接の喧嘩となつて）ので、市民側でも騷擾罪で投獄せらるゝ者二十餘名を算するに至り、東京の各政黨本部からは何れも數名の視察代議士を派遣し、山口縣の警察部は幹部を下關に移轉し、應援巡査數百名を他府縣から召集すると云ふ始末で、おまけに其筋では威力と金力とで無賴漢數百名を狩集めて六連報社を包圍すると云ふ騷ぎ。けれども私が主筆と云つても當時二十六歲の青書生、編輯部員も大部分早稻田系統のもので、何れも三十歲未滿の青年ばかりで編輯内閣を組織して居たので、不撓不屈益々蠻勇を振つて官憲攻擊の手を緩めなかつたから、新聞は殆んど毎日のやうに發賣禁止を受け、新聞紙法違犯や侮辱罪や騷擾罪で連日の如く起訴されるので、餘り數が多いので、どの事件が何うなつてるのか混雜を極めてるので、遂に一人の記者を法律事件係に專任した事もありました。

○私共が官憲を向ふに廻して奮鬪してる光景は蓋し地方民の一大驚異とする處であつたと見え、それまでサアベルの威力で泣き寢入りになつて居た地方の諸問題が復活して、頭を擡げて解決を賴みに來るので、廢《よ》せば可いのにイッパシの文明的播隨院の積りで、暇《ひま》さへあれば地方へ出かけて行つて警察攻撃の演説會を開いたので山口縣の警察界と福岡縣の警察界からは、私は親の敵のやうに怨まれました。併し當時私に憑依して居た天狗は大得意でアバれたのでせう。それから第三次支那革命の亡命客何海鳴等をかくまつてやつたり下關市外の六連島に、三宅雪嶺博士、黑板博士、黑岩周六氏、寺尾博士等を引つ張つて來ては其筋の氣に入らぬ講演會を開いたりしたので、益々官憲の憎まれッ兒になりました。實は益々其筋のムカツクような事ばかりやつて來たものです。

○併し此儘では官憲の威信に關すると云ふので、彼等は手に手を盡して私共を羅織《らしき》（ワナにかけて罪にする）しやうと努め、或ひは私共の行きつけの料理屋と連絡を取り、或ひは特に犠牲となるべき警官を拵らへて芝居を打つたりして私も何度も法廷へ引ッ張り出されたが、市民の同情は無論私共の方にあつたので、事件の起る度に誰れとも分らず見舞品は社の玄關に山積されて居りました。

○それでも拔目の無い羅織運動には數時《しば〳〵》やられました。私は行きつけの料理屋で騒ぎ廻つて居る時、無錢遊興だと云ふ事に拵らへ上げられて時の山口縣警務長の命令でやられた。其れから届書の手續きを怠つた爲に新聞法違犯でやられた。モ一つは下關辨天座の演説會がハネて歸らんとして腕車の上から見ると、聽衆が黑山のやうになつて萬歳を浴せる、それを澤山の武裝せる巡査が無茶に推しのけるので、私の側に居た下關署司法警部と私と爭論の末、私は腹が立つたから、車上から「馬鹿野郞」と大喝した爲め此れが侮辱罪となつて科料十五圓、これで今日でも前科三犯と云ふ光榮ある肩書を有して居るのであります。併しアトの二つの事件は兎も角として所謂無錢遊興事件は實に憤慨千萬なので、大正二年十一月何日かの六連報へ『吾輩の前科及後禍、友清默山』と題して全紙面を埋め、其の事件の前後の事情より審さに述べて、官憲の横暴、司法權獨立の危機を絶叫したが、要するに筆墨で鬱憤を晴しただけの事であつた（當時の新聞綴込は關係官廳には勿論、山口圖書館にも保管してある）尙ほ私の外の社員も大半いろ〳〵の罪を得たが、私は此の世界は何とか根本的改革が行はれなければ、一面には毎日の如く大罪を犯して天下得意の居に傲嘯する者あり、一面には罪無くして罪せらるゝもの決して尠なからざるべきを痛感したのであつた（今日となつて見ると誰も彼れも地上の人類罪人ならざるは無きを知つたけれど）尤も大正三年になつてからは裁判所の方でも遂に色々の事實を發見し、警察の報告が信用出來ぬ事を覺つて主として憲兵隊の報告を採るやうになつたので、私共は大いに活動し易くなつた。下關警察署長は二人まで續けて首になつた。

○私は大正二年十一月十八日、豫戒令を執行された。その數年以前からも角袖は尾行するにキマつて居たけれど、豫戒令を受けてからは制服巡査が二人宛隨行して全くの大臣待遇となつた。時には煙草を買ひにやつたりして便利もあつたけれど、風呂へ行くまで尾《つ》いて來《く》るには閉口しました。併し大正三年の二月かに此の蠻法豫戒令は撤回されました。私はツマリ最後の豫戒令を受けたのです。

○大正三年は春から夏と段々と生活が常識的になつて來ましたが、太田海軍大佐と海軍革正の演說をやつて九州から中國、吳の方から京阪地方、山陰道では城崎へも來ました。それから橿原神宮不敬事件に就て內閣の責を問ふべく單身東京へ行き、丁度精養軒（或ひは帝國ホテルなりしや、今記憶せず）で全國記者大會があつたので、此席上で問題にする積りで出席したが、たま〳〵其の大會の日に照憲皇太后が御崩御になつたので思ひ止まつた事もあつた。（右の橿原不敬事件に就ては當時の六連報へ二頁に亘つて書きましたが、其當時の秘密書類は今猶私の行李の底に殘存して居ります。私は此の事件の內情を知つて今日の世が根本から亂れて居る事と、政府當路が實際の誠意の心無き事を肝に銘ずるに至りました）それから大正四年の春の總選擧に佐々木照山氏を當選せしめると同時に、同氏と不和を來し、私は私の血淚の結晶たる六連報社を退出したが、同社はやがて解散同樣の狀態となり、同年の夏には發行を休止して了つたのである。

○私は同年の六月頃から肥後の山中、炭燒きの住む家が二軒あるきりの處で、兵法と易の研究をやつた。朝は白雲を別けて溪流に口そゝぎ、暮は猿聲を聽いて一穗の灯前孤座默念の人となつた。目にはさやかに見ねれども、風の音にぞ驚かれぬる秋となつても、尙ほ此の山上の默念生活には飽きなかつた。

○期す可らざるものは人事の變轉である。その翌大正五年の六月には、肥後の仙人は何時しか洛陽の俗客となつて居た　支那問題に奔走して居た法學士水野秀君と私とで東亞協會なるものを起し、別に私は門司に於て雜誌東亞評論を發行した。翌大正六年の春の總選擧には友人某君の立候補を助けてタマ〳〵佐々木照山氏と殆ど同地盤に接戰する事となり双方共倒れの憂き目を見たが、その時の全國の開票結果を見て、私は現代の政治心理に甚だしき疑問を生じ、全く政治と云ふものを斷念すると同時に、モハヤ一國の運命は神明の冥助によるの外無きを知り、單身英彦山へ登つて當時の內憂外患を神明に祈つた事もあつた。東亞評論誌上『國難を高天原に訴ふ』と題した論文を發表したのも其時であつた。（英彦山の上に高天原と稱する高原あり）又た『皇居を英彦山に奉遷せよ』と云ふ論文を同誌上に發表したのはその前年であつた。東京の何とか云ふ雜誌が遷都論を唱へたよりも數ヶ月早かつた。斯くして私は政治に對する興味の全く去ると同時に、漸く基礎の定まらんとした東亞評論をも廢刊して了つた。（昨春始めて大本の遷都論を聞いた時には、何と云ふ理由無しに之れある哉と思つた）

○私は東亞の安危、日本國の運命が神佛の冥助によるの外無きを覺悟すると同時に、參考になりさうなものを手當り次第に讀んだり、或ひは色んなものを訪問して見たりした。弘法大師の十住心論を讀んで、眞言密教に及ぶものなしと合點し、段々密教を調べて行くと密教は教相だけ調べても事相を研修せねば無意味なるを知つて、其れから多少心當りの處を訪れたり、或ひは近來流行の諸種の靈術と云ふ樣なものも一と通りやつて見たが皆な駄目であつた。大靈道の如きは『日本及日本人』の記者であつた森田義郎君と二人で毎晩九段下まで通つて所謂靈學士とか云ふ勿體ない眉書まで貰つたけれど何の得る處もない。それから研精社へも通つて奥傳まで受けたけれど格別なものでもない。その他色々なものを漁《あさ》つて見たが、何れも低級な寧ろ馬鹿氣切つたもので愛憎をつかして高野山へ行つたが教相の學者は居るけれど事相の出來るものは居らぬ。京都から醍醐あたりの密僧も尋ねて見たが、何れも飯喰ひ坊主ばかり、遂に大和の山中で或る高僧に師事するに至つた。此人は確かに現代世界の密教の第一人者であるが（管長候補にも推されたが固辭した人、今日の坊主共を糞味噌に罵倒してる老漢）私は或る日、大峰颪の吹雪に吹かれて大師堂で默坐してると、一種の靈感に打たれて急に綾部へ來たくなつて來たのである。

○顧みれば過去の半生の經路は、つまり大本へ來る迄の順路であつたやうであるが、それにしても隨分生意氣千萬な横着な道を辿つて來たものである。大本に來る迄は『常に弱者の味方として奮鬪し來つた、俯仰天地に耻ぢない、現世の名利何か有らん、地中に待つ佳人あり』と澄して居たが、一たび淺野先生から鎭魂を受けて天狗が飛び出して以來、事毎に大本神の明鏡に照らされて、耻しいやらキマリが惡いやらで夢のやうに今日に及びました。

—（大正八年一月記）—

大正八年五月十五日印刷
大正八年五月二十日發行

皇道大本の研究

定價金八拾錢

郵稅六錢

著者　友淸九吾

京都府綾部町字本宮三十二番地

發行者　大日本修齋會出版局

京都府綾部町字本宮三十二番地

代表者　高木鐵男

東京市京橋區南水谷町九番地先

印刷所　明治印刷合資會社

京都府何鹿郡綾部町字本宮三十二番地

皇道大本

發行所　大日本修齋會

振替口座大阪二八七一二番

發賣所　新橋堂

東京市京橋區銀座大通
振替東京二〇〇〇番

電話銀座五九一番

◉奉修者に告ぐ

△地の高天原たる綾部の皇道大本へ參拜又は修行に御出になるのには、東からならば京都で乘り換へて山陰本線に依らるゝが順路で、京都から綾部迄二時間半ばかり、汽車は嵐山の翠薇を左に保津川の奇勝に沿ふて上るのであります。西からならば神崎又は大阪乘り換へ阪鶴線に依らるゝが順路であるが、京都迄行て山陰線に依らるゝも時間の上では同じやうなものであります。神崎又は大阪から四時間半ばかり（山陰連絡の列車なら福知山で乘り換への必要があります）此沿線の風景も滿更捨てたものではありませぬ。

△大本に於ける研究修行は大日本修齋會員に限ります。何人にても皇道大本の敎義を奉信する者を直ちに會員と見做して取計ひます。併し本會にて發刊する雜誌神靈界は出來得る限り御購讀されんことを希望します。神靈界につきての詳細は本書末尾の廣告欄を御覽願ひます。

△修行者は成るべく不敬に涉らぬやうに、言行服裝に注意して頂きたいのです。併し禮服には及びません。そして成るべく男子は木綿袴を一着用意して下さい。大本は粗衣粗食主義ですから、淸潔でさへあれば粗服の方が宜しい。贅澤な風をしてると却つて恥かしい位ゐですから、此點は特に御婦人方に注意して置きます。又なるべく獸毛獸皮類を使用されない方が結構です。洋服はどうも面白くありません。

△皇道大本信條及び、皇道大本誓約を遵守して指揮に從つて頂かねばなりません。これは誰れにでも常識で考へれば分ることで別に殊更ら申上げる程でもありますまい。

△開祖及び敎主の御筆先は世の立替立直しに關する、至貴至重の神諭ですから、奉修者は一生懸命でその眞意義を研究體得して貰はねばなりません。（開祖の御筆先を表の神諭と稱し、敎主の御筆先を裏の神諭と稱して居ります）其他部内部外

で口に筆に神諭と稱して發表するものがあつても、表の神諭裏の神諭の外は絶對的權威を認めませんから、特に御注意を願ひます。

△幽斎（鎮魂）修行の希望者は受附へ申込まれて、住所氏名年齢を書いた札を受取つて、幽斎修行の際自分の前へ其札を出して置いて下さい。そして幽斎は必ず其指導者の指揮に從つて修行せらるべきものとなつて居ります。但し自修は指導者より其時期に達したと認めた場合に是を許します。昨今は午前と午後と二回に修行して居ります、時間等は受附で聞いて下さい。

△言靈の研究に就ても、其の指導者に就いて質されるが便利です。

△天の岩戸の無言修行は三日間ですが、幽斎自修期に入つてから許されるもので、此の場合は矢張り責任先達の指揮に從つて修行するのです。希望者は受付で何彼の事をお訊《き》きなさい。

△朝夕大廣前の禮拜、善言美詞《のりと》の奏上には必ず參加して敬神の至誠を盡さるべきものです。時間は受附で聞いて下さい。

△講演は昨今は金龍殿に於て午前と午後と二回に試みて居ります、時間は是も受附で聞いて下さい。

△祝詞《のりと》（天津祝詞、神言、感謝祈願等）の奏上は言靈を實地に應用してあるものですから、誠心誠意、其の示せる處に基いて奏上せられねばなりません。合同奏上の際は不慣《ふな》れの間は餘り大きな聲を出されると調子が亂れて神樣に對しても不體裁で、且つ他の人も迷惑しますから、充分に調子が呑込めるまでは心持ち控へ目に聲を出される方が可《よ》からうかと思はれます。併し祝詞奏上は全精神を神明に到達せしめる樣に一心不亂でなければならぬから、聲の大小などに必ずしも拘泥して下さいと云ふのではありませんから、誤解のないやうに願ひます。

△大神樣の奉斎は、各會員として是非必行すべき典事ですから、遠方から來られた方は、其際奉迎して歸郷せられるのが宜しいのです。又た各自を守護する御守護神を奉斎せられんことを希望します。その理由は指導者にお聞きなさい。又

た祭祀の方法に就ては、大廣前詰役員に就てお質しなさい。お肌守りも下附されますが、普通の神社のお守りの様な刷り物のやうなものではなく、神聖極まるもので且つ幾らでも澤山に出來るといふやうなものでありませんから、餘り慾張つて澤山にお下げをお願ひしないやうに御注意を願ひます。尙は委しいことは役員にお尋ねなさい。以上の各御神靈は郵送などと云ふことは絕對に出來ないものですから、御參拜の砌りに親しく御迎へになる外はありません。

△病氣に對する鎭魂、其他祈禱、神籤等の事は大廣前詰役員に御聞き取りを願ひます。

△別に祖靈の祭祀といふ典事があります。子孫として先祖の靈に對して義務がありますから、大本祖靈社へ鎭祭の手續をせられるが宜しい。その方法等は同社係りに聞合されゝば分ります。

△大本研究部に於ては、研究者用の參考書として、神靈界初號以來の合本が數十組ありますし、外に寫本類で、道の大原、言靈學、天地は一貫の卷等がありますから、受付で聞合せて下さい。併し一切門外に持出すことは禁じられてありますから、許しなくして禁を犯せるものは、必ず神罰を免れません。

△宿所の事は、前記靈學研究志望者に告ぐの末項に記載の通りでありますが、土地不案内の者、勝手が分らないで困る方は受付で相談して下さい。受附の方で出來る丈け御世話も致し、相當の宿所へ御案內も致します。决して御遠慮には及びません。

△研究修行の日數は、其人により極つて居りませぬ。本當は少くとも三四週間御滯在の覺悟が願ひたいのであります。御都合でどう御滯在が出來ぬといふ方でも、少くも十日以上は是非居つて戴かねば不安心であります。急ぐ人には四五日でも大體の目鼻をつける樣に努力は致しますが、それでは堂も不安心であります。

大本神諭 第一輯、第二輯（以下續刊）

定價各金五拾錢
郵稅各金四錢

皇道大本は大本神諭の發現と共に生れたるものにして、大本神諭は六合に光被して天地惟神の大道を說き、神政成就、世界統一の大神業を神人兩界に宣言し給へる世界無二の神文也。今ま虔んで選拔して其第一輯を單行本として出版し以下續刊するの運びとなれるは誠に時節の切迫に伴ふ國祖の大悲に由るもの也

文學士淺野和三郞先生述

大本叢書 大本神諭略解

定價金貳拾錢
郵稅金貳錢

皇道大本の眞骨髓、眞使命を知らんとする者は大本眞諭の眞意を闡明せざる可らず。然るに神諭の文章は一見寧ろ其平明に驚くが如くにして、實は至深至遠、容易に其の堂奧の秘義を究むる能はず、多くの硏究者は纔かに雲間の片鱗を望見して止むに過ぎざらん

とす。而して又神諭の講明は其の第一義の玄微に觸れんとするを許されざるものなれども如何に神諭を釋讀すべきかの手ほどきとして淺野總務婆心已み難く、憐兒忘醜這の通俗的解説を發表せらる。本書は實に神諭研究者の「不可能」を「可能」ならしむる關門の通行劵たり。

文學士淺野和三郎先生述

大本叢書

古事記と現代

定價金貳拾錢
郵稅金貳錢

古事記を表面より解釋すれば、一の神話たるに止まれど、大本言靈學を活用して解釋すれば、正に現代に對する一大豫言書にして、日本對世界の關係を初め、今後數年に亙りて展開せんとする振天動地の大問題は宛然パノラマの如く判明し來る、本書は古事記中の壓卷といふべき最重要部を拔萃して簡明平易なる解說を施したれば、苟くも世の先覺者を以て任ずる人は、須く一本を座右に具へ、落伍者たるの不名譽を免れざるべからず。

發行所
京都府綾部町字本宮
大日本修齋會
振替大阪二八七一二

取次所
東京市京橋區銀座通出雲町
新橋堂書店
電話銀座五九一
振替東京二〇〇

友清天行道人著

神と人との世界改造運動

大日本修齋會

皇道大本信條

第一條　我等は天之御中主大神が一靈、四魂、三元、八力の大元靈にして、無限絕對、無始無終に宇宙萬有を創造し給ふ、全一大祖神に坐ますことを敬信す。

第二條　我等は天照皇大神が全一大祖神の極德を顯現せられ、八百萬の神達を統率して遍く六合に照臨し給ふ、至尊至貴の大神に坐ますことを敬信す。

第三條　我等は我皇上陛下が天照皇大神の靈統を繼承せられ、惟神に主師親の三德を具へて世界に君臨し給ふ、至尊至貴の大君に坐ますことを敬信す。

第四條　我等は日本國が世界無二の靈地にして、特に丹波國綾部本宮は、天神地祇の神集ひに集ひ給ひて神律を議定し、古今東西の諸教を歸一して、金甌無缺の皇道を樹立し給ふ、地上の高天原たることを敬信す。

第五條　我等は國祖國之常立尊が、天照皇大神の聖旨を奉戴して、世の立替、立直を遂行し、宇內の秩序安寧を確立し給ふ、現世幽界の大守神に坐ますことを敬信す。

第六條　我等は豐雲野尊が國祖の神業を輔佐助成し、率先して至仁至愛の全德を發揮し給ふ、主位の大神に坐ますことを敬信す。

第七條　我等は大本開祖が世界唯一の大教主にして、國祖國之常立尊はその肉體に憑りて、至純至貴の大本神諭を降し、皇道の規範を示し給ふことを敬信す。

第八條　我等は各自の靈魂が皆神の分靈にして、肉體は神の容器たることを覺り、常に靈主體從の神則に從ひ、以て神政の成就を期すべき使命あることを敬信す。

第九條　我等は各地に配置せられたる產土神と、各人に賦與せられたる守護神との保護指導によりて、心身の健全を保有し、又祈願の透徹を期し得る事を敬信す。

第十條　我等は心身正しければ神助天惠に浴し、心身不正なれば神罰天譴に觸れ、現世幽界の別なく、嚴格に神律に照らさるゝ時代の、正に到達せる事を敬信す。

神と人との世界改造運動

友清天行道人

(一)

戰《たゝか》ひの來《きた》るのは戰《たゝか》ひの來《きた》るの日《ひ》に來《きた》るのではない、事《こと》の成《な》るのは成《な》るの日《ひ》に成《な》るのでないのと同樣《どうやう》であります。暑《あつ》くなつた今《いま》が夏《なつ》の眞《ま》つ盛《さかり》だと思《おも》ふ時《とき》には、既《すで》に地底《ちてい》には秋《あき》の氣《き》が旺《さか》んに張《はり》裂《さ》けるばかりに滿《み》ち充《み》ちて居《ゐ》るのであります。明日《あす》も太陽《たいやう》は東《ひがし》から出《で》るから明日《あす》も平和《へいわ》であらう。今年《ことし》も平和《へいわ》であつたから、明年《めうねん》も先《ま》づ此《こ》んなもので有《あ》らう、無論《むろん》活《い》きた世《よ》の中《なか》だから多少《たせう》の變動《へんどう》は有《あ》らうけれど、大體《だいたい》に於《おい》て先《ま》づ此《こ》んなもので有《あ》らうとは百人《ひやくにん》の中《なか》の九十九人《にん》が左《さ》う思《おも》つて居《を》る處《ところ》であります。然《しか》るに夜《よる》となく晝《ひる》となく聲《こゑ》を涸《か》らして其《そ》んなボンヤリした思想《しさう》に反對《はんたい》して大事《だいじ》の日《ひ》に〳〵迫《せま》る事《こと》を警告《けいこく》して居《を》るものがあります。それが丹波綾部《たんばあやべ》の皇道大本《くわうだうおほもと》であります。

此《こ》の二三年來《ねんらい》の世《よ》の中《なか》の色々《いろ／＼》の出來事《できごと》を何《ど》う考《かんが》へて居《を》りますか、普通《ふつう》の人間《にんげん》から言《い》へば天災《てんさい》地變《ちへん》、又《また》は人間社會《にんげんしやくわい》の一波《は》一瀾《らん》に過《す》ぎないと思《おも》つてるで有《あ》りませうが、世《よ》の中《なか》に偶然《ぐうぜん》の出來事《できごと》なるものは一つもありませぬ。善《よ》い事《こと》にあれ惡《わる》い事《こと》にあれ、何《いづ》れも皆悉《みなこと／＼》く神慮《しんりよ》の發現《はつげん》ならざるはありませぬ。風《かぜ》の行《ゆ》くのも、雲《くも》の動《うご》くのも、鳥《とり》の鳴《な》くのも、豚《ぶた》の寢《ね》てるのも、其處《そこ》のランプの燈《ひ》の消《き》へたのも貴下《あなた》の箸《はし》の先《さ》きから飯粒《めしつぶ》が一つ落《お》ちたのも皆《み》な神意《しんい》の發現《はつげん》であります。ナザレの豫言者《よげんしや》は『吾人《ごじん》は恰《あた》かも飛《と》ぶが如《ごと》くに進《すゝ》みつゝあり』と申《まを》しましたが、實《じつ》は自分《じぶん》で飛《と》んでるのではなくして飛《と》ばされて居《ゐ》るのです。茲《こゝ》に於《おい》てか昔《むかし》の人《ひと》でも少《すこ》し氣《き》の利《き》いた連中《れんちう》は『一葉落《えふお》ちて天下《てんか》の秋《あき》を知《し》る』なぞと云《い》つて、烟《けむり》の立《た》つを見《み》て既《すで》に火《ひ》のある事《こと》を悟《さと》りました。『天津《てんしん》橋上《けうじやう》に杜鵑《ほとゝぎす》の聲《こゑ》を聽《き》いて時勢《じせい》の變《へん》を知《し》る』男《をとこ》も出《で》ました。けれども心無《こゝろな》き者《もの》には如何《いか》なる神《かみ》の啓示《けいじ》も、いつも啼《な》く烏《からす》が啼《な》く程《ほど》にしか感《かん》じられませぬ。軍艦《ぐんかん》が爆沈《ばくちん》しても寧《むし》ろ奇蹟《きせき》に近《ちか》い鐵道《てつだう》の事故《じこ》が起《おこ》つても、火元《ひもと》の分《わか》らぬ大火《たいくわ》があつても『原因取調中《げんいんとりしらべちう》』で葬《はふむ》られて了《しま》ふ。○○の爆發《ばくはつ》があつても、氣象學上《きしやうがくじやう》殆《ほと》んど見當《けんたう》のつかぬ暴風雨《ばうふうう》が襲來《しふらい》しても夢《ゆめ》の醒《さ》めぬ人達《ひとたち》が大部分《だいぶぶん》であります。此《こ》の夢《ゆめ》を見《み》てる人達《ひとたち》にも二た通《とほ》りありまして、本當《ほんたう》に眠《ねむ》つてる人《ひと》なら搖《ゆ》り起《おこ》せば氣《き》がつけば起《お》き上《あが》りますけれども、狸寢入《たぬきねいり》をしてる連中《れんちう》は搖《ゆ》り起《おこ》してもナカ〳〵起《お》きませぬ。皇道大《くわうだうおほ》本《もと》でも此《こ》の狸寢入《たぬきねいり》の連中《れんちう》は眼中《がんちう》にありませぬ。イヤ實《じつ》は神界《しんかい》に於《おい》て綱《つな》の切《き》れてる連中《れんちう》なのであります。佛者《ぶつしや》の所謂《いはゆる》緣無《えんな》き衆生《しゆじやう》であります。此《こ》の記事《きじ》を見《み》ても只《た》だ馬鹿《ばか》々々しく感《かん》ずる連中《れんちう》が即《すなは》ち其《そ》れであります。

(二)

今《い》ま此《こ》の一冊子《さつし》を手《て》にせられた人《ひと》の中《なか》には、始《はじ》めて皇道大本《くわうだうおほもと》なるものゝ存在《そんざい》を知《し》り、皇道大《くわうだうおほ》本《もと》とは何《なん》であるか、全《まつた》く不案内《ふあんない》の方《かた》があるで有《あ》りませうから一寸《ちよつと》搔《か》い摘《つま》んで皇道大本《くわうだうおほもと》の概略《がいりやく》を申《まを》し上《あ》げて置《お》きますが、丹波國何鹿郡綾部町《たんばのくにいかるがごほりあやべまち》に於《お》ける皇道大本《くわうだうおほもと》の發端《はつたん》は、明治《めいぢ》二十五年正月《ねんしやうぐわつ》元日《ぐわんじつ》を以《もつ》て開祖《かいそ》出口《でぐち》直子《なほこ》刀自《とじ》が神懸《かんがか》り狀態《じやうたい》になられた時《とき》からで、既《すで》に二十七年《ねん》の歷史《れきし》を有《いう》して居《を》りますが其《そ》の憑《か》依つて居《を》られる神《かみ》は地《ち》の世界《せかい》の造《つく》り主《ぬし》たる國常立命《くにとこたちのみこと》でありまして、今《いま》や何《なん》千年來《ぜんねんらい》の御《ご》計劃實現《けいくわくじつげん》の時節《じせつ》が到來《たうらい》して、因緣《いんえん》の身魂《みたま》たる出口開祖《でぐちかいそ》に憑《かゝ》られて、愈々《いよ〳〵》此《こ》の惡《あく》の世《よ》を善《ぜん》一筋《すぢ》の世《よ》に立替《たてか》へる大經綸《だいけいりん》に着手《ちやくしゆ》されたのであります。所謂建設《いはゆるけんせつ》の前《まへ》の破壞《はくわい》で此《こ》の現狀世《げんじやうせ》界《かい》が木《こ》つ葉《ぱ》に打《う》ち碎《くだ》かれる時期《じき》が眼前《がんぜん》に迫《せま》りました。それは此《こ》の歐洲戰爭《おうしうせんさう》に引續《ひきつゞ》いて起《おこ》る日本《にほん》對世界《たいせかい》の戰爭《せんさう》を機會《きくわい》として、所謂天災地變《いはゆるてんさいちへん》も同時《どうじ》に起《おこ》り世界《せかい》の大洗濯《おほせんたく》が行《おこな》はれるので、此《こ》の大《おほ》洗濯《せんたく》には死すべきものが死《し》し、生《い》くべきものが生《い》くるので、一人《にん》のまぐれ死《じに》も一人《にん》のまぐれ助《たす》かりも無《な》いのであります。外國人《ぐわいこくじん》ばかりではありませぬ。日本人《にほんじん》も同樣《どうやう》で、無論大變《むろんたいへん》な事《こと》になるのでありますから、何《なに》が大問題《だいもんだい》と云《い》つても此《こ》れ程《ほど》の大問題《だいもんだい》は有《あ》りませぬ。そんなら日本對世《にほんたいせ》界《かい》の戰爭《せんさう》が何時《いつ》から始《はじ》まるかと云《い》ふとそれは今《いま》から僅《わづ》か一二ケ年經《ねんた》つか經《た》たぬ間《ま》に端《たん》を啓《ひら》きます。皇道大本《くわうだうおほもと》の言《い》ふた事《こと》で千百中只《せんひやくちうたゞ》の一つも、毛筋《けすぢ》の巾程《はゞほど》も間違《まちが》つた事《こと》はありませぬ。日清戰《につしんせん》爭《さう》も、日露戰爭《にちろせんさう》も、此度《こんど》の歐洲戰爭《おうしうせんさう》も皆《み》な大本神《おほもとかみ》の、世界立替《せかいたてかへ》の準備行爲《じゆんびかうゐ》の樣《やう》なものでありまして、從《したが》つて其《そ》の計劃實行《けいくわくじつかう》の中府《ちうふ》――神《かみ》と人《ひと》との集合所《しふがふしよ》たる皇道大本《くわうだうおほもと》では、何《いづ》れも明治《めいぢ》二十五年《ねん》から分明《ぶんめい》に前知《ぜんち》されてあつたのみならず、事情《じじやう》の許《ゆる》す限《かぎ》り堂々《だうだう》と前以《まへもつ》て發表《はつぺう》してあります。此度《このたび》の歐洲戰爭《おうしうせんさう》は實《じつ》に突發的《とつぱつてき》に起《おこ》つたもので、其《そ》の一日前《にちまへ》までは此《こ》の樣《やう》な騒動《さうどう》が起《おこ》らうとは誰《た》れ一人《ひとり》夢想《むさう》もする人《ひと》は無《な》かつたが、皇道大本教主出口王仁三郎先生《くわうだうおほもとけうしゆでぐちわにさぶらうせんせい》は其《そ》の約《やく》一ケ月前《げつまへ》に公開《こうかい》の席上《せきじやう》で今《い》ま直《す》ぐ世界的大戦争《せかいてきだいせんさう》が欧洲《おうしう》に起《おこ》ると云《い》ふ事《こと》を發表《はつぺう》されて了《しま》はれました。去《さ》る六月《ぐわつ》二十五日《にち》から七月九日《ぐわつか》まで松江《まつえ》米子《よなご》、鳥取方面《とつとりはうめん》を巡講《じゆんかう》された皇道大本《くわうだうおほもと》の淺野《あさの》總務《そうむ》は到《いた》る處《ところ》で日本《にほん》の西比利亞出兵《しべりあしゆつぺい》は最近《さいきん》に決定《けつてい》すると云《い》ふ事《こと》を言明《げんめい》して歩《ある》かれたので、知識階級《ちしきかいきふ》の頑迷《ぐわんめい》な部分《ぶゞん》に屬《ぞく》する連中《れんちう》は、當時《たうじ》の政界《せいかい》の模様《もやう》から觀測《くわんそく》して、そんな馬鹿《はか》な事《こと》があるものかと嘲笑《てうせふ》して居《ゐ》たがそれから十數日《すうじつ》を經過《けいくわ》すると出兵決定《しゆつぺいけつてい》の號外《がうぐわい》が出《で》た。馬鹿《はか》でも何《な》んでも事實《じじつ》は事實《じじつ》で、如何《いかん》ともする事《こと》が出來《でき》ませぬ。いろ〳〵の豫言《よげん》を發表《はつぺう》して社會《しやくわい》の喝采《かつさい》を博《はく》するのが目的《もくてき》なら、此《こ》んな問題《もんだい》はイクラでもあるが、皇道大本《くわうだうおほもと》は其《そ》んな道樂《だうらく》をしてる處《ところ》ではないのでありまして、事實《じじつ》に世界《せかい》の立替《たてかへ》を計劃實行《けいくわくじつかう》する神《かみ》と人《ひと》との策源地《さくげんち》でありますから、大低《たいてい》な事《こと》は皆《み》な秘密《ひみつ》になつて居《ゐ》て、其《そ》の發表《はつぺう》を神界《しんかい》から禁《きん》せられて居《を》ります。疑《うたが》ふ者《もの》は皇道大本《くわうだうおほもと》に來《きた》つて研究修行《けんきうしうげふ》を積《つ》みなさい。其《そ》の人《ひと》の信仰《しんかう》の程度《ていど》と神界《しんかい》の御都合《ごつがふ》とに依《よ》つて、其《そ》の人々《ひと〴〵》の力徳相應《りきとくさうおう》に、次第《しだい》に分明《ぶんめい》に解《わか》つて參《まゐ》ります、併《しか》し神界《しんかい》の秘密《ひみつ》を相手《あひて》を吟味《ぎんみ》せずに洩《も》らす様《やう》な人《ひと》には容易《ようゐ》に解《わか》らして貰《もら》へませぬ。實《じつ》は綾部《あやべ》の皇道大本《くわうだうおほもと》は世界《せかい》の鏡《かゞみ》で、何《なに》も彼《か》も世界《せかい》の事《こと》が大本《おほもと》へ反映《うつ》る事《こと》になつて居《を》りますので、大本内部《おほもとないぶ》の一草《さう》一木《もく》、如何《いか》なる人《ひと》の一擧手《きよしゆ》、一投足《さうそく》にも深《ふか》い意味《いみ》のある事《こと》で靈活《れいくわつ》の心眼《しんがん》を以《もつ》て見《み》れば大本《おほもと》の内部《ないぶ》を見《み》て居《ゐ》るだけでも少《すこ》しは解《わか》る筈《はづ》です。此頃《このごろ》いろ〳〵重要《ぢゆうえう》にして最《もつと》も神聖《しんせい》なる使命《しめい》を有《いう》する建築物等《けんちくぶつとう》が相次《あひつ》いで竣工《しゆんこう》せんとして居《を》りますが、大本《おほもと》では不必要《ふひつえう》な時機《じき》に不必要《ふひつえう》なものは一つも出來《でき》ませぬから世界《せかい》は何彼《なにか》の事《こと》が餘程迫《よほどせま》つて來《き》た事《こと》が分《わか》りませう。もう少《すこ》し突《つ》ッ込《こ》んで書《か》いて知《し》らせて上《あ》げたいけれど、それは出來《でき》ませぬ。神樣《かみさま》の眼《め》が光《ひか》つて居《を》ります。

從來《じゆうらい》は現界《げんかい》も神界《しんかい》も未成品時代《みせいひんじだい》でありましたのが、此度國祖國常立命《このたびこくそくにとこたちのみこと》が何千年來《なんぜんねんらい》の御經綸成《ごけいりんぜう》就《しゆ》の時機《じき》となつて、愈々《いよ〳〵》世《よ》の立替《たてかへ》が出來《でき》る事《こと》になつたのでありますが、此《こ》の舊世界《きうせかい》から新世界《しんせかい》に移《うつ》る瀬戸際《せとぎは》は随分現界《ずゐぶんげんかい》の人々《ひと〴〵》も骨《ほね》が折《を》れますので其《そ》れは覺悟《かくご》をして居《を》らねばなりませぬ。此《この》節頻《せつしき》りに米《こめ》が高《たか》い〳〵と愚痴《ぐち》を並《なら》べて居《を》りますが、まだ此《こ》れどころではありませぬ。今後物價《こんごぶつか》は一時《じ》の變動低落《へんどうていらく》はありましても今《いま》から○○もすればウンと高《たか》くなります。愈々日本對世界《いよ〳〵にほんたいせかい》の戰爭《せんさう》となつて少《すこ》し日《ひ》が經《た》つて難局《なんきよく》に陷《おちい》りますと、一昨年《さくねん》の露國位《ろこくくらゐ》な事《こと》ではありませぬ。露都《ろと》で米《こめ》が一升《しよう》が二圓《ゑん》もすると云《い》つて驚《おどろ》いたけれども、愈々《いよ〳〵》となると日本《にほん》は小《ち》さい島國《さうごく》でありますから經濟界《けいざいかい》の神經《しんけい》は一層過敏《そうくわびん》で、愈々日本《いよ〳〵にほん》が絶對《ぜつたい》の孤立《こりつ》となりますと、一升《しよう》二圓出《ゑんだ》しても拾圓《じふゑん》出《だ》しても米《こめ》を買《か》ふ事《こと》が出來《でき》ぬやうになります。其時《そのとき》は政府《せいふ》は非常手段《ひじやうしゆだん》を講《かう》じて、名義《めいぎ》は何《ど》う云《い》ふ風《ふう》にしても事實上食料品《じつじやうしよくれうひん》の私有《しいう》を許《ゆる》さず、一切國家《さいこくか》が直接《ちよくせつ》に保管《ほくわん》して配給《はいきふ》する様《やう》な政策《せいさく》を執るのでありませうが、以《もつ》て經濟社會《けいざいしやくわい》の混亂《こんらん》は想像《さうざう》する事《こと》が出來《でき》ませう。武器《ぶき》の如《ごと》きも無論不足《むろんふそく》缺乏《けつばう》しますから、寺院《じゐん》の釣鐘《つりがね》も鑄潰《ゐつぶ》されるし、民間《みんかん》では五寸釘《すんくぎ》の折《を》れまで取《と》り上《あ》げられる事《こと》になり、老若男女《らうにやくなんによ》を問《と》はず何《ど》うか斯《か》うか動《うご》けるものは擧《こぞ》つて國防《こくばう》の事《こと》に當《あた》らなければならぬ様《やう》になります。決《けつ》して空想《くうさう》ではない。委《くは》しい事《こと》は綾部《あやべ》へ來《き》て研究《けんきう》せられねば分《わか》りませぬが、今《い》ま直《す》ぐに起《おこ》つて來《く》る事實問題《じじつもんだい》であります。故《ゆゑ》に國民《こくみん》は今日只今《こんにちたゞいま》より、食料《しよくれう》、武器及《ぶきおよ》び一般人《はんじん》の軍國《ぐんこく》的精神《てきせいしん》の涵養《かんやう》と云《い》ふ事《こと》に念々不絶《ねんねんふぜつ》の注意《ちうい》を拂《はら》つて頂《いたゞ》かねばなりませぬ。桑《くわ》を植《う》へて養蠶《やうさん》をして居《ゐ》ても生絲《きいと》なぞは買手《かひて》が無《な》くなります。本當《ほんたう》を言《い》へば今《いま》は猫《ねこ》の額程《ひたいほど》の土地《とち》にも芋《いも》でも何《なん》でも食《しよく》糧品《りやうひん》を植付《うへつ》けて、其《そ》れを數年《すうねん》を保存《ほぞん》し得《う》る様《やう》に澱粉《でんぷん》にでも製造《せいざう》して置《お》くべき時《とき》なのです。他《ほか》のものは儉約《けんやく》しても男子《だんし》と云《い》ふ男子《だんし》が銃《じう》の一挺位《ていぐら》ゐは買《か》つて、業務《げふむ》の餘暇射撃《よかしやげき》でも練習《れんしふ》して置《お》かねばならぬ時《とき》なのです。其外女《そのほかをんな》も子供《こども》も軍國的精神《ぐんこくてきせいしん》を涵養《かんやう》して、スワ鎌倉《かまくら》と云《い》ふ時《とき》に何彼《なにか》の役《やく》に立《た》つものでも用意《ようい》して置《お》かねばならぬ時《とき》なのです。愈々《いよいよ》の場合《ばあひ》には神様《かみさま》のお力《ちから》に依《よ》つて解決《かいけつ》が出來《でき》るのでありますけれども、人間《にんげん》としても相當《さうたう》に働《はたら》けるだけの手《て》なり足《あし》なりを神樣《かみさま》から頂《いたゞ》いて居《を》るのであるから、人間《にんげん》は人間《にんげん》として全力《ぜんりよく》を盡《つく》さねばなりませぬ。

(三)

國祖《こくそ》は何《なに》が故《ゆへ》に此《こ》の世界《せかい》の大改革《だいかいかく》をせられるのであるかと云ふと、委《くわ》しい事《こと》は皇道大本《くわうだうおほもと》(丹《たん》波國綾部町字本宮《はのくにあやべまちあざほんぐう》に在《あ》り、鐵路《てつろ》京都《きやうと》より約《やく》三時間《じかん》綾部驛《あやべえき》より十丁餘《ちやうよ》)に親《した》しく參向《さんかう》して研究《けんきう》せられねば、徹底的研究《てつていてきけんきう》を遂《と》げる事《こと》は可能《でき》ませぬが、從來《これまで》の世《よ》は體主靈從《われよしのやりかた》の世《よ》でありまして、其《そ》の體主靈從《われよしのやりかた》の文明《ぶんめい》が進《す》めば進《す》むほど益々《ますます》人《ひと》の心《こゝろ》が濁《にご》り、世《よ》の中《なか》が困難《こんなん》になつて、表面《へうめん》は立派《りつぱ》でも此儘《このまゝ》で行《ゆ》けば人類《じんるゐ》の自滅《じめつ》を來《きた》すの外《ほか》はないから世《よ》の立替立直《たてかへたてなほ》しをせられて、靈主體從《れいしゆたいじゆう》の新理《しんり》想世界《さうせかい》を建設《けんせつ》される事《こと》となつて居《を》るのであります。國常立命《くにとこたちのみこと》は地《ち》の世界《せかい》の造《つく》り主《ぬし》でありまして此《こ》の世《よ》が今日《こんにち》の如《ごと》く行詰《ゆきつま》ることは昔《むかし》から自分《じぶん》の掌面《てのひら》を見《み》られる如《ごと》くに見《み》へ透《す》ひて見《み》へて居《ゐ》たのであります。それで三千年《ぜんねんい》以前《ぜん》から計劃《けいくわく》されて居《ゐ》たのであります。それ程《ほど》威力《ちから》のある神《かみ》なら此世《このよ》が今日《こんにち》の如《ごと》く行《ゆ》き詰《つま》らぬ間《うち》に廓清《くわくせい》せられたら可《よ》かつたらうと疑《うたが》ひが起《おこ》るでせうが、それは此世《このよ》の成立《なりた》ちから研究《けんきう》せられねば本當《ほんたう》の事《こと》は解《わか》りませんが、一寸申《ちよつとまを》しますならば、此《こ》の地《ち》の世界《せかい》の土臺《どだい》の經綸《けいりん》が一段落《だんらく》ついた頃《ころ》に、八《や》百萬《をよろず》の神々《かみ〳〵》が嚴格無比《げんかくむひ》の國祖《こくそ》の采配《さいはい》の下《もと》にある事《こと》が窮窟《きゆうくつ》で、合議《がふぎ》の上《うへ》、神界《しんかい》の主宰者《しゆさいしや》天照大神《あまてらすおほかみ》に奏上《そうじやう》して、國祖《こくそ》を東北《うしとら》の隅《すみ》へ押込《おしこ》めて了《しま》はれたからであります。故《ゆへ》に國常立命《くにとこたちのみこと》の隱退時代《いんたいじだい》を『艮《うしとら》の金神《こんじん》』と申上《まをしあ》げて居《を》つたのであります。

專門的《せんもんてき》に申《まを》しては到底始《たうていはぢ》めてのお方《かた》の頭腦《あたま》に入《はい》りにくからうと思《おも》ひますから、ゴク平《ひら》たく申《まを》しますが、其處《そこ》て國祖隱退後《こくそいんたいご》は我儘《わがまゝ》な神々《かみ〳〵》が思《おも》ふ存分《ぞんぶん》に地上《ちじやう》の經營《けいえい》をせられたので、表面《うはべ》から見《み》ると華《はな》やかな、綺麗《きれい》な文明世界《ぶんめいせかい》が發達《はつたつ》して參《まゐ》りましたがその土臺《どだい》の根本《こんぽん》が間違《まちが》つて居《を》りますから萬事《ばんじ》が自己主義《われよし》の方針《やりかた》で、人《ひと》と人《ひと》との口舌《くぜつ》が絶《た》へず、國《くに》と國《くに》との戰爭《せんさう》は絶《た》へる時《とき》は無《な》く、平《へい》和時代《わじだい》と云《い》ふのは戰爭《せんさう》から戰爭《せんさう》への間《あひだ》の準備時代《じゆんびじだい》の別名《べつめい》に外《ほか》ならぬ有樣《ありさま》となり、君臣《くんしん》、父子《ふし》、主從《しゆじゆう》、夫婦《ふうふ》、兄弟《けいてい》、朋友《ほういう》の道《みち》は、日《ひ》に〳〵亂《みだ》れて來《き》て、先達《せんだつ》ての新聞《しんぶん》なんぞにも載《の》つて居《ゐ》たやうに山口縣《やまぐちけん》か何處《どこ》かでは、五合《がふ》の米《こめ》の爲《た》めに一家《か》五人《にん》が自殺《じさつ》したり、世界《せかい》の大金持《おほがねもち》と云《い》はれるロックフエラーの如《ごと》きも、自分《じぶん》の金《かね》の爲《た》めに惱《なや》まされて神經衰弱《しんけいすゐじやく》に罹《か》つて一日《にち》として平安《へいあん》な幸《かう》福《ふく》な生活《せいくわつ》を得《う》る事《こと》が出來《でき》ず、階級等差《かいきふとうさ》の如何《いかん》に拘《かゝは》らず地上《ちじやう》拾六億《おく》の人類《じんるゐ》は皆《みな》一列《れつ》に生存競爭《せいぞんきやうさう》と云《い》ふ獸類《けもの》にも劣《おと》つたマラソン場裡《ぢやうり》の人《ひと》となつて了《しま》つたのであります。實際誰《じつさいた》れでも靜《しづ》かに五分《ふん》間《かん》ほど考《かんが》へて御覽《ごらん》なさい。美《うつく》しい日《ひ》の光《ひか》りを受《う》けて、餌《え》を漁《あさ》りつゝ夫婦《ふうふ》中《なか》の睦《むつま》しい雞《にはとり》の群《むれ》を何《なん》と見《み》ます。花《はな》から花《はな》に飛《と》んで居《ゐ》る蝶《てふ》や蜂《はち》も、無論食糧《むろんしよくりやう》を得《う》る爲《た》めに又《また》は天賦《てんぷ》の或《あ》る作用《さよう》の遂《すゐ》行《かう》の爲《た》めに働《はたら》いて居《ゐ》るには相違《さうゐ》ありませんが、苦惱《なやみ》のあるべき生活《せいくわつ》とは見《み》ゑません。烏《からす》に反哺《はんぽ》の孝《かう》の道《みち》があり、鳩《はと》に三枝《さんし》の禮《れい》のあるのも古《ふる》ひ言《い》ひ草《ぐさ》ですが、古《ふる》くても新《あた》らしくても、眞《しん》は眞《しん》であり、善《ぜん》は善《ぜん》であり、美《び》は美《び》であります。萬物《ばんぶつ》の靈長《れいちやう》とか何《なん》とか云《い》つてる人間《にんげん》も、省《かへり》みて少《すこ》しは恥《はづ》かしくは有《あ》りませんか。そう云《い》ふと『そんな馬鹿《ばか》な理屈《りくつ》があるか、彼等《かれら》は總《すべ》てが單純《たんじゆん》だから煩悶《はんもん》もあるまいが同時《どうじ》に複雜《ふくざつ》なる快樂《くわいらく》も無《な》く、又《ま》た其《そ》の生活《せいくわつ》に意義《いぎ》もない。人間《にんげん》は精神的《せいしんてき》苦惱《くなう》があつても、物質的享樂《ぶつしつてききやうらく》が豐富《ほうふ》だ。又《ま》た精神的《せいしんてき》にも苦惱《くなう》があるだけ、それだけ複雜《ふくざつ》なる快《くわい》樂《らく》がある。第《だい》一人間《にんげん》の生活《せいくわつ》に於《お》て始《はじ》めて意義《いぎ》がある』と云《い》ふ人《ひと》があります。成程《なるほど》一應御尤《いうごもつと》もの說《せつ》のやうですが、この說《せつ》を三つに別《わ》けて簡短《かんたん》に說明致《せつめいいた》しますと、

第一に、精神的《せいしんてき》に苦惱《くなう》があつても、其《そ》れだけ物質的享樂《ぶつしつてききやうらく》があるからと謂《い》つて其《そ》れが何《なん》で結構《けつこう》であるか、分《わか》り易《やす》からしむる爲《た》めに少《すこ》し極端《きよくたん》な例《れい》で言《い》へば、茲《こゝ》に百萬圓《ひやくまんゑん》の金《かね》と勳《くん》一等《とう》を有《いう》する人《ひと》

があつても、それが腓病《にいびやう》で家庭《かてい》の不和《ふわ》があつて食慾《しよくよく》が無《な》くて旅行《りよかう》することも不可能《ふかのう》な健康狀態《けんかうじやうたい》であるとしても、果《はた》して幸福《かうふく》と感《かん》じ得《う》るか、哲學者《てつがくしや》と稱《しよう》する人間離《にんげんはな》れのした連中《れんちう》でも左《さ》うした境遇《きやうぐう》を羨《うらや》む者《もの》はあるまい。

第二に精神的苦惱《せいしんてきくなう》がある代《かは》りに、又《ま》た人間《にんげん》には複雜《ふくざつ》な精神的快樂《せいしんてきくわいらく》があると云《い》つてもソレが何《ど》うして結構《けつかう》であるか。此問題《このもんだい》は古來充分《こらいじうぶん》に比較《ひかく》され、解剖《かいばう》され、研究《けんきう》された結果《けつくわ》、支那人《しなじん》は人生《じんせい》字《じ》を知《し》る憂患《いうくわん》の始《はぢ》めとか云《い》つて天《てん》を仰《あふ》ぎ、佛者《ぶつしや》は三界《かい》は火宅《くわたく》だと一足《そくさ》飛びにヤケを起《おこ》し、基督《きりすと》は、空《そら》の鳥《とり》や野《の》の百合《ゆり》にヨダレを流《なが》して泌々人間《しみ〴〵にんげん》の腑甲斐《ふかひ》なき生活《せいくわつ》を嘲《あざけ》つて居《を》ります。

第三、人間《にんげん》の生活《せいくわつ》には意義《いぎ》があると云《い》ふ問題《もんだい》、固《もと》より本當《ほんたう》は崇高至大《すうかうしだい》なる意義《いぎ》が無《な》くてはならぬのだが、比較的確實《ひかくてきかくじつ》に史的記録《してききろく》の殘《のこ》されてある過去《くわこ》二千年間《ぜんねんかん》の地上人類《ちじやうじんるゐ》の生活《せいくわつ》と努力《どりよく》とを回顧《くわいこ》してみるが可《よ》い。果《はた》して何《ど》のやうな意義《いぎ》を發見《はつけん》することが出來《でき》るか、なる程今日迄《ほどこんにちまで》の人類《じんるゐ》の『意義ある』努力《どりよく》によつて、醫術《いじゆつ》は進歩《しんぽ》して病院《びやうゐん》の數《すう》は多《おほ》くなつた。法律《はふりつ》が發達《はつたつ》して監獄署《かんごくしよ》は繁昌《はんじやう》し出《だ》した。近代思想《きんだいしさう》なるものゝ爲《た》めに詐欺《さぎ》や貞操破壞《ていさうはくわい》を平氣《へいき》で行《おこな》ふまでに進化《しんくわ》した。金《かね》儲《まう》けの出來《でき》ぬ坊主《ばうず》や、女《をんな》の手《て》を握《にぎ》らぬ牧師《ぼくし》は獄樂《ごくらく》へも天國《てんごく》へも行《ゆ》けぬと云《い》ふ迄《まで》に開《ひら》けて來《き》た。

その『意義《いぎ》ある』努力《どりよく》の進《すゝ》み進《すゝ》んだ結果《けつくわ》が、歐洲戰爭《おうしうせんさう》と云《い》ふものに結晶《けつしやう》して、一生懸命《しやうけんめい》で今《い》ま生命《いのち》の取《と》り合《あ》ひ、强姦《がうかん》の爲合《しあ》ひ、掠奪《ぢつたく》りの行《や》り合《あ》ひを行《や》つてる最中《さいちう》である。なる程《ほど》此《こ》れ迄《まで》の人《にん》間《げん》の努力《どりよく》には意義《いぎ》が無《な》いとは云《い》はれぬ。理屈《りくつ》は何《ど》うにでも立《た》てられるが、此《こ》の活《い》ける事實《じじつ》を見《み》ては、如何《いか》にも意義《いぎ》はあるに違《ちが》ひありませんが、それが人生《じんせい》の意義《いぎ》である處《ところ》の今日迄《こんにちまで》の體主靈《われよしのやり》從《かた》の人類生活《じんるゐせいくわつ》は、誠《まこと》の神樣《かみさま》からは眼《め》を開《あ》けて見《み》て居《ゐ》られない淺《あさ》ましさであります。國祖《こくそ》の神諭《しんゆ》に現代人《げんだいじん》の行爲《かうゐ》を『虫《むし》ケラにも劣《をと》る』ものといふてありますが、全《まつた》く現代《げんだい》の這《こ》の生《い》ける光景《ありさま》を見《み》られては、これが神《かみ》の珍《うづ》の御子《みこ》……天地經綸《てんちけいりん》の主宰者《しゆさいしや》たる人類《じんるゐ》の仕事《しごと》とは承認《しようにん》が出來《でき》ますまい。私《わたし》も現代地上《げんだいちじやう》の人類《じんるゐ》の一員《ゐん》として慾目《よくめ》から少々割引《せうくわりびき》して考《かんが》へて見《み》ましても、全《まつた》く十露盤《そろばん》に載《の》りません。

此《こ》の地《ち》の世界《せかい》を根本《こんぽん》から正《たゞ》しく美《うつく》しく淸《きよ》くするには（僞物《にせもの》の世界《せかい》を眞物《ほんもの》の世界《せかい》にするには）或《あ》る權威者《けんゐしや》が出《で》て來《き》て世界《せかい》を統一《とういつ》しなければ言《い》ふべくして行《おこな》ふ事《こと》が出來《でき》まいとは、普通《ふつう》の人《ひと》の常識《じやうしき》を以《もつ》てしても判斷《はんだん》が出來《でき》ますが、その事《こと》は此世《このよ》の創《はじ》めに於《おい》て歷然《ちやん》と確定《かくてい》されてあります。神界《しんかい》の組織《そしき》は茲《こゝ》で一寸《ちよつと》書《か》いた位《くらゐ》では分《わか》りませんが、御皇祖天照大御神《おんくわうそあまてらすおほみかみ》の大詔《たいせう》によりて明《あきら》かなる如《ごと》く、天地《てんち》の親神様《おやがみさま》の正系《せいけい》を享《う》けさせられて、現世界主宰《げんせかいしゅさい》の天職《てんしょく》を帯《お》びさせ給《たま》ふ大日本神國《だいにほんしんこく》天《あま》津日嗣天皇《つひつぎてんのう》の御稜威《みいづ》によつて、現世界《げんせかい》の統一《とういつ》が此處《こゝ》數《す》年後《ねんご》に實現《じつげん》されるのであります。斯《か》う申《まを》しますと、今日世界《こんにちせかい》の所謂《いはゆる》一等國《とうこく》の國民《こくみん》は、何《いづ》れも自國《じこく》が世界《せかい》を統一《とういつ》するやうに夢想《むさう》して居《を》るので、其《そ》れは一種《しゅ》の國民的自負心《こくみんてきじふしん》に過《す》ぎないと思《おも》はれる人《ひと》があるでせうが皇道大本《くわうだうおほもと》は其《そ》んな有《あ》り觸《ふ》れた根底《こんてい》の不確實《ふかくじつ》な思想《しさう》を宣傳《せんでん》してる閑人《ひまじん》の居《ゐ》る處《ところ》ではないのでありまして、普通《ふつう》の歴史《れきし》的考察位《てきかうさつくら》ゐから、日本《にほん》の世界統一《せかいとういつ》を説《と》く者《もの》は、皇道大本以外《くわうだうおほもといぐわい》にも世間《せけん》にウジャ〱する程居《ほどを》られます。皇道大本《くわうだうおほもと》では神啓《しんけい》によりて與《あた》へられた大本《おほもと》言靈學なるものが有《あ》りまして、それで始めて皇典古事記の中の驚くべき眞意義が明白になり、それが大本開祖の出される國祖の神諭と符節を合して一毫の相違する處もなく、始めて眞の神界の組織が分明になり、神界の經綸、神と人との關係等が明かとなつたのであります。(神が何故に世界統一の使命を特に日本人に與へられたか、國祖は何が故に出口直子刀自に神憑りせられたか、と云《い》ふやうな事《こと》は綾部《あやべ》へ御參向《ごさんかう》になれば、明快《めいくわい》に解決《かいけつ》を致《いた》します)。

（四）

此處《ここ》までお讀《よ》みになつた人《ひと》は、先《ま》づ何《なに》よりも根本《こんほん》の第《だい》一義《ぎ》に於《おい》て神《かみ》なるものゝ存在《そんざい》から解決《かいけつ》するの必要《ひつえう》のある方《かた》も有《あ》りませう。全《まつた》くの無《む》神論者《しんろんしや》は暫《しはら》く別《べつ》として今日《こんにち》の思慮《しりよ》ある多《おほ》くの人々《ひと〲》は『神《かみ》といふか、如來《によらい》といふか、宇宙《うちう》の大靈《たいれい》といふか、名《な》は何《なん》とでもつけられやうが、何《なに》か知《し》らん此世《このよ》には一つの或《あ》る偉大《ゐだい》なる威力《ゐりよく》の存在《そんざい》を否定《ひてい》する譯《わけ》には行《ゆ》かぬ。天體《てんたい》の運行《うんかう》から四時《じ》の循環等《じゆんくわんとう》を今日《こんにち》の科學《くわがく》の說《と》く處《ところ》だけで始末《しまつ》をつける事《こと》は出來《でき》ぬ』と此《こ》れ位《くら》ゐの程度《ていど》に於《お》ける觀《くわん》念《ねん》を有《も》つて居《を》らるゝ樣《やう》である。併《しか》し此世《このよ》の中《なか》には抑《そもそ》もの親神樣《おやがみさま》たる獨一眞神《どくいつしん〲》の天之御中主神《あめのみなかぬしのかみ》が神靈活機臨々《しんれいくわつきりん〲》として嚴存《げんそん》せられるばかりでなく、皇典古事記《くわうてんこじき》に載《の》せてある神々《かみ〲》が現《げん》に活動《くわつどう》して居《を》られ、其《そ》の外《ほか》にも種々《しゆ〲》の神靈《しんれい》が實在《じつざい》し、更《さ》らに歷史中《れきしちう》の英雄豪傑《えいいうがうけつ》を始《はじ》め、一般《はん》の故人《こじん》となりし權兵衞太郎兵衞《ごんべゑたらうべゑ》の靈《れい》に至《いた》るまで、或《ある》ひは神《かみ》として、或《ある》ひは魔《ま》として現實《げんじつ》にそれ〲の行動《かうどう》を執《と》つて居《を》るといふ事《こと》を證據《しようこ》を出《だ》して的確《てきかく》に承認《しようにん》せしめる處《ところ》が、今日《こんにち》の世界《せかい》にタッタ一つある、其《そ》れが皇道大本《くわうだうおほもと》であります。皇道大本《くわうだうおほもと》では天授《てんじゆ》の神法《しんぽふ》たる鎭魂歸神《ちんこんきしん》の術《じゆつ》によつて其《そ》れを實證《じつしよう》しで居《を》ります。誰《た》れでも數日間《すうじつかん》綾部《あやべ》へ來《き》て實地《じつち》に修行《しうげふ》せらるれば、理屈《りくつ》を拔《ぬ》きにして自分自身《じぶんじしん》で神靈《しんれい》の實在《じつざい》を證《しよう》し得《え》られるのですから、如何《いか》なる名論卓說《めいろんたくせつ》も事實《じじつ》の前《まへ》には叩頭《かうとう》せざるを得《え》ません。事實《じじつ》が事實《じじつ》を語《かた》りますから議論超越《ぎろんてうゑつ》の問題《もんだい》であります。入門料《にふもんれう》だの傳授料《でんじゆれう》だのを取《と》る樣《やう》な處《ところ》では無《な》し、實地《じつち》にやつて來《き》て、研究《けんきう》せられるのが一番《ばん》であります。催眠術《さいみんじゆつ》から變形《へんけい》した種々《しゆ〳〵》の暗示法《あんじほふ》や、此頃流行《このごろりうかう》の何々術《なに〳〵じゆつ》といふやうなもの、又《また》は眞言天台法華《しんごんてんだいほつけ》を始《はぢ》め色々《いろ〳〵》な神佛《しんぶつ》の看板《かんばん》をかけて病氣直《びやうきなほ》しや、豫言《よげん》を商賣《しやうばい》にしてるやうな種類《しゆるゐ》のものとは根本的に違《ちが》ひます。鎭魂《ちんこん》の術《じゆつ》なるものは日本《にほん》の神代《かみよ》からあつたものですけれど、神界《しんかい》の經綸《けいりん》の必要上上古《ひつえうじやうくこ》から廢絕《はいぜつ》して、今日《こんにち》でも宮中《きゆうちう》に鎭魂祭《ちんこんさい》なるものがあるけれど、全《まつた》く形式《けいしき》ばかりになつて居《を》ります。又《ま》た或《あ》る神道《しんだう》の一派《は》で鎭魂《ちんこん》の術《じゆつ》なるものを現《げん》にやつて居《ゐ》るのを見《み》ましたが、噴飯《ふんぱん》の至《いた》りで羊頭《やうとう》を揭《かゝ》げて狗肉《くにく》を賣《う》るも亦《ま》た甚《はなは》だしいかなと思《おも》ひました。鎭魂法《ちんこんほふ》は必要《ひつえう》の時期《じき》を見計《みはから》つて、神界《しんかい》の御都合《ごつがふ》によつて神樣《かみさま》から我《わ》が皇道大本《くわうだうおほもと》に傳《つた》へられたものであつて、人間《にんげん》の分別《ふんべつ》、努力《どりよく》によつて如何《いかん》ともすべからざるもので有《あ》ります。

（五）

併《しか》し此《こ》の世界《せかい》の立替《たてかへ》の大芝居《おほしばゐ》は神界《しんかい》に於《おい》てチャンと筋書《すぢがき》が出來《でき》て居《ゐ》るので一時《じ》は日本國《にほんこく》も何《ど》うも斯《か》うも手《て》も足《あし》も出《で》ぬ處《ところ》まで行《ゆ》き詰《つま》ります。其筋《そのすぢ》の當路者《たうろしや》や軍人《ぐんじん》の中《なか》にも終《つひ》には極《きは》めて劣等《れつとう》の考《かんが》へを抱《いだ》く奴《やつ》が出《で》て來《き》て、○○○○されて了《しま》ふ樣《やう》な醜態《しうたい》も演《えん》じます。敵《てき》の艦隊《かんたい》は△△や△△を根據地《こんきよち》にするまでに進《すゝ》んで參《まゐ》ります。某某某地點《ばうくくちてん》から次第《しだい》に上陸《じやうりく》して日本《にほん》も一時《じ》は○分《ぶん》の○を○○されるさうですから、日本人《にほんじん》は今《いま》から確乎《しつかり》と胴腰《ごうこし》を据《す》ゑて居《な》らぬと、今《いま》のハイカラなチョロコイ考《かんが》へでは、眼《め》の玉《たま》を飛《と》び出《だ》して、睾丸《きんたま》を釣《つ》り上《あ》げて、クタバツて了《しま》ふより外《ほか》はありませぬ。敵《てき》の上陸《じやうりく》に依《よ》つて行《おこな》はれる慘狀《さんじやう》は實《じつ》に眼《め》も當《あ》てられぬもので、白耳義《ベルギー》あたりに行《おこな》はれたものよりも幾層倍慘酷《いくそうばいざんこく》を極《きは》めたものですが、日本人《にほんじん》で其《そ》の時敵《ときてき》の毒牙《どくが》に懸《かゝ》るものは其《そ》の因縁《いんえん》を有《いう》する人達《ひとたち》で、其時《そのとき》に成《な》つては如何《いかん》ともする事《こと》が出來《でき》ませぬ。そしていよ〳〵と云《い》ふ時《とき》に普通《ふつう》の人間《にんげん》から云《い》へば天災地變《てんさいちへん》ですが、靈活偉大壯嚴《れいくわつゐだいさうごん》を極《きは》めたる神力《しんりよく》の大發現《だいはつげん》がありまして、大地《おほち》震《しん》、大海嘯《おほつなみ》、大暴風雨《だいばうふうう》、火《ひ》の雨等《あめとう》によつて解決《かいけつ》されるのですが、其時《そのとき》死滅《しめつ》すべき因縁《いんえん》の者《もの》は皆《みな》死滅《しめつ》して了《しま》ひます。現在《げんざい》の建築物《けんちくぶつ》の如《ごと》きも木《こ》ッ葉《ぱ》に碎《くだ》かれたり燒《や》かれたりします。其處《そこ》で始《はじ》めて此世《このよ》の大洗濯《おほせんたく》が出來《でき》るので、其《そ》の大慘狀《だいさんじやう》、大混亂《だいこんらん》の光景《ありさま》は過去《くわこ》の歷史《れきし》に曾《か》つて未《いま》だ無《な》い處《ところ》のものでありますから想像《さうざう》も及《およ》びませぬ。神《かみ》があるの無《な》いのと云《い》ふ理屈《りくつ》も、アーメンが眞理《しんり》だとか、念佛《ねんぶつ》に限《かぎ》るとか、法華經《ほけけう》の靈威《れいゐ》だとか云《い》つて見《み》た處《ところ》で、何《なに》も彼《か》も事實《じじつ》の前《まへ》には如何《いかん》ともする事《こと》が出來《でき》ませぬ。事實《じじつ》は鐵《てつ》の如《ごと》く冷《ひや》やかであります。抑《そも》そも神國《しんこく》に生《うま》れて神《かみ》を無視《むし》するのは日本天皇陛下《にほんてんのうへいか》の國《くに》に生《うま》れさして頂《いただ》いて 天皇陛下《てんのうへいか》を無視《むし》されますのと同《おな》じで、現界《げんかい》、神界兩樣《しんかいりやうやう》の罪《つみ》を免《まぬ》がれざる賊徒《ぞくと》である。如何《いか》に其《そ》の日常《にちじやう》の行爲《かうゐ》が道德的《だうとくてき》であつても、君子《くんし》らしい、聖人《せいじん》らしい人《ひと》であつても、根本《こんぽん》の大義名分《たいぎめいぶん》が分《わか》らねば氣《き》の毒《どく》でも此度《このたび》は黑血《くろち》を吐《は》いて滅《ほろ》び、幽界《いうかい》に入《い》りては永久無限《えいきゆうむげん》の責罰《せきばつ》を受《う》く可《べ》き事斷《ことだん》じて確實《かくじつ》で、如何《いかん》ともする事《こと》は出來《でき》ぬ。救《すく》ひか滅《ほろ》びか。貴下《あなた》は其《そ》の最後《さいご》の岐《わか》れ路《みち》に立《た》つて居《を》られます。

（六）

話《はなし》が少《すこ》し後戾《あともど》りしますが、從來《これまで》の世界《せかい》は惡《あく》の世界《せかい》、體主靈從《たいしゆれいじゆう》の世界《せかい》で有《あり》まして、言葉《ことば》を換《か》へて一面《めん》から云《い》へば物質本位《ぶつしつほんゐ》、黄金萬能《わうごんまんのう》、拜金主義《はいきんしゆぎ》の世界《せかい》であります。一にも金《かね》二にも金《かね》三にも金《かね》の世界《せかい》であります。軍艦《ぐんかん》を造《つく》るにも大砲《たいはう》を造《つく》るにも學校《がくかう》を建《た》てるにも、病院《びやうゐん》を建《た》てるにも先《さき》立《た》つものは何《なん》と云《い》つても金《かね》である。玆《こゝ》に於《おい》てか富國強兵《ふこくきやうへい》といふやうな言葉《ことば》が大手《おほて》を振《ふ》つて通用《つうよう》する時代《じだい》である。これは如何《いか》にも常識的《じやうしきてき》な、健全《けんぜん》な思想《しさう》のやうですが、併《しか》し人間《にんげん》が此《こ》の拜金主義《はいきんしゆぎ》一天張《てんは》りになると何《ど》うなるかと云《い》ふことは從來《じゆうらい》の歴史《れきし》に於《おい》ても幾分《いくぶん》か之《これ》を認《みと》め得《う》ることが出《で》來《き》るのであります。フローレンスは此《こ》の拜金思想《はいきんしさう》が非常《ひじやう》に盛《さか》んであつて、その結果富力《けつくわふりよく》を增進《ぞうしん》し、政治《せいぢ》の權力《けんりよく》も富豪《ふがう》の手《て》に歸《き》したけれど、その國家《こくか》は遂《つゐ》に亡《ほろ》びて了《しま》ひました。今日《こんにち》の猶太人《ゆだやじん》は何《ど》うであるか、英國《えいこく》に於《おい》ても佛國《ふつこく》に於《おい》ても、獨墺《どくおう》に於《おい》ても露國《ろこく》に於《おい》ても、多《おほ》くの大事業《だいじげふ》に大《だい》資本《しほん》を投《とう》じて居《を》るものは、大抵皆《たいていみ》な猶太人《ゆだやじん》であつて、猶太人《ゆだやじん》は世界中《せかいぢう》の金貸《かねか》しと云《い》はれて居《ゐ》るが、猶太《ゆだや》の國家《こくか》なるものは疾《と》うの昔《むかし》に亡《ほろ》びて居《ゐ》る。國亡《くにほろ》びて山河《さんが》ありと言《い》つたやうな憐《あはれ》むべき狀態《じやうたい》で、猶太人《ゆだやじん》は歸《かへ》るべき國家《こくか》の無《な》い世界《せかい》の寄留人《きりうじん》であります。又《ま》た印度《いんど》の金權《きんけん》を掌握《しやうあく》して居《ゐ》た波斯人《ペルシヤじん》の運命《うんめい》でも、金《かね》より外《ほか》に眼《め》のない支那人《しなじん》の今日《こんにち》の爲體《ていたらく》でも御多分《ごたぶん》には洩《も》れないのであります。過去《くわこ》の世界《せかい》に於《おい》ては、正神界《せいしんかい》は陰《かげ》の守護《しゆご》の時代《じだい》で餘《あま》り鋒芒《ほうはう》は現《あら》はされなかつたけれども、其《そ》れでも尙《な》ほ且《か》つ體主靈從《あくのやりかた》主義の世《よ》の中《なか》でも又《ま》た體主靈從《あくのやりかた》主義が何《ど》う云《い》ふ運命《うんめい》を辿《たど》るべきものであるかと云《い》ふことはチョイ〳〵示《しめ》されて居《を》ります（一寸此處《ちよつとこゝ》で申上《まをしあ》げて置《お》かねばなりませんが、拜金主義《はいきんしゆぎ》が體主靈從《あくのやりかた》といふことの全體《ぜんたい》であると思《おも》はれると、大變《たいへん》な間違《まちが》ひが起《おこ》ります。拜金主義《はいきんしゆぎ》は體主靈從《われよし》の世《よ》の方針《やりかた》の一現象《げんしやう》でありますが、決《けつ》して其《そ》の全體《ぜんたい》ではありません體主靈《からのやり》從《かた》と云《い》ふ事《こと》と靈主體從《ひのもとのやりかた》と云《い》ふ事《こと》に就《つ》て詳《くは》しく說明《せつめい》すれば、大層複雜《たいそうふくざつ》になつて來《き》て到底《たうてい》この狹《せま》い紙上《しじやう》では盡《つく》せませんが日本《にほん》も今日《こんにち》は靈主體從《ひのもとのやりかた》で無《な》くして體主靈從《からのやりかた》に成《な》り切《き》つて居《を》ります。この問題《もんだい》に立《た》ち入《い》つて話《はな》せば、天地《てんち》創造《さうざう》以來《いらい》の神々《かみぐ》の葛藤《いきさつ》に就《つい》て說明《せつめい》しなければ要領《えうれう》を得《え》ませぬが一と口《くち》に神界《しんかい》と云《い》つても縱《たて》に大隱世《だいいんせい》、中隱世《ちういんせい》、小隱世《せういんせい》に別《わか》れ、横《よこ》に百八十一の階級《かいきふ》があり正神《せいしん》界《かい》に對《たい》して邪神界《じやしんかい》のある事《こと》だけを一言《こん》して置《お》きます。そして今日迄《こんにちまで》の世《よ》は邪神界《じやしんかい》の覇張《はゞ》つた世《よ》で、正神界では陰の守護に隱忍して愈々今度の大正昭代の本當の天の岩戸開きの來る時節を待ちに待たれたものである事を書き加へて置くだけに致しませう）。

（七）

繰返《くりかへ》して申《まを》します。時期《じき》は日《ひ》に／＼刻々《こく／＼》と切迫《せつぱく》して參《まゐ》りました。モウ拔《ぬ》き差《さ》しならぬ處《ところ》まで參《まゐ》りました。眼《め》の醒《さ》める人《ひと》は今《いま》の間《うち》に醒《さ》めて頂《いたゞ》かねばなりませぬ。日《ひ》の經《た》つのは夢《ゆめ》のやうですが、今《いま》から一千日《せんにち》ばかりの間《あひだ》に其《そ》れ等《ら》の總《すべ》ての騒動《さうどう》が起《おこ》つて、そして解決《かいけつ》して靜《しづ》まつて、大正《たいしやう》十一二年頃《ねんごろ》は此《こ》の世界《せかい》は暴風雨《ばうふうう》の後《あと》の樣《やう》な靜《しづ》かな世《よ》になつて、生《い》き殘《のこ》つた人達《ひとたち》が神勅《しんちよく》のまにまに新理想世界《しんりさうせかい》の經營《けいえい》に着手《ちやくしゆ》してる時《とき》であります。今度《こんど》の新理想世界《しんりさうせかい》には貨幣制度《くわへいせいど》撤廢《てつぱい》で、且《か》つ貨幣《くわへい》に代用《だいよう》すべきものも無《な》いと云《い》ふ事《こと》に就《つい》て疑問《ぎもん》をいだく人《ひと》があるやうでありますが、それは決《けつ》して不可能事《ふかのうじ》ではない。左《さ》りとて昔《むかし》の物々交換《ぶつ／＼かうくわん》の不便《ふべん》を繰《く》り返《かへ》すワケでも有《あ》りませぬ。今度《こんど》の世《よ》では各人《かくじん》の職務《しよくむ》は何《いづ》れも神勅《しんちよく》によつて決定《けつてい》せられ、私《し》有財産《いうざいさん》なるものは絶對《ぜつたい》に認《みと》められませぬ。即《すなは》ち新世界《しんせかい》の經營《けいえい》は人民《じんみん》の私有財産全部《しいうざいさんぜんぶ》を天皇陛下《てんのうへいか》に奉還《ほうくわん》する事《こと》より始《はじ》まるので、家屋《かをく》の如《ごと》きは其人《そのひと》の職業《しよくげふ》、地位《ちゐ》、家族《かぞく》の數等《すうとう》に適當《てきたう》したものが提供《ていきよう》せられるし、其他生活需要品等《そのたせいくわつじゆえうひんとう》一切《さい》適當《てきたう》の方法《はうほふ》と組織《そしき》との下《もと》に適當《てきたう》に配給《はいきふ》されるので、何《なん》の不安《ふあん》も心配《しんぱい》もなく、そんなら人間《にんげん》に競爭心《きやうさうしん》、奮闘心《ふんたうしん》が無《な》くなつて、怠《なま》け者《もの》の世《よ》の中《なか》になりはせぬかなぞ考《かんが》へる人《ひと》もあるが、それこそ無要《むえう》の心配《しんぱい》で、人々《ひと／＼》何《いづ》れも其《そ》の天分《てんぶん》を知《し》つて安《やす》んずると同時《どうじ》に、各人《かくじん》何《いづ》れも其《そ》の天職《てんしよく》に精《せい》勵《れい》するやうに出來《でき》て居《を》ります。社會主義者《しやくわいしゆぎしや》どもが主張《しゆちやう》するやうな惡平等主義《あくびやうどうしゆぎ》ではないので、地《ち》位《ゐ》、職業《しよくげふ》の差別《さべつ》もありますが、其《そ》の職業《しよくげふ》の價値《かち》に等級《とうきふ》は認《みと》められませぬ。併《しか》しイクラ理想時代《りさうじだい》と云《い》つても貨幣《くわへい》、若《も》しくは此《こ》れに代用《だいよう》するものが無《な》くては、滊車《きしや》に乘《の》るのは何《ど》うするか、宿屋《やどや》に泊《とま》るのは何《ど》うするかと考《かんが》へ込《こ》む人《ひと》がありますが、そんな事《こと》は要《い》らぬ心配《しんぱい》で何《なに》も彼《か》も都合《つがふ》よく出《で》來《き》て居《ゐ》ます。何《なに》しろ此世界《このせかい》の經綸者《けいりんしや》たる國常立命《くにとこたちのみこと》が結構《けつこう》な世《よ》として許《ゆる》される世界《せかい》なのですから今日《こんにち》より人間《にんげん》の小智《せうち》を以《もつ》て彼《か》れ此《こ》れ詮義《せんぎ》するだけ愚《ぐ》であります。元來人間《ぐわんらいにんげん》には私有財産《しいうざいさん》なるものは無《な》い。人間《にんげん》の生存力《せいぞんりよく》からして既《すで》に自分《じぶん》のものでない。神《かみ》より死《し》を宣告《せんこく》せられた時《とき》には如何《いか》に焦慮《あせ》つて見《み》ても駄目《だめ》である。自分《じぶん》の髮《かみ》の毛《け》一筋《すぢ》さへ自由《じゆう》にすることの出來《でき》ない人間《にんげん》が、草《くさ》一本《ほん》、石《いし》一つでも私有《しいう》と云《い》ふ考《かんが》へを起《おこ》すのが既《すで》に誤《あやま》つて居《を》る。けれども其《そ》れが長年間《ながねんかん》の因習《いんしふ》で誰《たれ》も彼《か》れも財産《ざいさん》に對《たい》する私有の觀念《くわんねん》を抱《いだ》くやうになつた。委《くわ》しく説明《せつめい》すると一寸面倒《ちよつとめんだう》になるが世《よ》の中《なか》が今日《こんにち》の如《ごと》く濁《にご》り亂《みだ》れたる第《だい》一歩《ほ》たる靈主體從《ひのもさ》から體主靈從《から》のヤリカタに片足《かたあし》を踏《ふ》み込《こ》んだ時《とき》から根本觀念《こんぽんくわんねん》に誤謬《ごべう》を生《しやう》じて、其《そ》れが年月《としつき》の進《すゝ》むに連《つ》れて益々增長《ますますざうちやう》して來《き》て、遂《つゐ》には其《そ》の誤《あや》まれる考《かんが》へが正當《せいたう》な考《かんが》へであるかの如《ごと》くに感《かん》じられて誰《た》れも疑《うたが》はぬ樣《やう》になつて來《き》たのである言葉《ことは》を換《か》へて言《い》へば今《いま》の人民《じんみん》は臭《くさ》いもの身知《みし》らずの境界《きやうかい》に陥《おちゐ》つたのである。淺墓《あさはか》なる人間《にんげん》の考《かんが》へと云《い》ふものは、昔《むかし》から今日《こんにち》まで『誤《あやま》り』から『誤《あやま》り』を傳《つた》うて移《うつ》り變《かは》つて來《き》たので、其時《そのとき》〳〵の『誤《あやま》り』を正當《せいたう》と考《かんが》へて怪《あや》しまない程憐《ほどあは》れむべきものであつた。一例《れい》を引《ひ》いて言ふならば、或《あ》る時代《こだい》には一頭《とう》の牛《うし》を盗《ぬす》んだ者《もの》を死刑《じけ》に處《しよ》して怪《あや》しまなかつたが、今日《こんにち》では殺人犯者《さつじんはんしや》を死刑《しけい》に處《しよ》するさへ躊躇《ちうちよ》する世《よ》の中《なか》となつた。何《なに》も彼《か》も皆《み》な此《こ》の通《とほ》りである。今日考《こんにちかんが》へて私有財産《しいうざいさん》は現身《うつそみ》の神《かみ》たる日本天皇陛下《にほんてんのうへいか》へ、全部奉還《ぜんぶほうくわん》すると云《い》へば、如何《いか》にも至難《しなん》な寧《むし》ろ不可能事《ふかのうじ》であるかのやうに考《かんが》へられるけれども、明治維新《めいぢゐしん》の時《とき》に於《おい》て各大名《かくだいめう》の領有《りやういう》せる土地《とち》と人民《じんみん》とを全部皇室《ぜんぶくわうしつ》へ奉還《ほうくわん》すると云《い》ふ思想《しさう》の起《おこ》つた時《とき》と丁度同《ちやうどおな》じ心持《こころもち》である。其《そ》の當時迄《たうじまで》に於《おい》ては諸大名《しよだいめう》が土地人民《とちじんみん》を領有《りやういう》してる事《こと》は如何《いか》にも正當《せいたう》な事《こと》のやうで誰《た》れ一人《ひとり》怪《あや》しむものは無《な》かつた。それは恰《あた》かも今日《こんにち》一般人民《はんじんみん》が私有財産《しいうざいさん》なるものを握《にぎ》りしめて居《を》る考《かんが》へと何《なん》の撰《えら》ぶ處《ところ》もない。同《おな》じ道理《だうり》、同《おな》じ筋道《すぢみち》である。國祖《こくそ》の御神諭《ごしんゆ》にも『時節《じせつ》ほど結構《けつこう》なものゝ恐《こは》いものはないぞよ』とありますが、何《なに》も彼《か》も時節《じせつ》だから如何《いか》に頑張《ぐわんば》つても駄目《だめ》です。名門《めいもん》だからの家柄《いへがら》だからのと言《い》つても、其《そ》れは人《にん》間《げん》の誤《あやま》れる考《かんが》へから勝手《かつて》に考《かんが》へた因習《いんしふ》の然《しか》らしむる處《ところ》で、嚴正《げんせい》なる神《かみ》の眼からは其《そ》んな手加減《てかげん》はありませぬ。經濟學者《けいざいがくしや》に言《い》はせると、自足經濟時代《じそくけいざいじだい》から封域經濟《ふうゐきけいざい》となり、國民經濟《こくみんけいざい》となり、商工經濟《しやうこうけいざい》となるのは人間《にんげん》の慾望《よくばう》が精選《せいせん》され分化《ぶんくわ》されて行《ゆ》く自然《しぜん》の發達《はつたつ》であつて、それに伴《ともな》つて布《ぬの》だの、羊《ひつじ》だの、石《いし》だの、貝《かい》だの、龜《かめ》の甲《かふ》だのが貨幣《くわへい》として發達《はつたつ》して、遂《つゐ》に金銀爲《きんぎんゐ》本《ほん》の經濟《けいざい》が成立《せいりつ》したのであるから、此《こ》の金銀爲本《ほん》の經濟《けいざい》は或時期《あるじき》に進《すゝ》んで更《さ》らに進化發達《しんくわはつたつ》はしても、人間《にんげん》の生《い》きてる限《かぎ》り決《けつ》して撤廢《てつはい》されるもので無《な》いと云《い》ふ風《ふう》に說《と》きますけれども、今日《こんにち》の世界《せかい》に行《おこな》はれる經濟學說《けいざいがくせつ》の如《ごと》き其《そ》の抑《そも》そもの思想《しさう》が湧《わ》いてくる處《ところ》の出發點《しゆつはつてん》たる根底《こんてい》の『慾望《よくばう》』なるものが既《すで》に不純《ふじゆん》な、體主靈從《われよし》の、天則違犯《てんそくゐはん》のものでありますから、今度《こんど》の世《よ》は、そんな思想《しさう》が根底《こんてい》から覆《くつがへ》つて、世界《せかい》が水晶《すゐしやう》の世《よ》に洗《あら》ひ替《か》へられるのですから、今日《こんにち》の根本《こんほん》から間違《まちが》つてる學說《がくせつ》を金《きん》科玉條《くわぎよくでう》として額《ひたい》に靑筋《あをすぢ》を立《た》てゝ氣張《きば》つて見《み》たところで何《な》んにもなりませぬ。經濟學者《けいざいがくしや》が神樣《かみさま》のやうに有難《ありがた》がつてるマルクスもリカードーも所謂守錢奴《いはゆるしゆせんど》の多《おほ》い猶太人《ゆだやじん》である。耶蘇敎《やそけう》の親方《おやかた》と同《おな》じ故鄕《こきやう》であつて先天的《せんてんてき》に罪《つみ》の子《こ》たるは彼等《かれら》の持《も》ち前《まへ》である。リカードーは相場《さうば》で儲《まう》けた男《をとこ》でマルクスはリカードーの著書《ちよしよ》を倫敦《ロンドン》の客舍《かくしや》で研究《けんきう》して名《な》を爲《な》したのである。アダムスミスは彼《かれ》等《ら》の舊套《きうたう》を脫《だつ》した樣《やう》ではあるけれど、一方《はう》に於《おい》ては更《さ》らに墮落《だらく》して居《を》る。斯《か》う云《い》ふ露骨《ろこつ》な體主《よつ》靈從系統《けいとう》の思想《しさう》をシナイ山《ざん》の啓示《けいじ》のやうに有難《ありがた》がつてる連中《れんちう》が、寄《よ》り集《あつま》つて我《わ》が神國《しんこく》の政治《せいぢ》まで一も二もなく、十露盤《そろばん》づくめでバタ臭《くさ》い指《ゆび》の先《さ》きから彈《はぢ》き出《だ》さうと云《い》ふんだから、神《かみ》のお怒《いか》りを蒙《かふむ》るのも尤《もつと》も至極《しごく》な次第《しだい》である。御《ご》神諭《しんゆ》には『いまのよはきんでおさまるやうにをもふておるが、きんのよはほろびのもとであるぞよ。こんぽんからたてかへるぞよ』とある。出《で》口王仁《ぐちわに》三郎《らう》先生《せんせい》の義訓《ぎくん》には『現世制度《げんせいせいど》金銀爲《きんぎんゐ》本之《ほんの》財政經濟策也《ざいせいけいざいさくなり》。金銀爲《きんぎんゐ》本之《ほんの》經濟策亡國之基《けいざいさくはうこくのき》本焉《ほんたり》。要《こん》根本的變革矣《ぽんてきへんかくをえうす》』と解《かい》してあります。

(八)

要《えう》するに體主靈從《たいしゆれいじゆう》の世《よ》の愈々《いよいよ》の行《ゆ》き詰《つま》りとなつて參《まゐ》りました。マダ神界《しんかい》と現界《げんかい》との關係《くわんけい》が明《あき》らかに解《わか》つて居《を》らぬ方々《かたがた》に對《たい》して諒解《れうかい》して下《くだ》さいと云《い》ふのは少《すこ》し無理《むり》な注文《ちうもん》のやうですが、實《じつ》は今度《こんど》の世《よ》の立替立直《たてかへたてなほ》しと云《い》ふのは、現界《げんかい》だけの問題《もんだい》ではないので、神界現界幽界《しんかいげんかいいうかい》三界《かい》に亘《わた》る大修祓《だいしうはつ》でありまして、三千世界《ぜんせかい》に濁《にご》つた水《みづ》を一滴《てき》も殘《のこ》さぬやうに、神諭《しんゆ》に所謂《いはゆる》『水晶《すゐしやう》の世《よ》』にせられるのでありまして、體主靈從から靈主體從に改心して、正神界の一定の統制の下に歸順せざる者は神も人も共に滅びて了ひます。滅《ほろ》びると云《い》つても『無《む》』に歸《き》すると云《い》ふやうなものなら諦《あき》らめもつきますが、永久無限の責罰を與《あた》へられるのですから堪《たま》りませぬ。それも合理《がふり》的想《てきさう》像《ざう》から云《い》ふのでは無《な》くして、皇道大本《くわうだうおほもと》では何《なに》も彼《か》も如實《にょじつ》に實見實聞《じつけんじつぶん》しつゝある事《こと》で神界幽界《しんかいいうかい》との交通消息《かうつうせうそく》の如《ごと》きも毎日《まいにち》の日課《につくわ》の一つになつてる位《くらゐ》ですから、問題《もんだい》は理屈《りくつ》抜《ぬ》きの眞劍《しんけん》の問題《もんだい》で有《あり》ます。始《はじ》めての方《かた》には頗《すこぶ》る突飛《とつぴ》に聞《きこ》へますがこの三千世界《ぜんせかい》大修祓《おほはらひ》の手續《てつゞ》きは、前《まへ》にも一寸《ちよつと》述べたやうに、今回《こんくわい》の歐洲戰爭《おうしうせんさう》に引續《ひきつゞ》いて日本對世界《にほんたいせかい》の大戰《たいせん》となり、日本《にほん》も絶對絶命《ぜつたいぜつめい》となつて正神界《せいしんかい》に於《お》ける三千年來《ぜんねんらい》の火水《ひみつ》の經綸《しぐみ》が發揮《はつき》されるので、何處《どこ》に逃《に》げても隱《かく》れても世界中《せかいちう》の人類《じんるゐ》は一網打盡《ひとあみはつさり》に神《かみ》の制配《せいはい》を受《う》けるので、その時《とき》は滅《ほろ》ぶべきものが滅《ほろ》び、活《い》き殘《のこ》るべきものが活《い》き殘《のこ》るだけのことで、日本人《にほんじん》と雖《いへど》も此《こ》の審判《しんぱん》は免《まぬ》かれませぬ。

皇道大本《くわうだうおほもと》は宗教團體《しゆうけうだんたい》でも無《な》ければ、政治的機關《せいぢてききくわん》でも有《あ》りません。神勅《しんちよく》によりて定《さだ》められたる地上日本國丹波《ちじやうにほんこくたんば》綾部《あやべ》の本宮《ほんぐう》を神《かみ》と人《ひと》との集合地點《しふがふちてん》として、神勅《しんちよく》のまに〳〵此《こ》の世界立替立直《せかいたてかへたてなほ》しの神業《しんげふ》を劃策實行《くわくさくじつかう》して居《ゐ》る處《ところ》でありまして、徒《いたづ》らに豫言《よげん》をしたり、布教《ふけう》の爲《ため》に布教《ふけう》したりして居る處《ところ》ではありません。立替立直《たてかへたてなほ》しに必要《ひつえう》なる人間《にんげん》に神《かみ》の綱《つな》が懸《かゝ》つて引《ひ》き寄《よ》せられて、鍛錬《たんれん》されてる最中《さいちう》であります。此度《こんど》の立替《たてかへ》に就《つい》ては特《とく》に日本人《にほんじん》には重大《じゆうだい》なる使命《しめい》があるのでありまして或《ある》ひは友人知《いうじんち》人《じん》から聞《き》くにしても、或《ある》ひは此《こ》の一冊子《さつし》を手《て》にせられるにしても、何れの方法によつてか、皇道大本の存在を知られた方は、それは神の綱の懸つてる證據でありまして、因縁《いんえん》なき者《もの》には神《かみ》の綱《つな》は懸《かゝ》りませぬ。普通《ふつう》の常識《じやうしき》から云《い》へば、今《い》ま此《こ》の一冊子《さつし》を手《て》にせられると云《い》ふ事《こと》は何《なん》でもない偶然《ぐうぜん》の出來事《できごと》に過《す》ぎない様《やう》でありますが、兩親《ふたおや》がドウ云《い》ふ風《ふう》の子供《こども》を生《う》まうと云《い》ふ考《かんが》へ無《な》しに作《つく》つて生《うま》れた子供《こども》であるから、其《そ》れは偶然《ぐうぜん》の現象《げんしやう》で、その子供《こども》は兩親《ふたおや》には何《なん》等《ら》の先天的交渉《せんてんてきかうせふ》をも有《いう》しないと云《い》ふ考《かんが》へが亂暴《らんばう》であると同様《どうやう》に、ソレは亂暴《らんばう》な考《かんが》へで有《あ》ります『成《な》るほど斯《か》う云《い》ふ因縁《いんねん》があつたか』と驚《おどろ》かれる人々《ひとびと》が毎日々々《まいにち／＼》澤山《たくさん》に引《ひ》き寄《よ》せられてお越《こ》しになります。皇道大本《くわうだうおほもと》へやつて來《き》て數日間滯在《すうじつかんたいざい》せられる間《あひだ》に、それ／＼神様《かみさま》から自覺《じかく》を與《あた》へられます。人間《にんげん》を對手《あひて》の問題《もんだい》で無《な》く。神《かみ》を相手《あひて》の問題《もんだい》ですから明々白々《めい／＼はく／＼》、解決《かいけつ》は至《し》簡至易《こくかんい》であります。

（九）

日本對世界《にほんたいせかい》の戰爭《せんさう》は遲《おそ》くも明年中《みやうねんちう》には火蓋《ひぶた》を切《き》ります。明年末あたりには我日本內地の經濟狀態も果して何うであるか、想像《さうぞう》するも恐《おそ》ろしい程《ほど》であります。金《かね》が幾《いく》ら有《あ》つても、ざんな大《たい》切《せつ》な事業《じげふ》があつても、何《なに》があつても駄目《だめ》の時《とき》には皆《な》な駄目《だめ》になるだけのものです。しかも時機《じき》が時機《じき》で甚《はなは》だしく切迫《せつぱく》して參《まゐ》りました。正神界《せいしんかい》の因緣《いんねん》の綱《つな》の懸《か》つてることを自覺《じかく》した人《ひと》は、何《なに》を措《お》いても、萬難《ばんなん》を排《はい》して數日間《すうじつかん》を割《さ》いて火急《くわきふ》に綾部《あやべ》へ參向《さんかう》せられなければなりません。時間《じかん》と空間《くうかん》の無限《むげん》を考《かんが》へて、貴下《あなた》の今日《こんにち》の境遇《きやうぐう》に思《おも》ひ及《およ》ばして御覽《ごらん》なさい。此《こ》の眞《しん》に空前絕後《くうぜんぜつご》の大機《たいき》に際《さい》して、日本人《にほんじん》として生《うま》れさして貰《もら》つて、シカモ這《こ》の三千世界大立替《ぜんせかいおほたてかへ》の神業《しんげふ》に參與《さんよ》する事《こと》の出來《でき》る因緣《いんねん》の綱《つな》を懸《か》けられたと云《い》ふことは何《なん》と云《い》ふ光榮《くわうえい》でせう。因緣《いんねん》の綱《つな》の切《き》れぬ間《ま》に早《はや》く盡《つく》すべき手段《しゆだん》を盡《つく》されなければなりません。今頃神界《いまごろしんかい》から綱《つな》をかけられる人《ひと》は、自分《じぶん》が助《たす》かるの助《たす》からぬのと云《い》ふやうな、ケチ臭《くさ》い問題《もんだい》ではないのでありまして、一口《ひとくち》に言《い》へば、多《おほ》くの同胞《はうはう》を助《たす》くべく、又《ま》た此《こ》の三千世界《せんせかい》の立替立直《たてかへたてなほ》しの大神業《だいしんげふ》の要路《えうろ》に當《あた》るべく眞《しん》の日本人《にほんじん》としての使《し》命《めい》を自覺《じかく》せしめられて因緣相應《いんねんさうおう》の御用《ごよう》を神樣《かみさま》から命《めい》せられる事《こと》になるのであります。繰返《くりかへ》して申《まを》しますが、時期が甚だしく迫りました。明治《めいぢ》二十五年《ねん》から三十年計劃《ねんけいくわく》で立替《たてかへ》の大業《たいげふ》が行《おこな》はれることになつて居《ゐ》りますが、殘《のこ》る處《ところ》僅《わづ》かに三年《ねん》です。今年《ことし》の春出《はるで》た神歌《しんか》にも『三十年《みそとせ》の世《よ》の立《たて》替《かへ》も迫《せま》りけり後《あと》の三年《みとせ》に心許《こころゆる》すな』とあります。

近《ちか》ごろ皇道大本《くわうだうおほもと》の話《はなし》を聞《き》いた人《ひと》で、半《なか》ば信《しん》じて半《なか》ば疑《うたが》つてると云《い》ふやうな人《ひと》は『皇道大本《くわうだうおほもと》の警告《けいこく》する處《ところ》は眞實《しんじつ》であるかも知《し》れぬが、併《しか》し世間《せけん》を見渡《みわた》すのに皇道大本《くわうだうおほもと》の事《こと》を知《し》つてる人《ひと》はイクラも無《な》い、であるから、今少《いますこ》し形勢《けいせい》を見《み》て、日本對世界《にほんたいせかい》の戰爭《せんさう》も實現《じつげん》して、世間《せけん》が騷《さは》ぎ出《だ》してからボツ〳〵洞《ほら》ケ峠《とうげ》を下《くだ》つて行《い》つても遲《おそ》くはあるまい。神樣《かみさま》も左《さ》う大多數《だいたすう》の人間《にんげん》を○される程《ほど》お怒《いか》りでもあるまい。又《ま》た世間《せけん》には皇道大本《くわうだうおほもと》の存在《そんざい》さへ知《し》らぬものが百中《ひやくちう》の九十九を占《し》めて居《ゐ》る。神樣《かみさま》も何《なん》の警告無《けいこくな》しに一と網《あみ》ばツさりやられるワケでもあるまいから、信《しん》ずる信《しん》せぬは別問題《べつもんだい》として、先《ま》づ誰《た》れも彼《か》れも皇道大本《くわうだうおほもと》の存在位《そんざいくら》ゐは知《し》つてからに爲《し》やう』と斯《か》う云《い》ふ風《ふう》な考《かんが》へを有《も》つてる人《ひと》がありますが、そんな虫《むし》の好《よ》い事《こと》を考《かんが》へて居《ゐ》ても駄目《だめ》です。御神諭《ごしんゆ》にもある通《とほ》り、今日《こんにち》の地上《ちじやう》の人類《じんるゐ》は驚《おどろ》くべき大多數《だいたすう》の滅亡者《めつばうしや》を出《いだ》すので、此《こ》れは何千年來《なんぜんねんらい》の身魂《みたま》の因縁《いんねん》上如何《じやういかん》ともすることが出來《でき》ないのです。今日神界《こんにちしんかい》で非常《ひじやう》に心配《しんぱい》して居《を》らるゝのは生《い》き殘《のこ》るべき因縁《いんえん》の身魂《みたま》で、根本《こんぽん》から改心《かいしん》せずに居《を》る連中《れんちう》が多《おほ》いので、其等《それら》の人達《ひとたち》は折角生《せつかくい》き殘《のこ》るべき結構《けつこう》な因縁《いんえん》を有《いう》しながら、改心《かいしん》を躊躇《ちうちよ》して居《ゐ》る間《ま》に遂《つゐ》に因縁《いんえん》の綱《つな》の切《き》れる事《こと》があるので、ソレを神《しん》界《かい》から氣《き》の毒《どく》で見《み》て居《ゐ》られないから、八釜《やかま》しく言《い》はれるのであります。ですから此處《こゝ》を取違《とりちが》へせずに、氣《き》の注《つ》いた人《ひと》から一刻《こく》も速《すみ》やかに改心歸順《かいしんきじゆん》して神界《しんかい》の御役《おやく》に立《た》つて頂《いたゞ》かねばなりませぬ。又《ま》た神界《しんかい》から何《なん》の警告《けいこく》も無《な》しには……と云《い》ふても其《そ》れは追々御研究《おひ〳〵ごけんきう》になれば分《わか》りますが、人間《にんげん》には誰《た》れにも彼《か》れにも守護神《しゆごじん》と言《い》ふものがありまして、其《そ》の守護神《しゆごじん》には悉《こと〴〵》く神界《しんかい》から警告《けいこく》がしてあります。どう云《い》ふ手續《てつゞ》きで何時《いつ》警告《けいこく》があつたかと云《い》ふても、それも追々御研究《おひ〳〵ごけんきう》になれば分《わか》りますけれど、人間《にんげん》としては知《し》らぬでも、チヤンと各人《かくじん》の守護神《しゆごじん》は今回《こんくわい》の國常立命様《くにとこたちのみことさま》の御經綸《ごけいりん》は皆《みな》一と通《とほ》り知《し》つて居《を》るので、無警告云々《むけいこくうん〳〵》と言《い》ふ事《こと》は問題《もんだい》になりませぬ。そんな勝手《かつて》な事《こと》を考《かんが》へさせるのは、實《じつ》は其人《そのひと》の守護神《しゆごじん》が何《なん》だか大本神《おほもとじん》に歸順《きじゆん》するのが烟《けむ》たいやうな、窮屈《きゆうくつ》なやうに思《おも》ふてソンナ考《かんが》へを起《おこ》させるのですから、各人天賦《かくじんてんよ》の直靈《なをひ》の威力《ゐりよく》を揮《ふる》ひ起《おこ》して其《そ》の守《しゆ》護神《ごじん》の牽制力《けんせいりよく》に打《う》ち勝《か》つて、斷《だん》として進《すゝ》むべき道《みち》に進《すゝ》んで頂《いたゞ》かねばなりませぬ。申上《まをしあ》げて置《お》きますが躊躇《ちうちよ》して日《ひ》を延《の》べるのが最《もつと》も惡《わる》いので、其《そ》の間《かん》に邪惡《じやあく》の守護神《しゆごじん》が勢力《せいりよく》を扶植《ふしよく》して、取返《とりかへ》しのつかぬ氣《き》の毒《どく》な人《ひと》を生《しやう》ずる場合《ばあひ》があります。疑《うたが》ひがあればあつて宜《よろ》しいから、何物《なにもの》を犠牲《ぎせい》にしても先《ま》づ思《おも》ひ切《き》つて綾部《あやべ》へお越《こ》しなさい。病氣《びやうき》になつたと思《おも》へば少々《せう〳〵》の日時《にちじ》と費用《ひよう》は何《なん》でもありませぬ。綾部《あやべ》へお越《こ》しになれば必《かなら》ず御滿足《ごまんぞく》が得《え》られまするし、大歡喜《だいくわんき》と大勇氣《だいゆうき》とを持《も》つて貴下《あなた》が持《も》ち切《き》れぬ程《ほど》のお土産《みあげ》を持《もつ》て歸《かへ》られます。貴下《あなた》が今《い》ま此《こ》の一冊子《さつし》を手《て》にせられるのは偶《ぐう》然《ぜん》の現象《げんしやう》ではない、神界から特に貴下に御用があるからです。斯《か》う云《い》ふとナニ俺《おれ》のやうな者《もの》を神樣《かみさま》が左《さ》う特《とく》に眼《め》をつけられる筈《はづ》はない。神樣《かみさま》が御用《ごよう》に使《つか》はれるなら世《よ》の中《なか》にマダ〳〵立派《りつぱ》な人《ひと》も手腕《しゆわん》のある人《ひと》も人格《じんかく》の高《たか》い人《ひと》も澤山《たくさん》ある。俺《おれ》のやうな者《もの》が何《ど》うして其《そ》んな因緣《いんえん》があるものかと考《かんが》へられる人《ひと》がありませうが、それは靈統《れいとう》の因緣《いんえん》で、普通《ふつう》の人間《にんげん》からは全《まつた》く見當《けんたう》が取《と》れませぬ。靈統《れいとう》の因緣《いんえん》と云《い》ふても俺《おれ》は名《な》もない平民《へいみん》の子《こ》だと思《おも》ふ人《ひと》も有《あ》らうが、今日《こんにち》の家柄《いへがら》や血統《けつとう》は少《すこ》しもアテになりませぬ。現界《げんかい》と同《おな》じく從來《じゆうらい》は幽界《いうかい》も未成品時代《みせいひんじだい》であつたので、血統《けつとう》と靈統《れいとう》とが一致《ち》して居《を》りませぬ。途方《とはう》もない處《ところ》へ飛《と》んで居《を》ります。今《いま》ごろ綾部《あやべ》へ引寄《ひきよ》せられる人《ひと》は大《たい》抵靈統《ていれいとう》の立派《りつぱ》な人《ひと》でスワと云《い》ふ時《とき》には充分《じうぶん》に神樣《かみさま》の御用《ごよう》を勤《つと》めて大《おほ》いに働《はたら》かねばならぬ人《ひと》ばかりです。今度《こんど》の立替《たてかへ》が愈々切迫致《いよ〳〵せつぱくいた》しますると、大本神《おほもとじん》に歸順《きじゆん》してる因緣《いんえん》の靈統《れいとう》の人々《ひと〴〵》は、神力《しんりよく》が加《くは》はりまして、各々神通力《おの〳〵じんつうりき》を發揮《はつき》して言靈《ことたま》の妙用《めうよう》、鎭魂術《ちんこんじゆつ》の發揮《はつき》によつて大活動《だいくわつどう》する事《こと》になつて居《を》ります。即《すなは》ち今度《こんど》の戰《たゝか》ひは其處《そこ》まで押詰《おしつま》りますと、物質主義《ぶつしつしゆぎ》の學力《がくりよく》に對《たい》する神力《しんりよく》の戰《たゝか》ひとなりますので、有史以來未曾有《いうしいらいみぞう》の大活劇《だいくわつげき》が演《えん》ぜられるワケであります。從來《じゆうらい》の學力《がくりよく》に對《たい》する我《わ》が神力《しんりよく》の如何《いか》に卓越《たくえつ》せるものなるかは、愈々現實《いよ／＼げんじつ》に試驗《しけん》せられる時期《じき》が到來《たうらい》したのでありますが、ソレは全《まつた》く比較《ひかく》にも何《なん》にもなつたものでは有《あ》りませぬ。皇道大本《くわうだうおほもと》の淺野《あさの》文學士《ぶんがくし》が某理學《ぼうりがく》士《し》を神懸《かんがゝ》り狀態《じやうたい》にして置《お》いて、代數《だいすう》の問題《もんだい》を三百題《びやくだい》ばかり提出《ていしゆつ》しましたが、何《いづ》れも一問題《もんだい》、一二分間《ふんかん》に正確《せいかく》に解決《かいけつ》しました。更《さ》らに其《そ》の理學士《りがくし》を平常《せいじやう》の狀態《じやうたい》にして同《おな》じ問題《もんだい》をやらせてみると、骨《ほね》を折《お》つて一問題《もんだい》に二十分《ぷん》も三十分《ぷん》もかゝる。此等《これら》の例《れい》は神通力《じんつうりき》の威力《ゐりよく》を知《し》るに足《た》る一端《たん》ではありますが、併《しか》し愈々《いよ／＼》の今度《こんど》の大機《たいき》が到來《たうらい》した時《とき》に、大本關係者《おほもとくわんけいしや》が發揮《はつき》する神威《しんゐ》の靈力《れいりよく》は決《けつ》してそれ位《くら》いの程度《ていど》のものではないので今日《こんにち》の人間《にんげん》から考《かんが》へては到底想像《たうていさうざう》も及《およ》ばざる大神通力《だいじんつうりき》の發揮《はつき》となるので、普通《ふつう》の場合《ばあひ》に於《お》ける神通現象《じんつうげんしやう》から判斷《はんだん》することは不可能《ふかのう》な位《くら》ゐの偉大《ゐだい》なものであります。又《ま》た皇道大本《くわうだうおほもと》の話《はなし》を聞《き》いて半信半疑《はんしんはんぎ》の人《ひと》は何《ど》うかすると『俺《おれ》は救《すく》はれなくても宜《よ》しい滅《ほろ》びれば滅《ほろ》びるべしだ』なぞとヤケクソを申《まを》しますけれど、此頃《このごろ》皇道大本《くわうだうおほもと》の綱《つな》のかゝる人《ひと》は、自分《じぶん》だけ救《すく》はれるの救《すく》はれぬのと云《い》ふ樣《やう》な小《ち》さい問題《もんだい》を彼《か》れ此《こ》れ言《い》ふべき秋《とき》ではないのでありまして、今時分《いまじぶん》神様《かみさま》から綱《つな》をかけられて引《ひ》き寄《よ》せられる人《ひと》は、皆《み》な大《おほ》いに働《はたら》いて神《しん》界《かい》の御用《ごよう》を勤《つと》め、進《すゝ》んで多《おほ》くの同胞《どうはう》を救《すく》はなければならぬ大使命《だいしめい》があるのであります。即《すなは》ち大《だい》にしては、今回《こんくわい》の宇宙大修祓《うちうおほしゆうはつ》の大神業《だいしんげふ》を輔《たす》け奉《たてまつ》り、小《せう》にしては我《わ》が國家《こくか》空前絶後《くうぜんぜつこ》の大國難《だいこくなん》に對《たい》して一生懸命《しやうけんめい》の大奮闘《だいふんとう》をして、眞《しん》の忠君尊皇愛國《ちうくんそんのうあいこく》の大義《たいぎ》の爲《た》めに血戰《けつせん》するのであります。平生口《へいぜいくち》頭で忠君《ちうくん》だの愛國《あいこく》だのと申《まを》しても、這《こ》の活《い》ける實行《じつかう》が出來《でき》ねば何《なん》にもなりませぬ。今日《こんにち》に於《おい》て貴下《あなた》に最《もつと》も必要《ひつえう》なるものは只《たゞ》「決心《けつしん》」の二字《じ》であります。

前《まへ》にも一言《げん》して置《お》いた通《とほ》り各人《かくじん》には誰《た》れにも彼《か》れにも守護神《しゆごじん》と云《い》ふものが鎭《しづ》まつて居《を》りまして此等《これら》の問題《もんだい》からして解決《かいけつ》しなければ、本當《ほんたう》の事《こと》は解《わか》りません。此《こ》の一冊子《さつし》位《くらゐ》を讀《よ》んでは、讀《よ》むに隨《したが》つて反對《はんたい》すべき事《こと》、疑《うたが》ふべき事《こと》を發見《はつけん》せられるのが當然《あたりまへ》でありますが、疑《うたが》ふべき事《こと》、反對《はんたい》すべき事《こと》があれば、有《あ》りの儘《まゝ》でお越《こ》しなさい。何《なに》も彼《か》も解決《かいけつ》を致《いた》します。皇道大本《くわうだうおほもと》は教會《けうくわい》ではないのでありまして、神《かみ》の綱《つな》が懸《か》つて引寄《ひきよ》せられた人々《ひと〴〵》の集團《しふだん》であります。丹波《たんば》の山《やま》の中《なか》で活《い》ける神話《しんわ》が日《ひ》に〳〵巻《まき》を展《ひら》かれて行きつゝあります。ですから役員《やくゐん》だの何《なん》だの云《い》ふ様《やう》な人《ひと》でも、一人《ひとり》として給料《きふれう》なぞを貰《もら》つてる人《ひと》は有《あ》りません。役員信者《やくゐんしんじや》の中《なか》には華族《くわぞく》も居《を》れば學者《がくしや》も居《を》れば大官連《だいくわんれん》も居《を》れば、勞働者《らうどうしや》も何《なに》も彼《か》も有《あ》らゆる階級《かいきふ》の人々《ひと〴〵》が居《を》りますが、何等《なんら》の階級的感《かいきふてきかん》念《ねん》なく、日《ひ》に〳〵迫《せま》る一大目標《だいもくへう》に向《むか》つて活働《くわつどう》して居《を》ります。老子《らうし》は『上士道《じやうしみち》を聞《き》く、勤《つと》めて之《これ》を行《おこな》ふ。中士《ちうじ》道《みち》を聞《き》く、存《そん》するが如《ごと》く亡《ばう》するが如《ごと》し、下士《げし》道《みち》を聞《き》く、大《おほ》いに之《これ》を笑《わら》ふ、笑《わら》はずんば以《もつ》て道《みち》となすに足《た》らず』と謂《い》つて居《を》ります。學力《がくりよく》の有無《うむ》に拘《かゝは》らず、因縁の下劣な者は疑ひます、笑ひます、そんな者が笑ふ位ゐで無くては道となすに足らずであります。皇道大本は天地惟神《かんながら》の大道を闡明し實行する處であります。

（十）

又《ま》た世《よ》の中《なか》は忙《せは》しい樣《やう》でも隨分色々《ずゐぶんいろ〳〵》の心配《しんぱい》をする人《ひと》があるもので、如何《いか》に大本《おほもと》の人達《ひとたち》でも、三井《みつゐ》や岩崎《いはざき》の親族《しんぞく》ばかりでも有《あ》るまいし、又《ま》た霞《かすみ》を吸《す》ひ風《かぜ》を喫《きつ》して生《い》きて居《ゐ》るワケでもあるまいし、其《そ》れに建築《けんちく》なんぞドシ〳〵やるが金《かね》は何《ど》うするのか。役員《やくゐん》も何《なに》も一切《さい》無《む》報酬《はうしう》無《む》給《きふ》で働《はたら》くと云《い》ふのが譯《わけ》が分《わか》らぬ。此《こ》の世《よ》に其《そ》んな馬鹿《はか》な事《こと》があるものか、裏《うら》には裏《うら》が有《あ》らうと云《い》ふものがある。大本《おほもと》の裏《うら》には籔《やぶ》があるばかりだから徒《いたづ》らに遠方《ゑんはう》から世話《せわ》を燒《や》かぬでも實地《じつち》に大本《おほもと》へやつて來《き》て研究《けんきう》せられるに限《かぎ》る。何《なに》も彼《か》も實際《じつさい》は想像以上《さうぞういじやう》である。『此頃《このごろ》の世《よ》に其《さ》んな馬鹿《ばか》な事《こと》』が現在《げんざい》あるのだから仕方《しかた》が無《な》い。研究《けんきう》して實地《じつち》に見聞《けんぶん》して行《ゆ》く間《あひだ》には鬼《おに》の樣《やう》な人《ひと》でも涙《なみだ》の出《で》るやうな事實《じつ》に逢着《ほうちやく》します。茲《こゝ》に至《いた》つては如何《いか》なる不眞面目《ふまじめ》な人《ひと》でも眞面目《まじめ》にならざるを得《え》ませぬ。今《いま》まで世《よ》の中《なか》で自分《じぶん》がやつて來《き》た事《こと》が正當《せいたう》と思《おも》つて居《ゐ》た人《ひと》でも、省《かへり》みて深《ふか》く恥《は》ぢざるを得《え》ませぬ。全《まつた》く現代《げんだい》の人類《じんるゐ》は相當《さうたう》の學識《がくしき》あり、人格《じんかく》あり德望《とくばう》ある人《ひと》でも、其《そ》の根底《こんてい》が體主靈從《たいしゆれいじゆう》になり切《き》つて居《ゐ》るから本當《ほんたう》の正確《せいかく》なる判斷《はんだん》が出來《でき》ないのであります。恰《あた》かも曇《くも》つた鏡《かゞみ》のやうなもので、花《はな》を映《うつ》しても其《そ》の花《はな》の色《いろ》が正當《せいたう》には寫《うつ》りませぬ。現代人《げんだいじん》が皇道大本《くわうだうおほもと》を批評《ひひやう》するのは色盲《しきもう》が花《はな》の色《いろ》を批評《ひひやう》するやうなものです。

それほどに世《よ》の中《なか》が曇《くも》り切《き》り濁《にご》り切《き》つて居《を》りますからこそ、神樣《かみさま》も世界《せかい》の大洗濯《おほせんたく》をせられるのであります。普通《ふつう》の説教位《せつけうくらゐ》で革正《かくせい》が出來《べき》るものなら神樣《かみさま》も斯《か》う云《い》ふ大計劃《だいけいくわく》を立《た》てゝ、大騷《おほさう》動《どう》を惹《ひ》き起《おこ》される必要《ひつえう》は無《な》いワケであります。斯《か》う申《まを》しますと又《ま》た『神樣《かみさま》とも有《あ》らうものが此《こ》れだけに世界《せかい》を濁《にご》らしておいて、多《おほ》くの人命《じんめい》を亡《ほろ》ぼし、大慘狀《だいさんじやう》を現《あら》はして洗濯《せんたく》なさらぬでも、始《はじ》めから世界《せかい》を濁《にご》らぬやうにして、始《はぢ》めから着々理想世界《ちやく〳〵りさうせかい》の經營《けいえい》にかゝられたら好《よ》さそうなものだ。神様《かみさま》と云《い》ふものも好《よ》い加減《かげん》なものだ』と言《い》ふ人《ひと》がありますが、そんな事《こと》は綾部《あやべ》へお越《こ》しになつて此《こ》の世《よ》の成立《なりた》ちの因縁《いんえん》から神界《しんかい》の組織《そしき》を御研究《ごけんきう》になれば追々《おひ〳〵》と諒解《れうかい》されて参《まゐ》ります。今《いま》は其《そ》んな道楽根性《だうらくこんじやう》で疑《うたが》ふて見《み》たり、遠方《ゑんはう》から恐《おそ》る〳〵覗《のぞ》いて見《み》たりしてる様《やう》な時期《じき》ではないのであります。時期《じき》が時期《じき》ですから疑《うたが》ひがあれば有《あ》りの儘《まゝ》で、端的《たんてき》に綾部《あやべ》へ参向《さんかう》して、直《たゞ》ちに実際問題《じつさいもんだい》にブッ突《つ》かつて、実地《じつち》に就《つひ》て這《こ》の活事実《くわつじじつ》、活問題《くわつもんだい》を解決《かいけつ》せられねばならぬ秋《とき》です。徒《いたづ》らに宗教的観察《しゆうけうてきくわんさつ》、哲学的論難《てつがくてきろんなん》をしてる時期《じき》ではありませぬ。綾部《あやべ》へお越《こ》しになれば何《なに》も彼《か》も事《じ》実《じつ》が事実《じじつ》を語《かた》ります。遠方《ゑんはう》から彼《か》れ此《に》れ言《い》つて日《ひ》を暮《く》らしてるのは路頭《ろとう》の乞食《こじき》が寄《よ》り集《あつま》つて王《わう》侯相將《こうしやう〳〵》の奥座敷《おくざしき》を批評《ひひやう》するやうなものです。お気《き》にさはるかも知《し》れぬが正直《しやうぢき》に申《まを》します。従来《じゆうらい》の一切《さい》の哲学《てつがく》、宗教上《しゆうけうじやう》の御研究《ごけんきう》も実《じつ》は何《なん》の役《やく》にも立《た》ちませぬ。そんな知識《ちしき》の総計《そうけい》で皇道大本《くわうだうおほもと》を知《し》らうとするのは、乞食《こじき》の見聞《けんぶん》を総計《そうけい》して王侯貴族《わうこうきぞく》の奥座敷《おくざしき》を批評《ひひやう》せんとするものであります。

誰《た》れにでも相当《さうたう》な自負心《じふしん》は有《あ》ります。自分《じぶん》の先入主《せんにふしゆ》の思想《しさう》、見識《けんしき》から説明《せつめい》を企《くはだ》てます。けれども皇道大本《くわうだうおほもと》に対《たい》しては其《そ》れは不可能《ふかのう》であります。皇道大本《くわうだうおほもと》は宗教《しゆうけう》ではなく、天地惟神《てんちかんながら》の大道《だいだう》であるから、過去《くわこ》の人類《じんるゐ》の歴史《れきし》中《ちう》に於《おい》て行《おこな》はれたる編輯数《へんしふけう》を研究《けんきう》する様《やう》な態度《たいど》では到底歯《たうていは》も爪《つめ》も立《た》つものではありませぬ。實《じつ》は諸君《しよくん》が今日《こんにち》抱《いだ》かれるやうな疑念《ぎねん》は既信《きしん》の諸氏《しよし》も大抵《たいてい》抱《いだ》いて居《を》つたので、佛教《ぶつけう》は各宗《かくしう》それから基督教《きりすとけう》や、從來《じゆうらい》の俗神道《ぞくしんだう》を研究《けんきう》し拔《ぬ》いた人《ひと》が少《すくな》くありませぬ。それに科學者《くわがくしや》は科學的知識《くわがくてきちしき》より、哲學者《てつがくしや》は哲學的見地《てつがくてきけんち》より調《しら》べ拔《ぬ》き、考《かんが》へ拔《ぬ》き、疑《うたが》ひ拔《ぬ》き爭《あらそ》ひ拔《ぬ》き、研究《けんきう》し拔《ぬ》いた揚句《あげく》、信仰《しんかう》に入《はい》つた人達《ひとたち》が多《おほ》いので、今《い》ま諸君《しよくん》が大本《おほもと》に對《たい》して考《かんが》へて居《を》らるゝ樣《やう》なことは既信《きしん》の人々《ひと〴〵》が既《すで》に其《そ》の考《かんが》へを有《も》つて、其《そ》の疑《うたが》ひを有《も》つて、今《い》ま諸君《しよくん》が歩《ある》いて居《を》らるゝ路《みち》を辿《たど》つてやつて來《き》たのですから愚圖々々《ぐづ〴〵》して時機《じき》を逸《いつ》しないやうになさい。因緣《いんえん》の綱《つな》の切《き》れぬ間《ま》に踏《ふ》み込《こ》まれませぬと取返《とりかへ》しのつかぬ事《こと》になります。踏《ふ》み込《こ》んで見《み》て研究《けんきう》して見《み》て信《しん》じ難《がた》しとなつたら出《で》て行《ゆ》きさへすれば宜《よろ》しいので、大本《おほもと》の中《なか》では誰《た》れも引《ひ》き留《と》める者《もの》は有《あ》りませぬ。神樣《かみさま》が引留《ひきと》められる場合《ばあひ》は其《そ》の人《ひと》と神樣《かみさま》との問題《もんだい》で傍《はた》の人間《にんげん》の知《し》つたことでは有《あ》りませぬ。

大本《おほもと》の信者《しんじや》には貴族《きぞく》もあれば平民《へいみん》もあり、大官連《たいくわんれん》もあれば職工勞働者《しよくこうらうどうしや》もあり、學者《がくしや》もあれば農業者《のうげふしや》もあり、僧侶《そうりよ》もあれば神官《しんくわん》もあり、新聞記者《しんぶんきしや》もあれば美術家《びじゆつか》もあり、學校教員《がくかうけうゐん》もあれば學生《がくせい》もあり、金持《かねも》ちもあれば貧乏人《びんばうにん》もあり、千差萬別《せんさまんべつ》いろ〳〵さま〴〵でありますが、別《わ》けても從來《じゆうらい》海軍將校《かいぐんしやうかう》なぞが多數《たすう》でありましたが、近來《きんらい》またボツ〳〵陸軍方面《りくぐんはうめん》に火《ひ》が移《うつ》つて、陸軍方《りくぐんはう》面《めん》の異彩《いさい》ある人物《じんぶつ》が次第《しだい》に引寄《ひきよ》せられ始《はじ》めました。實《じつ》は未《ま》だ發表《はつぺう》することが出來《でき》ないけれども世人《せじん》が皇道大本《くわうだうおほもと》の存在《そんざい》を知《し》つてる者《もの》が少《すく》ない〳〵と言《い》つてる間《ま》に、某々方面《ぼう〳〵はうめん》には現在我《げんざいわ》が國家《こくか》の中堅《ちうけん》たるべき有力者《いうりよくしや》が多數《たすう》に入信《にふしん》して時期《じき》の到來《たうらい》を待《ま》つて居《を》られます。御神諭《ごしんゆ》にある通《とほ》り、事が有り出したら早いから、その時《とき》になつて慌《あは》てない樣《やう》に前以《まへもつ》てお知《し》らせして置《お》きます。愈々《いよ〳〵》の時《とき》の改心《かいしん》は間《ま》に合《あ》はぬと言《い》ふ事《こと》も繰返《くりかへ》し〳〵神諭《しんゆ》に出《で》て居《を》ります。一概《がい》には申《まを》されませぬけれど、旗取《はたと》り競爭《きやうそう》のやうなもので、因縁《いんえん》のある人《ひと》は一日《にち》でも早《はや》くお越《こ》しになる方《はう》がお徳《とく》です。大本《おほもと》に立《た》てゝある旗《はた》の數《かず》は次第《しだい》に減《へ》つて行《ゆ》きますから、早《はや》く取《と》りにお出《い》でなさい、歡《よろこ》んでお渡《わた》し申《まを》します。出發《しゆつぱつ》の合圖《あひづ》の鐘《かね》は、左《さ》う際々《さい〳〵》鳴《な》るものではありませぬ。

——（大正七年十月記）——

神と人との世界改造運動（終り）

大正七年十一月十五日印刷
大正七年十二月二十日發行
大正八年一月廿五日再版發行
大正八年二月十五日參版發行
大正八年三月二十日四版發行
大正八年四月五日五版發行
大正八年四月十日六版發行

神と人との世界改造運動
定價金貳拾錢　郵税金貳錢

述者　友清九吾
發行者　大日本修齋會出版局
代表者　岡田熊次郎　東京市芝區巴町二十四番地
印刷者　小出峰作　東京市京橋區西小谷町九番地
印刷所　明治印刷合資會社　東京市京橋區西小谷町九番地

發行所　東京四谷區永住町字本宮　振替口座二八七一二番　大日本修齋會

◉奉修者に告ぐ

△地の高天原たる綾部の皇道大本へ参拜又は修行に御出になるのには、東からならば京都で乗り換へて山陰本線に依らるゝが順路で、京都から綾部迄二時間半ばかり、汽車は嵐山の翠薇を左に保津川の奇勝に沿ふて上るのであります。西からならば神崎又は大阪乗り換へ阪鶴線に依らるゝが順路であるが、京都迄行て山陰線に依らるゝも時間の上では同じやうなものであります。神崎又は大阪から四時間半ばかり（山陰連絡の列車なら福知山で乗り換への必要があります）此沿線の風景も満更捨てたものではありませぬ。

△大本に於ける研究修行は大日本修齋會員に限ります。會員といふのは「心靈界」の讀者を直ちに會員と見做して居ります。一家族中に一部以上讀んで居られゝば宜しいので、家族のお方は何人お越しに成つても宜しいのです。マダ購讀して居られぬ方は、受付の處で直ちに購讀の手續をせられゝば宜しいのです。

△修行者は成るべく不敬に渉らぬやうに、言行服裝に注意して頂きたいのです。併し禮服には及びません。そして成るべく男子は木綿袴を一着用意して下さい。大本は粗衣粗食主義ですから、清潔でさへあれば粗服の方が宜しい。贅澤な風をしてると却つて恥かしい位ゐですから、此點は特に御婦人方に注意して置きます。又たなるべく獸毛獸皮類を使用されない方が結構です。洋服はどうも面白くありません。

△皇道大本信條及び、皇道大本誓約を遵守して指揮に從つて頂かねばなりません。これは誰れにでも常識で考へれば分ることで別に殊更ら申上げる程でもありますまい。

△開祖及び教主の御筆先は世の立替立直しに關する、至貴至重の神諭ですから、奉修者は一生懸命でその眞意義を研究體得して貰はねばなりません。（開祖の御筆先を表の神諭と稱し、教主の御筆先を裏の神諭と稱して居ります）其他部内部外

で口に筆に神諭と稱して發表するものがあつても、表の神諭裏の神諭の外は絶對的權威を認めませんから、特に御注意を願ひます。

△幽齋（鎮魂）修行の希望者は受附へ申込まれて、住所氏名年齢を書いた札を受取つて、幽齋修行の際自分の前へ其札を出して置いて下さい。そして幽齋は必ず其指導者の指揮に従つて修行せらるべきものとなつて居ります。但し自修は指導者より其時期に達したと認めた場合に是を許します。昨今は午前と午後と二回に修行して居ります、時間等は受附で聞いて下さい。

△言靈の研究に就ても、其の指導者に就いて質されるが便利です。

△天の岩戸の無言修行は三日間ですが、幽齋自修期に入つてから許されるもので、此の場合は矢張り責任先達の指揮に従つて修行するのです。希望者は受付で何彼の事をお訊《き》きなさい。

△朝夕大廣前の禮拜、善言美詞《のりと》の奏上には必ず參加して敬神の至誠を盡さるべきものです。時間は受附で聞いて下さい。

△講演は昨今は金龍殿に於て午前と午後と二回に試みて居ります、時間は是も受附で聞いて下さい。

△祝詞《のりと》（天津祝詞、神言、感謝祈願等）の奏上は言靈を實地に應用してあるものですから、誠心誠意、其の示せる處に基いて奏上せられねばなりません。合同奏上の際は不慣《ふな》れの間は餘り大きな聲を出されると調子が亂れて神樣に對しても不體裁で、且つ他の人も迷惑しますから、充分に調子が呑込めるまでは心持ち控へ目に聲を出される方が可《よ》からうかと思はれます。併し祝詞奏上は全精神を神明に到達せしめる樣に一心不亂でなければならぬから、聲の大小なぞに必ずしも拘泥して下さいと云ふのではありませんから、誤解のないやうに願ひます。

△大神樣の奉齋は、各會員として是非必行すべき典事ですから、遠方から來られた方は、其際奉迎して歸鄉せられるのが宜しいのです。又た各自を守護する御守護神を奉齋せられんことを希望します。その理由は指導者にお聞きなさい。又

た祭祀の方法に就ては、大廣前詰役員に就てお質しなさい。お肌守りも下附されますが、普通の神社のお守りの様な刷り物のやうなものではなく、神聖極まるもので且つ幾らでも澤山に出來るといふやうなものでありませんから、餘り欲張つて澤山にお下げをお願ひしないやうに御注意を願ひます。尙ほ委しいことは役員にお尋ねなさい。以上の各御神靈は郵送なぞと云ふことは絶對に出來ないものですから、御參拜の砌りに親しく御迎へになる外はありません。

△病氣に對する鎭魂、其他祈禱、神籤等の事は大廣前詰役員に御聞き取りを願ひます。

△別に祖靈の祭祀といふ典事があります。子孫として先祖の靈に對して義務がありますから、大本祖靈社へ鎭祭の手續をせられるが宜しい。その方法等は同社係りに聞合されゝば分ります。

△大本研究部に於ては、研究者用の參考書として、神靈界初號以來の合本が數十組ありますし、外に寫本類で、道の大原、言靈學、天地はね貫の卷等がありますから、受付で聞合せて下さい。併し一切門外に持出すことは禁じられてありますから、許しなくして禁を犯せるものは、必ず神罰を免れません。

△宿所の事は、前記靈學研究志望者に告ぐの末項に記載の通りでありますが、土地不案內の者、勝手が分らないで困る方は受付で相談して下さい。受附の方で出來る丈け御世話も致し、相當の宿所へ御案內も致します。決して御遠慮には及びません。

△研究修行の日數は、其人により極つて居りませぬ。本當は少くとも三四週間御滯在の覺悟が願ひたいのであります。御都合でさう御滯在が出來ぬといふ方でも、少くも十日以上は是非居つて戴かねば不安心であります。急ぐ人には四五日でも大體の目鼻をつける樣に努力は致しますが、それでは堂も不安心であります。

とす。而して又神諭の講明は其の第一義の玄徴に觸れんとするを許されざるものなれども如何に神諭を釋讀すべきかの手ほどきとして淺野總務婆心已み難く憐兒忘醜遣の通俗的解説を發表せらる。本書は實に神諭研究者の「不可能」を「可能」ならしむる關門の通行劵たり。

天行道人友淸九吾先生述

大本叢書

神と人との世界改造運動

定價金貳拾錢
郵税金貳錢

未だ皇道大本の何者なるかを知らざる人の爲めに國祖御經綸の概要を記述せるもの、平易簡直を旨として而かも大本の要綱を洩さず、神諭を經とし科學を緯として眼前に迫れる神と人との世界改造運動を説き、平穏なる文字を以て靜かに現代人の嚴粛なる反省を促せる傳道用恰好の小册子也。本書は諸君が諸君の知人に向つて救濟の戰鬪を開かむとするに當りて第一彈たらしめむが爲めに執筆せられたり

解題

武田崇元

本書は、友清歓真の大本時代の代表的著書『皇道大本の研究』（大正八年五月）および『神と人との世界改造運動』（大正七年十二月）を復刻したものである。原本の状態の関係から多少翻読に困難な箇所もあるが、あくまで資料としての刊行であることをご了承頂きたい。

周知のごとく、大本教団の遡源は、明治二十五年の出口なおの神憑り、および明治三十一年の上田喜三郎（王仁三郎）の高熊山の神秘体験に遡り、明治三十二年に両者が出会うことによって、その原初の骨格が形成された。この原始大本教団は、さまざまな内部的な軋轢もあって地方の弱小教団にとどまることを余儀なくされたが、明治末年頃にようやく王仁三郎主導の宣教体制が確立され、神域の買収整備も進み、大正期には本格的な発展段階へと突入する。

1　解題

とくに大正五年四月の浅野和三郎の入信、大正六年一月の機関誌『神霊界』の創刊は大きなターニング・ポイントとなった。浅野の入信によって海軍関係者があいついで綾部を訪ね、『神霊界』は東京本郷の有朋堂を発売元として全国流通が企図された。『神霊界』には、開祖出口なおの筆先に王仁三郎が漢字をあてた神諭が毎号発表され、世の立て替え立て直しの警告は、当時の人々に大きな衝撃を与え、皇道大本の名はたちまち全国的な注目を集めるに至り、海軍関係者に加えて、知識人やさらに華族の参綾があいつぐことになる。

かくて当時の大本には浅野和三郎をはじめ、岸一太、谷口雅春、宇佐美景堂、木原鬼仏、岡田建文など錚々たるメンバーが集い、霊的梁山泊のごとき様相を呈するに到る。なかでも友清の華々しい登場と転向は、この時期の大本のある断面を象徴するものであるといえよう。

友清歓真は明治二十一年、山口県佐波郡下関で生まれ、青年時代には政治運動にかかわり、大正二年、下関で佐々木照山と日刊紙『六連報』を刊行し、下関築港問題で市当局を相手に活躍するが、大正四年の総選挙で佐々木照山が当選後に袂をわかち、肥後山中の炭焼小屋に籠り易学を研究、大正五年には門司で政治雑誌『東亜評論』を刊行するも志を得ず、真言密教の修法や各種霊術を研究するうちに大本に関心を持ち、大正六年に綾部を訪ねそのまま入信、あっというまに頭角をあらわし、大正六年十二月創刊の『綾部新聞』に健筆を奮い、大正七年八月号に同紙に「一葉落ちて知る天下の秋」と題する論説を発表する。

日本と世界の戦いを予言し、「此の現状世界が木っ葉に打ち砕かれる時期が眼前に迫りました」と断言するこの激越な論説は、信者はもとより社会一般に対して大きな影響を与えた。実際、この記事の二週間後に米騒動が勃発したことは、シベリア出兵をめぐるアメリカとの対立とあいまって、記事の説得力を増幅させ、『神霊界』九月号に転載されのち、十二月には『神と人との世界改造運動』と改題して小冊子として刊行、わずか半年の間に六版を数えるのである。『大本七十年史』の編纂に際して行われたアンケート調査によれば、大正期の入信者のなかには『神と人との世界改造運動』を契機とする者がかなり目立った割合を占めたという。ちなみに『神霊界』九月号には「一葉落ちて知る天下の秋」に加えて友清は、「一信者の手帖から」と題してさらに激烈な記事を掲載する。それは「いよいよの時はいつくるか。いずれにしてもあまり遠き将来でない」「身軍籍にある者は在郷軍人として何時にても決起従軍し得べき物心両様の準備用意あるべきは申すまでも」ないが、「軍籍にあらざる大本一信者としての用意について取越苦労かもしれぬが一片の婆心を披歴」したいとして、服装は「大体に応じて高杉晋作の奇兵隊に準じ……一例を示すならば短筒袖に武者修行風の野袴のモット工夫したもの、手甲装・脚絆・頑固なる足袋・草鞋若干・白木綿一反・帯・手拭・紐・畳糸・鋏・毛抜・アルミ製食器一組……」と微に入り細にわたり、「いくら神力神力いっても、扇子一本持って砲煙弾雨の中に出るのはむしろ滑稽で、日本刀一腰は必要である」というような内容であり、ますます危機感を煽るものであった。

このように大正七年の後半の皇道大本は、浅野に加えて友清の登場にふりまわされた格好になるが、王仁三郎はこの友清旋風を忌避するがごとく、八月十八日から七十五日間の「床縛りの行」に入る。この間は教団幹部もいっさい面会謝絶で、『神霊界』掲載の神諭も浅野に一任され、秋季大祭は十一月に延期された。

ちなみに出口和明『大地の母』は、王仁三郎と友清の出会いを次のように描く。

「浅野は友清九吾を王仁三郎の前に連れていき、自分でもおかしいほど肩入れのした紹介をした。

「そうか。そうか」

王仁三郎は聞くだけ聞いて、あとはあたりさわりのない雑談に移っていった。

部屋を辞するまで、王仁三郎は友清に特別の言葉をかけなかった。友清の顔に期待はずれの色が浮かぶのも無理はないと、浅野は思った。

二人が去ってから、王仁三郎は大儀そうに横になった。

……来る者は拒まず、去る者は追わず、これがわしの方針やから仕方がないが……わしは大将志願はいらん、兵隊がほしいのや。浅野も大将、岸一太も大将、福島久も大将、そして友清もまた大将志願か。おまけにあいつは由比正雪や。やれやれどうなるかのう」

『神と人との改造運動』が激烈なアジテーションであるとすれば、『皇道大本の研究』は友清流の大本教学の試みであり、「大本神諭によりて始めて闡明されたる易の秘義」「大本霊学より観たる古来の神通現象」など、後年の友清の言説を彷彿とさせるところがあり、「大本神諭」を「新約古事記」と位置づけるなど才気溢れる論を展開する。また「人間としての大本教主」は、王仁三郎を見事に活写しているると見るべきか、王仁三郎に対する友清の屈折した感情を読みとるか、微妙なところであろう。

友清が大本から離反した時期は不明であるが、『神霊界』大正八年八月十五日号からは、それまで掲載されていた『皇道大本の研究』の広告がなくなっているから、遅くとも七月までには離反が明確になっていたと推認される。同年十一月、友清は「乾坤一擲」「事実第一」と題するタブロイド判の大本批判の檄文を各方面に配布し、反大本の旗幟を鮮明にする。その論旨は「皇道大本は決して宗教に非ず教会に非ずと為し、綾部を地の高天原として神勅のまにまに経綸を遂行する実行の中府であると説くのであるが、これ明らかに天皇の大権を僭窃せる行為にして非ずして何であるか」という点にあった。

これは友清自身がわずか半年前まで皇道大本最左派の論客として率先して展開してきた言説の全否定であった。

大正八年は、第一次大本事件への兆候がみえはじめた年である。京都府警による数度の聴取・警告に加え、中村古峡やジャーナリズムによる執拗な大本攻撃がなされる状況下における友清の離反は、官憲に迎合した「裏切り」として長く大本側には記憶され、一方、友清もみずからの大本時代の活躍についてはあえて語ることがなかったため、友清の大本時代の著述は両方からタブーとされてきた経緯がある。しかし、皇道大本の指導部を構成した個々の論客の言説の内容や差異については、今後詳細な分析がなされる必要があろう。

綾部を去った友清は、王仁三郎、浅野和三郎によって再編される以前の鎮魂帰神法の源流を求めて静岡に居を移し、長沢雄楯と接触し、汲古書院の看板を掲げ『鎮魂帰神の原理及びその応用』（弊社刊『友清歓真選集』第一巻所収）を刊行、翌九年にはその実践団体として格神会を組織し、これが神道天行居に発展する。神道天行居は、鎮魂帰神法、宮地神仙道、太古神法の招統を謳うが、これは鎮魂帰神法、山口志道と中村孝道の秘教的言霊学を統合し、霊学の中府を呼号した大正期の皇道大本と相似形である。またフリーメーソンの邪の力学の対極に神的世界実現のための経綸の霊的参謀本部として神道天行居を位置づけ、その経綸は来るべき大戦を通じて神国日本の顕現として成就するとした天関打開論も、その根本的な神観が異なるだけで、皇道大本時代の激烈な主張との差異は少なく、友清にとって皇道大本が決定的な刻印となったことは否めない。

皇道大本の研究

定価　三四〇〇円＋税

大正　八　年五月二十日　初版発行
平成十九年九月十二日　復刻版発行

著者　友清歓真

発行　八幡書店
東京都品川区上大崎二―十三―三十五
ニューフジビル二階
電話　〇三（三四四二）八一二九
振替　〇〇一八〇―一―九五一七四